舒新城 讲
近代中国教育思想史

舒新城 ◎ 著

河南人民出版社
·郑州·

图书在版编目（CIP）数据

舒新城讲近代中国教育思想史 / 舒新城著 . -- 郑州：
河南人民出版社，2025.4

ISBN 978-7-215-13463-8

Ⅰ . ①舒… Ⅱ . ①舒… Ⅲ . ①教育思想－思想史－中
国 Ⅳ . ① G40-092

中国国家版本馆CIP数据核字 (2024)第 028321号

河南人民出版社 出版发行

（地址：郑州市郑东新区祥盛街27号 邮政编码：450016 电话：0371-65788077）

新华书店经销 环球东方（北京）印务有限公司印刷

开本：710 mm × 1000 mm 1/16 印张：21

字数：235千

2025 年 4 月第 1 版 2025 年 4 月第 1 次印刷

定价：68.00元

出版说明

　　一代有一代之学问，今之学问，沿袭历代者有之，梳理绾结者有之。20世纪初期，一批学人视野宏阔，学问源深，或执着于学术一域成一家之言，或总结往昔学问之变成一代之范：梁启超的《中国近三百年学术史》，王国维的《宋元戏曲史》，吕思勉的《中国通史》……经百年汰洗，皆为经典，启迪学林，被奉为圭臬，而今读来，受用非常。

　　出版界珍之惜之，刊刻不辍。感谢首版拓荒之功，再版多依旧貌。几经流传，讹误增生，实属正常。20世纪初期出版略显粗糙，用字前后不统一、繁体异体混杂等现象几占满篇，而百年后的阅读习惯亦与当时的书写习惯大相径庭，个别表达今日读来似不顺畅，在当时则不为拗口。多家出版社编辑变通性情，一改订正"鲁鱼亥豕"之旧习，也不敢以今人阅读标准刀砍斧劈，以彰出版时代之特性，保留一代大师语言之风格。

　　鄙社有传播优秀学术之责任，精选诸种经典作品收入"大家讲史"系列丛书，对照权威版本，保持原文样貌。时人兼顾不周、今人为病者不改，但对明眼错讹，不能"带沙入眼"，如"清、嘉道以后……"，这个顿号显为赘余；"三百年无过而者"，"而"应为"问"，无论语言怎么变化，"而"字用于此处是没有道理的。

别扭处，认真辨别，苦心细磨，给予订正，使之几臻完善，这是编辑功夫所在。

此次再版，主旨未变、文风未变，变的是书的"颜值"。此"大家讲史"系列，实为良品，品质值得信赖，若得读者诸君悦读之趣，则吾社甚慰焉。

河南人民出版社编辑部

乙巳年二月七日

目 录

序

本书是我研究近代中国教育史副产物之二——第一种是《近代中国留学史》。

我初不想著此书。十六年一月某日，赵叔愚君介绍某君来谈中国近代教育史问题，来意固在研究教育政策，将有大欲于中国教育改造者；但谈数小时，而所问的都是些极不相干的琐细事情，始终不曾注意到现在中国教育所以如此的历史，更不曾注意到所以构成此历史的原因。他去后，我思所以助之者累日，结果遂费两个月的时日写成此书。

此书并无何种创见，不过将中国教育上60年的往事为回忆式的思考，而寻出若干支配的动力而已。但是，在现在，我还相信，对于教育政治家，或"中国教育"研究者，尚不无裨益。

此书成后，我自己对于改革中国现教育的意见亦因而较为确定。这种意见曾在本书末章略为提及，更将在《中国教育建设》《近代中国教育史》两书中详述：虽然不一定被人赞许，但结论系从经济制度、历史背景中研求而出，自信尚可受时间的洗涤，更望读者不吝赐教，共同努力于"中国的"新教育之建设。

我做此叙时，赵叔愚君已逝两周月：此书得其提示而成，他独不及阅读而死，人生之无常如此。追忆故人，感慨万端，谨在此诔悼！

舒新城

十七年十一月十一日　杭州

第一章 导论

思想与思想史

思想原是人类心意中的一种觉识作用，这种作用虽然为人所同具，但因所觉识的对象或觉识的主体不同，其结果常不一致，甚至于互成反比。例如张三生于富贵之家，物质生活上根本不生问题，对于贫民底疾苦也许因同情而有所感觉，但与原来贫苦的李四比较，所感的程度便大不相同；倘若张三先贫而后富或先富而后贫，他对于现在贫民疾苦的感觉也不一样；又如张三一生不曾遇困苦的事情，李四所过的生活无时不与贫穷奋斗，因平日各人所接触的对象之不同，也许张三认为苦痛的事而李四却以为是最愉快的。换句话说，一切人都能思想，但所思想的则因时因地因人而异。

思想既是因时因地因人而异，严格讲来，宇宙间绝无同一的思想。但因为思想为"人"所同具，而"人"有人的共相，故在不同的思想中亦可求出其共相。此共相或以人分，或以地域分，或以时代分；若以某人某地或某时代的思想为研究的对象，则称之为某人某地或某时代的思想研究；如将其思想变迁之线索联络而研究之，则称为某人某地或某时代的思想史。故思想史最简单的定义是对于某种思想的进程为连贯的记述。

思想虽然为人所同具，但它是内在的，无论何人对于他人底思想都不能直接考察；而且它底本质又是极自由的，不论外部的压力如何，都可在人底心意之中自由往来。要对于这无形的，不可捉摸的思想为系统的研究，似乎在事实上为不可能。然而一切思想都有其对象的实体，哲学上虽然也有纯粹思想（pure thought）的名词，实际上却只是一个抽象的符号，若要追问内容，这名词便不能存在：因为无论何种思想，无不有其所以构成的物质元素。这些元素虽然有属于自然界的，有属于人事界的，但都是实在的而不是虚玄的，所以思想底本体我们虽无从直接考验，但由其构成的元素上却可以推知它底功能。

心理学者常谓思想为行为之母，无论何种思想都可以发生行为，而一切行为也都有思想在背后支配着。我们对于他人底思想，虽无从直接体验，但由其行为上的种种表现，却可以推证其思想的趋向。行为之直接可以供我们研究的，有当时的各种活动，其间接之可以供我们研究的，有历史上遗留下来的种种遗物与种种记载；若能把这些东西加以分析综合的研究，便可发现各时代或各个人底思想进程，便可成为各时代或各个人底思想史。

可是思想史底重要决不在此：倘若只就各种行为中推证出各个孤立的思想或某个思想底连续关系，其结果不过是些流水账簿，和分类账簿而已，在人类社会的总账上不发生何种关系。思想史之所以重要是在它的本质是一种决算，使人由此决算可以进行制定未来的预算。换句话说，思想史之研究，第一要注意思想所以产生之原由；第二要注意它在实际上所发生的效果。

宇宙间一切现象，都须受因果律底支配，一种思想的产生也自然有它底原因。此种原因分析起来虽然很复杂，但有一条通则可应用于说明一切思想之由来，就是思想是应付环境的。因之各人因所处的环境不同，而有各种不同的思想，一人又因先后所处环境有差异，亦有各种不同的思想。思想史底材料虽然是集合各个人底思想而成的，但一切人底思想却未必一一可以作思想史底材料。因为思想史底功用在于说明各种思想在社会上的影响，若是某人底思想与社会生活完全不生关系，便不能让其拦入。譬如说，王甲看得他所畜的母牛生了犊，想另外弄得嫩草来给犊吃，这也是一种应付环境的思想，然而它底影响最多也只能使他家底犊好好长成罢了，与别人没有什么关系，所以这样的思想，思想史家是不采取的；倘若王甲底母牛是在严冬产犊，那时积雪几尺，一切草木都已冻僵了，他却因为母牛产犊而想出一种制造嫩草的方法，使社会上畜牧的人都能自由制造嫩草，增加畜产，他这思想却是畜牧思想史中一件最重要的材料。换句话说：各种思想之可否为构成思想史的材料，就看他对于社会上所发生的影响如何。以这样的眼光去治思想史，自然不免要受"功利之见"的讥讽，然而人事界的一切活动又有什么能超越于"功利之见"以上的。而且一种思想不以当时的社会背景为根据，就是能产生，对于社会上也不会发生什么效果，它也因而不能存在，我们就要去研究也无从研究起。所以思想史的材料不仅要有选择，并且不当离开社会生活的实际问题。更简单说：思想史的研究，应当从各时代底社会活动中求因果，不当专在思想本身上讨生活。

教育思想史与教育实际

思想的产生是由于应付环境，故其本质可视为一种工具，教育思想也就是应付教育环境的一种工具。一切思想都不能离开实际活动而独立，故凡可以当得起教育思想的名称的，它在教育实际上必定已经或将来必要发生效果。因而我们研究教育思想必得注意于教育实际的各种事象。

论历史，教育活动是与人类共悠久的，论范围也是"无远弗届"的，然而它绝不能离他种社会活动而独立自存。而且因为它底历史悠久与范围广大，对于其他各种社会活动底影响也特别受得大：第一，是它与现实政治的关系太密切；第二，社会风习对于它的拘束力太大；第三，它不能反抗时代思潮。从理论上讲，人是富有政治活动的动物，一切事业都不能不受现实政治的支配，然而20世纪的时代，除去少数的国家经营极少数的大企业外，其余的事业都可由人民自由经营，教育则一律由国家直接经营之、管理之——尤其是义务教育。故立宪政治的教育异于君主专制的教育，苏维埃政制的教育亦异于其他各种政制的教育，就是一国之中，甲党执政必得贯彻该党底教育政策，而有甲党的教育，乙党执政亦复如之，于是教育设施便不能随执政者底意见随时更改。民国十六年北京政府与国民政府的教育方针，完全立于两极端，然而中华民国的人民，却不能不因所处的地方之不同而受两端的教育——但两方的实业社会决不闻要立即改组——就是最显著的实例。其次，教育是一种最普遍最平常的事业，无论什么人都得受教育，无论什么人也都可以干预教育事业；而一般民众底习惯都是好逸恶劳，惮于改革；所以各种改革必在其他方面树有坚强的基础、深厚的势力，逼迫着教育不能不改弦更张时，教育是不轻易改革的。我国清末之改行新教育制度，在表面上似乎是教育界的自动，实则当时的外交内政四处都碰着此路不通的钉子，非变法无以图存，教育不过在此种"不得已"的情境之下偶然被动而已。可是教育制度改革之后，人民思想不能跟着走，它又不能如政治般用强力督促着人民跟着走，所以兴学数十年，形式上什么东西都模仿着欧美、日本，而科举思想仍然潜藏在一般人底骨子里，以阻碍教育的进步。第三，教育底本身是温和的改良的，无论何时都得顾及一般民众底现实利益，尊重一般民众底习惯，不使改良的进程发生障碍。所谓"因势利导""潜移默化"，都是形容教育功能的良好字面，也就是教育不能革命的见证。所以，某种时代潮流发生之后，文学美术可以独立反抗，教育便只有望风而靡。这样看来，一切教育活动其性质都是被动的；倘若只在教育的现象中追求教育问题，必失之狭隘、偏私而不能有真切综括的结论。故研究教育思想史，固然要注意教育实际上的种种问题，而研究教育上的实际问题，又得注意各问题所以产生的他种社会现象。换言之，我们研究教育思想史，第一要知变，第二要明因。这就是说，各种教育思想都是解决当前教育问题的工具。某时代有某种教育思想是那时社会上的种种需要——原因——有以构成之，而此种思想在实际上是否发生效果，其效果的大小若何，又各受其环境底种种限制，故同样的军国民教育思想，在中国与在日本的结果完全不同，就是由于环境有差异。因之我们更可以说：教育思想虽然是应付环境的工具，但都是一种临时的假定，它诚然可以解决当前的许多问题，然而绝不是"放诸四海皆准"的法则，我们研究思想史的目的，是在根据历史的事实，求得教育思想、教育制度沿革变迁的线索与所以变化的原因，从其中抽出若干公例来作应付现时及未来教育问题的南针。

本书底范围及目的

教育的历史既是与人类共悠久，则一切人类史中均有教育思想史。中国是四千余年的古国，教育制度之有史册可考者，自虞夏而后已数千年。倘若我们从二十四史中寻出其教育思想沿革变迁的线索，便可成一部中国教育思想史；这样的工作在现在还没有人做的时候，自然是值得干的，我现在不做这样的工作，第一，是由于力有不逮；第二，是由它的需要不及近代中国教育思想史的迫切。

此处所谓"近代"，时间断自清同治元年至今。何以将近代中国教育断自同治初元？是因为那年北京创立京师同文馆。若仅就其事迹的本身讲，同文馆的设立，不过教育上一种寻常的举动，并无何种重大的价值。但自此而后，数千年中国历史上传衍而来的教育制度，逐渐为西洋的教育制度所替代，而社会上的传统思想亦逐渐破坏无余。倘若我们把同文馆设立以后60年之教育事象与其未设以前60年的相较，不仅在形式上截然两途，即内容上亦完全不同。换言之，同治元年之创设京师同文馆是我国教育制度因外力逼迫而逐渐破坏之始，也是中国逐渐将固有的农业社会的教育制度变而采用西洋的工商业社会的教育制度之始。故近代的时间即以斯年为断。

近代中国教育思想史的研究何以比古代的重要？第一，因为时间近，现在的教育进行，易于取法资戒；第二，因为自同文馆设立而后，所有各种教育制度的采用与更张，均为偶然的议论所左右，倡者和者均无确切的见解，非从历史的实证中建立明确的方案，无以祛这朝三暮四的习惯；第三，因为60年来的教育思想虽无重心，但每种思想都能使社会上发生影响，使社会上感觉不安，非从史实上寻求因果详为论列，则中国教育将永为混乱无系统的思想所搅扰，而得不着一个正果；第四，因为中国改行新教育制度的方法完全为移植的——即将他国教育制照本宣科地移过来——在各国教育史很少前例，但在中国行之已数十年，虽然其结果不尽如人意，但仍不失为教育改革的一种手段，则此问题的研究且可以其结论供普通教育史的参考。

中国60年的新教育，真可谓在昏天黑地的沙漠中"走道儿"，虽然费了若干人力、若干金钱，切实地在那里求出路，但至今还没有找着一条坦荡的康庄。我们为"近代中国教育思想史的研究"，虽然有探讨"光明之路"的希冀，然而不敢必此希冀实现：因为教育思想史中所含的问题太复杂，非"绵力"所能一一理得清楚；就是能理得清楚，教育不是一种独立社会活动，一切都须受他种社会活动底限制，纵有尽善尽美的方案，也不是教育本身所能实现。所以我们底目的：

（1）想用历史的进化的观念，证明种种教育思想，都是当时应付环境解决问题的假设，并不是天经地义，人人可以创造，并不一定要抄袭外国的。

（2）想用客观的事实证明教育思想是由于教育实际产生出来的，社会上的实际情境是思想的源泉，研究思想史不可丢开事实空为玄谈。

（3）想从历史的实证中求出近代中国教育思想的因果，供给一点创造中国新（适宜之意）教育的资料。

（4）想从历史上寻求实证来证明教育不是一种独立的社会活动，常常受制于他种现象，使教育者于教育之外努力改造社会。

这些目的虽然是卑之无甚高论，但作者还不敢必其能到——因为缺少史家底才学识三要素——不过悬之为的，努力前进而已。

第二章 鸟瞰

近代中国教育的背景

倘若中国在80年前没有一场鸦片战争，就是和外国人通商，我想最多也不过在国际上做些公平交易而已。中国底社会现象绝不会像现在，更说不到新式教育；又若中国在鸦片战争而后，国势便振兴起来而列为世界强国之一，中日之战不被日本打败，或义和团真能把"洋人"杀退，我想现在的中国教育制度一定还是遵行千余年流传下来的科举制和书院制，也许世界上的某国慕中国教育制度之优良而毅然采用之。

我这议论或许有人以为太重视国际势力而漠视教育制度本身的价值了。实在一切制度之构成都不能离开环境的驱策，而中国新教育制度之采用，更完全为外力所逼成。中国旧日的科举制与书院制，其方法诚然有许多不合理的地方，但制度的本身却不至于坏到不能存在。（后详）然而清光绪二十八年张百熙奏订学堂章程时竟一笔勾销，而完全将西洋工业社会的教育制度移植过来，其根本原因可以"势迫处此"四字包括之。

中国自昔以华夏自居，对他国则夷狄禽兽之，故历史上虽有他族入主华夏，但中国的文化却不与之同化。鸦片战争以前虽亦曾与葡萄牙、西班牙、荷兰诸国通商，但彼此除贸易上之关系外，文化上绝无接触；欧洲各国亦以中国为地大物博、立国最古的国家，平日无缘深入内地探知内情，亦不知中国究为何物而不敢轻视。及18世纪后半叶英国工业革命以后，生产率骤进，势不得不向国外觅广大商场，于是中国为英人所特别注意。1792年英政府以通商问题遣使奉聘，清廷虽然待以使者之礼，但不过怀柔政策的一种手段而已，对于英政府所希望解决的通商问题则完全置之不理，其使馆亦于翌年禁止设立。他如法、美、葡、西各国虽亦曾通商遣使，但其结果与英国等。盖此时国人对于外国文物制度的观念，一秉历史上轻视蛮夷的习惯而视为不值一顾，所以遇事不加审虑而自由处理之。然而英人内因工业发达的要求，外因东印度会社底成功，终不因形式上之受挫而放弃其东方商场的经营，于是1838年（道光十八年）竟因鸦片烟售卖问题而以兵戎相见，中国复不幸而战败，并于1842年（道光二十二年）订《南京条约》，割香港，开福州、厦门、宁波、广州、上海五处为商埠，偿军费2100万两。自此而后，国人轻视蛮夷的观念虽然不曾尽变，但对于西人底坚甲利兵已有相当的认识。此后平定太平军时曾借重于外兵，执政者对于欧西底军备更多一层认识。及经英法联军、中日战争与义和团事变诸役而后，割地赔款而外，乃至皇帝蒙尘，为中国数千年历史上仅有之奇创。其时国人一面深感欧西各国军备之可畏，一面极力图谋自强；加以日本变法而强的种种事实，又日日诏示于前，于是明达者知各国称霸中原绝不只有军事，军事而外另有其立国要件，乃取法日本而将国内一切政制彻底予以改革，中国的新教育制度也于此大改革之中而由日本输入。总括说来，中国新教育制度是由逼于外力的一种反动所产生的。虽然此种反动是以"图强"为主要元素，但当时之改行新教育制度而将旧的——书院制、私塾制、考试制——一笔勾销，并不是主持者真正明白新教育制度底优点与洞悉旧者底缺点（光绪二十四年以后的改革教育论者，并无一人对于旧院制等有详密的攻击或批评），不过眼见得外力日逼，国势日弱，特运用"以其人之道还治其人之身"的推证而极力模仿其种种设施。所以教育改制数十年，形式方面力求欧化，实质则仍保持科举思想、封建思想于不敝。一切教育思想也脱不了此种圈套。

教育思想与各种思想的关系

教育不是一种独立的社会活动，故教育思想也不能独立。支配着它的势力首推政治思想；次为社会思想；第三为世界思潮；第四为学术思想。近数十年的教育思想大概都可在此四方面寻得出渊源。

教育是直接受政治支配的：政体改革固然可以使教育思想发生大变动，就是政体不变而政策有更改，亦可以使教育思想起变化。民国以前，政体为专制，故教育宗旨以尊君为第一条，而当时之所谓教育思潮，亦无非在忠君爱国底范围兜圈子，绝未见有教育大同与独立的思潮澎湃一时。民国而后，政体共和，虽然有宗社党，但在教育上绝不会蔚成一种忠君的思潮；而自由平等的精神则为各种教育思想底普通元素，国民党政府统治之下，并构成一种党化教育思潮。

政治虽能直接支配教育，但除政体上之更改外，各种政策之时效甚暂，虽然消极方面能阻止与政策相反的教育思想表现于外，但积极方面因为时间关系很难直接蔚成一种教育思想；至于社会的需要，其本质并不因政体或政策之变更而变更，常能自然发育，故对于教育思想的影响亦较久远。民国前，资本帝国主义底压迫与军阀底横暴尚未如民国以后之甚，一般人民尚多数能安居乐业，生活上之要求尚未迫切，故教育思想未有职业问题，而一以自强为本。民国后，因资本帝国主义与军阀的两重压迫，致民不聊生，故民六而后，职业教育思潮盛极一时；即国民政府下之党化教育亦以提倡生产教育为其主要方针。

自海通以后，世界上的任何国家均不能孤立存在，一国之政治社会经济诸方面，无不直接间接受他国底影响。中国立国虽古，但在物质文明上与欧美列强较确为后进；而且中国新教育制度的改革由外力逼成，对于世界思潮所受之影响尤大，民国四五年之间，欧战方烈，军国主义的思潮弥漫世界，国内教育界亦倾向于军国主义；民八欧战停止，威尔逊底国际和平高唱入云，大同教育思想于是盛倡。此为国内教育思想受世界思潮之影响的显征。

教育虽系一种社会活动，但就其活动底种种现象为抽象的、系统的研究，仍为一种社会科学，故学术思想对于教育思想之影响亦甚大：如科学思想盛极一时而有科学的教育思想，文学解放的思想当位时而有自由的教育思想。此为民国八年以后可为佐证的往事。

教育家常以养成生徒独往独来的精神为口头禅，可是在事实上教育思想最不能自由产生、独立进行。60年来的中国教育思想，虽然不一一为政治、社会、世界、学术的四种思潮所构成，但最少亦有一种为其特殊的背景。故我们研究近代教育思想史，必得将60年政治、社会、世界、学术上各方面的情形有综合的了解，始可明白各种思想底因果。

60年来教育思想概况

60年来中国因国际资本帝国主义压迫，社会上民穷财尽，政治中四分五裂，学术上因循抄袭，几乎无事可满人意。然而在各种不满意的现象之中，仍有其潜在的进步。这进步就是自觉。现在社会与政治及学术有若干部分诚然与数十年前无异，甚至比数十年前还坏，但是五四运动、五卅运动绝不是清末所能梦想得到的，而现在全国一致推倒军阀的心理与口头亦不是十余二十年前所能有。这就是在国际上有种族的自觉，觉得中国的事情应由中国人自己负责，不容外人干涉；在内政上有政权的自觉，觉得政治是全国人民底责任，不容由少数特殊阶级的分子包办。至于社会生活的不安，无人不觉是国际资本帝国主义底压迫与不平等条约底束缚，而时时图谋解放。在学术上则由中学为体西学为用的思想进而为有抉择地褒扬固有文化，有抉择地采用西洋文化。这种普通的自觉实是近数十年进化的特征。中国之所以不亡，也就赖有此自觉。60年来的教育思想，虽因环境的变迁，而有种种变化，但细究起来，仍然是一脉相承地在自觉中进行，此为近代中国教育思想的总纲。

近代教育思想虽然向自觉的方向走，但在程度上却很有差别：最初为被动的、模仿的，现则为自动的、创造的；若以时间为纲，则清代的教育思想为模仿的，民国以来为自觉的，每期之中又分为若干小节，兹表列如下：

上表所列各种思想，虽时有起伏，但常为交错的，并不为直线地进行。在时间上有久有暂，在实际上所发生的影响亦有大有小；不过今日的教育现象与将来的教育前途，都不能不受各种思想底影响，则为普遍的事实。我们固不可以其时间之久暂与影响之大小而意为轩轾。

此外，因为社会上对于女子教育的观念变迁特快，女子教育思想常单独自成一个系统，虽然亦曾受上述各种思想底影响，但不能并列在各种思想之中，故为之独立一类。

以下分章详述之。

第三章　方言教育思想

背　　景

　　鸦片战争后，中国底种种弱点暴露于世，英法各国便以其可欺，而与之订立种种不平等条约；领事裁判、利益均沾、传教游历、自由建造等事无不由条约规定。外人既可深入内地自由行动，于是中西人民的交际日多。而外人持不平等条约上的权利，常有欺侮官吏、凌辱人民之举，遂致交涉日多。地方无深通外国语言文字之吏员，遇有中西人民之纠纷，固无从持平办理，而当时订约国日多，国际往来上之种种仪文无人司理，更感苦痛。故咸丰十年（1860）英法联军入北京，驱帝避热河，焚毁圆明园，迫订和约于北京之后，上谕办理通商善后章程，其第一事即建立总理各国通商事务衙门。总理衙门底性质，约等于今之外交部，据《大清会典》所载，其职务如下：

　　总理各国事务衙门、亲郡王、贝勒、大臣，大臣上行走，掌各国盟约，昭布朝廷德信：凡水陆出入之事、舟车互市之制、书币聘飨之宜、中外疆域之限、文译传达之事、民教交涉之端，王大臣率属定议：大事上之，小事则行。每日集公廨以治庶务，奏事日则直朝房以待召见。凡各国使臣入觐……导使臣行礼……凡各国使臣……期会……来贺……接以宾礼。……

当时除英法外，订约通商者尚有俄、美、瑞典、挪威诸国，交涉礼节之事自然很多，需要熟悉外国语言文字的人员也很多。故于同治元年（1862）由总理衙门倡议，设立京师同文馆于北京，方言教育的思想也即由此而始。

北京同文馆初创时仅集十余人习英文而已。次年设法文、俄文两馆，并乾隆时内阁所设俄罗斯文馆于其内。五年更添天文、算学、化学、格致、公法各科。同治二年李鸿章奏设广方言馆于上海，三年瑞麟等奏设广东同文馆于广州，均以教授语言文字为主，并以京师同文馆为总机关，沪粤两馆学生之毕业者均送入京师肄业。

光绪二十八年以前，三馆实为中国新教育的高等教育机关，而以京师同文馆为总枢纽。当时的外交人才、西学介绍都取给予该三馆，故学习语言，翻译西籍竟蔚成为一种思潮。戊戌政变前后之言新政者，无不以方言为言。光绪十九年张之洞在湖北创设自强学堂，共分四斋而以方言居首。光绪二十八年以后，中等以上学校特重外国语，亦以此为源泉。

变　迁

京师同文馆等之设，虽然说是以教授方言、养成交涉人才为目的，但主持还另有一种见解，以为方言是一种基本学问，若国内有人通各国方言，西洋国情可以了解，西洋学术即可以完全输入中国，中国即可以富强。总理衙门奏设北京同文馆疏说：

……欲悉各国情形，必谙其语言文字，方不受人欺蒙。各国皆以重资聘请中国人讲解文艺，而中国迄无熟悉外国语言文字之人，恐无以悉其底蕴。

李鸿章奏请添设外国语言文学馆疏说：

中国与洋人交接，必先通其志、达其欲、周知其虚实诚伪，而后有称物平施之效。互市二十年来，彼酋之习我语言文字者不少，其尤者能读我经史，于朝章、宪典、吏治、民情，言之历历。而我官员绅士中绝少通习外国语言文学之人，各国在沪均设立翻译官两员。遇中外大臣会商之事，皆凭外国翻译官传述，亦难保无偏袒捏架情弊。中国能通洋语者，仅恃通事。凡关局军营交涉事务，无非雇觅通事往来传话，而其人遂为洋务之大害。查上海通事一途，获利最厚，于士农工商之外别成一业。其人不外两种：一、广东、宁波商伙子弟，佻达游闲，别无转移执事之路者，辄以学习通事为逋逃薮；一、英法等国设立义学，招本地贫苦童稚与以衣食而教肄之；市儿村竖，来历难知，无不染洋泾习气，亦无不传习彼教。此两种人者，类皆资性蠢愚，心术卑鄙，货利声色之外不知其他，且其仅通洋语者十之八九，兼识洋字者十之一二。所识洋字不过货名价目与俚浅文理，不特于彼中兵刑食货张弛治忽之大，瞢焉无知；即遇有交涉事宜，词气轻重缓急，往往失其本旨，惟知借洋人势力播弄挑唆以遂其利欲，蔑视官长，欺压贫民，无所忌惮，即如会办防堵一节，间与通习汉语之大酋晤谈，尚不远乎情理；而琐屑事件，势不能一一面商，因而通事假手其间，勾结洋兵为分肥之计。诛求之无厌，排斥之无理，支销之无艺，欺我聋喑，逞其簧鼓，或遂以小嫌酿大衅。洋务为国家怀远招携之要政，乃以枢纽付若辈之手，遂至彼己之不知，情伪之莫辨，操纵进退，迄不得其要领，此非细故也。京师同文馆之设，实为良法，行之既久，必有正人君子、奇尤异敏之士出乎其中，然后尽得西人之要领，而思所以驾驭之，绥靖边陲之原本，实在于此。

以上为同文馆及广方言馆设立的普遍目的。李氏所言，尤能绘声绘色将当时官吏不识外国语言的弊端，及不得不由国家设立专校培植方言人才的理由和盘托出。不过方言的学习还有更远大的目的，就是要由语言以达文学而译述科学。所以李氏又说：

通商纲领，固在总理衙门；而中外交涉事件，则两口转多，势不能以八旗学生兼顾，惟多途以取之，随地以求之，则习其语言文字者必多，人数既多，人才斯出，彼西人所擅长者推算之学、格物之理、制器尚象之法，无不专精务实，沨有成书，经译者十才一二；必能尽阅其未译之书，方可探赜索隐，由精显而入精微。我中华智巧聪明，岂出西人之下，果有精熟西文者，转相传习，一切轮船火器等巧技，当可由渐通晓。于中国自强之道，似有裨助。

学习方言最后的目的在于读西书译西籍以图自强，所以馆中课程，除以洋文洋语为主外，其他属于西学的数学、理科与翻译基础的中国文学，亦同时兼习，而算学尤为重要。广方言馆章程第四条说：

> 西人制器尚象之法，皆从算学出；若不通算学，即精熟西文亦难施诸实用。凡肄业者，算学与西文并逐日讲习。其余经史各类，随其资禀所近分习之。专习算学者听从其便。

对于翻译更为重视，平日既有英汉、汉英互译的功课，毕业时更以能否翻译全帙为奖励职官的标准。嗣后同治六年江南制造局设翻译馆，专以翻译西籍为务。译书成绩虽有可观，但尚不能应社会的需要，故光绪十九年张之洞奏设自强学堂于武昌，分方言、算学、格致、商务四斋，而尤注重方言。他说：

> 自强之道，贵乎周知情伪，取人所长，若非精晓洋文，即不能自读西书，必无从会通博采。……其格致、商务两门，中国既少专书，津沪诸局西人学馆译出诸编不过略举大概，教者学者无从深求。现将格致、商务两门停

课，先行统课方言以为一切西学之阶梯，将来格致、商务，即可自行诵译探讨。……本部堂意在造就通材，所期远大，欲使学者皆能自读西书，自研西法，则可深窥立法之本源，并可曲阐旁通之新义，既不必计辗转传翻之书，致得粗而遗精，亦不至墨守西师一人之法，致所知之有限。将来学成以后，通殊方之学，察邻国之政，功用甚宏，实基于此。

当时执政者固以学习方言为自强要务，在野者亦多以通西文译西书为言。光绪二十年，马建忠建议设立翻译书院说：

窃谓今日之中国，其见欺于外人也甚矣。道光季年以来，彼与我所立约款税则，则以向欺东方诸国者，转而欺我。于是其公使傲睨于京师，以凌我政府。其领事强梁于口岸，以诋我官长。其大小商贾，盘踞于租界，以剥我工商。其诸色教士散布于腹地，以惑我子民。夫彼之所以悍然不顾，敢于为此者，欺我不知其情伪，不知其虚实也。然而其情伪虚实，非不予我以可知也。外洋各国，其政令之张弛，国势之强弱，民情之顺逆，与其上下一心，相维相系，有以成风俗而御外侮者，率皆以本国语言文字，不惮烦琐而笔之于书，彼国人人得而知之，并无一毫隐匿于其间。中国士大夫，其泥古守旧者无论已；而一二在位有志之士，又苦于语言不达，文字不通，不能遍览其书，遂不能遍知其风尚，欲其不受欺也得乎？虽然，前车之覆，后车之鉴也。然则欲使吾士大夫之在位者，尽知其情实，尽通其壅蔽，因而参观互证，尽得其刚柔操纵之所以然，则译书一事，非当今之急务与？语云："知己知彼，百战百胜。"战胜于疆场则然，战胜于庙堂亦何独不然！

光绪二十三年，梁启超更主张多从日文迻译西籍以强国。他以为中国效西法三十年而败，是由于不知敌之所以强。故谓：

> 欲救斯敝，厥有二义：其一使天下学子，自幼咸习西文；其二取西人有用之书，悉译成华字。斯二者不可缺一。而由前之说，其收效必在十年之后。由后之说，则一书既出，尽天下有志之士，皆受其益；数年之间，流风沾被，可以大成。今之中国汲汲顾影，深惟治标之义，不得不先取中学成材之士而教之；养其大器，以为救焚拯溺之用。且学校贡举之议既倡，举国喁喁向风；而一切要籍，不备万一，则将何所挟持以教士取士耶？故译书实本原之本原也！

他恐事无先例，为人怀疑，更举清太祖、太宗及泰西各国译书之成绩说：

> 大哉圣人乎！太祖高皇帝，命子弟近臣，肆唐古忒文诵蒙古记载，遂以抚蒙古。太宗文皇帝受命建国，首以国书译《史鉴》，悉知九州扼塞及古今用兵之道，遂以屋明社。圣祖仁皇帝万几之暇，日以二小时，就西士习拉

体诺文，任南怀仁等至卿贰，采其书以定历法。高宗纯皇帝开四库馆，译出西书41家，悉予著录。宣宗成皇帝，俄罗斯献书350余号，有诏度秘府，择要译布。然则祖宗之世，边患未形，外侮未亟，犹重之也如此；苟其处今日之天下，则必以译书为强国第一义，昭昭然也！且论者亦知泰西诸国，其强盛果何自耶？泰西格致性理之学，源于希腊，法律政治之学，源于罗马。欧洲诸国各以其国之今文，译希腊罗马之古籍。译成各书，立于学官，列于科目；举国习之，得以神明其法，而损益其制；故文明之效，极于今日。俄罗斯崎岖穷北，受辖蒙古，垂数百年，典章荡尽；大彼得自游列国，尽收其书，译为俄文，以教其民，俄强至今。日本自彬田翼等始以和文译荷兰书；泊尼虚曼子身逃美，归而大畅斯旨。至今日本书会，凡西人致用之籍，靡不有译本，故其变法灼见本原，一发即中，遂成雄图，斯岂非其明效大验耶？彼族知其然也，故每成一书，展转互译。英著朝脱稿，而法文之本，夕陈于巴黎之肆矣。法籍昨汗青；而德文之编，今度于柏林之库矣。世之守旧者，徒以读人之书，师人之法为可耻；宁知人之所以有今日者，未有不自读人之书，师人之法而来也。

当时天津水师学堂、上海制造局等处，亦译有西籍若干，不过犹未足以言学术，故他又说：

问者曰："中国自通商以来，京师译署、天津水师学堂、上海制造局、福州船政局，及西国教会医院，凡译出之书，不下数百种，使天下有志之士，尽此数百种而读之，所闻不已多乎？"曰：此真学究一孔之论，而吾向者所谓知而不知之，不知而自谓知焉者也！有人于此，挟其节本《仪礼》《左传》，而自命经术；抱其《纲鉴易知录》《廿一史弹词》，而自诩史才。稍有识者，未尝不嗤其非也。今以西人每年每国新著之书动辄数万卷，举吾所译之区区，置于其间，其视一蠡一蠹不知矣！况所译者未必其彼中之善本也；即善本矣，而彼中群学，日新月异，新法一出，而旧论辄废。其有吾方视为怀宝，而彼久吐弃不屑道者，比比然也。

最后则主张从日文译西籍以为捷径说：

日本与我为同文之国，自昔行用汉文，自和文肇兴，而平假名片假名等，始与汉文相杂厕。然汉文犹居十六七，日本自维新以后，锐意西学，所翻译之书，要者略备，其本国新著之书，亦多可观；今诚能习日文以译日书，用力甚鲜，而获益甚巨。计日文之易成，约有数端，音少一也；音皆中国之所有，无棘刺扞格之音，二也；文法疏阔，三也；各物象事，多与中土相同，四也；汉文居十六七，五也。故黄君公度，谓可不学而能，苟能强记，半岁无不尽通者，以此视西文，抑又事半功倍也！

当时大僚如张之洞，亦极力主张迻译东籍。其《劝学篇》之《广译》一篇专论译书。他说：

> 王仲任之言曰：知古不知今，谓之陆沉，知今不知古，谓之聋瞽。吾请易之曰：知外不知中，谓之失心，知中不知外，谓之聋瞽。夫不通西语，不识西文，不译西书，人胜我而不信，人谋我而不闻，人规我而不纳，人吞我而不知，人残我而不见，非聋瞽而何哉？学西文者，效迟而用博，为少年未仁者计也。译西书者功近而效速，为中年已仁者计也。若学东洋文，译东洋书，则速而又速者也。是故从洋师不如通洋文，译西书不如译东书。

自李鸿章而后，虽然大僚学者多主张以学习方言翻译西籍为强国的要件，庚子而后，大吏竞言新政，亦莫不以广译西籍为言。但因各学校设立甚少，其思想尚未普及于教育。光绪二十九年，张之洞、荣庆、张百熙等改订学堂章程，规定中学堂以上各学堂必勤习洋文，此思想更普及于一般教育界。他们规定这条的理由，说：

> 今日时势，不通洋文者于交涉、游历、游学无不窒碍，而粗通洋文者往往以洋文居奇，其猾黠悖谬者，则专采外国书报之大异乎中国礼法不合乎中国政体者截头去尾而翻译之，更或附会以一己之私意，故为增损以求自圆其说。譬如日本福泽谕吉，维新之志士也，其著述数十百种，精理名言，不可胜纪，而中国译者则专取其男女平权

等编译之，而其谈教育之本，谈政治之原者，则略之。如此之类，不胜枚举。其故有二，一则翻译之日少，印刷之资轻，可以易售而周利，一则因中国通洋文者少，故摘取其单词片语以冀欺世而惑人，鄙险甚矣。假令中国通洋文者多，则此种荒谬悖诞之翻译，决无所施其伎俩。故中学堂以上各学堂必全勤习洋文，而大学堂经学、理学、中国文学、史学各科，尤必深通洋文而后其用乃为最大。斯实通中外、消乱贼、息邪说、距诐行之綮要也。

从上面所述的情形看来，方言教育思想的内容可分为三大类：第一是培植交涉人才，第二是翻译西籍，第三是中等以上各学校多习外国语；其时间则数十年绵延不断。

影　　响

方言教育思想因为社会急切的需要与提倡者底权能，在实际上很发生影响。就交涉人才讲，数十年来之中国外交人物多出于三馆之门，陆徵祥、唐在礼、唐在复、胡维德、刘镜人、戴陈霖、刘式训、吴宗濂、周自齐、毕桂芳等其尤著者。他们虽不曾为国家建过顶天立地的功劳，但也少卖国劣迹，而数十年来的外交事务，他们努力于折冲之间者亦复不少。至于翻译方面，在光绪二十二年以前，同文馆、江南制造局，已很有成绩，梁启超说：

……海禁既开，外侮日亟。曾文正开府江南，设制造

局，首以译西书为第一义，数年之间，成者百种，而同文
馆及西方设教会于中国，相继译录，至今二十余年，可读
之书约三百种……

译出各书都可三类：一曰学，二曰政，三曰教。今除
教类之书不录外，其余诸书分为三卷：上卷为西学诸书，
其目曰算学、曰重学、曰电学、曰化学、曰声学、曰光
学、曰汽学、曰天学、曰地学、曰全体学、曰动物学、曰
医学、曰图学；中卷为西政诸书，其目曰史志、曰官制、
曰学制、曰法律、曰农政、曰矿政、曰工政、曰商政、曰
兵政、曰船政；下卷为杂类之书，其目曰游记、曰报章、
曰格致，总曰西人议论之书、曰无可归类之书。

就上面所记的分类看来，科学政治各方面的书籍均有迻译，
就其书目所载已印者固300余种，未印者亦百数种，在数量方面固
然各科顾到，在程度方面亦深浅有序。可见当事者之进行为有计划
的，非如现时译学界之漫无标准。戊戌以前，中国新知识之传授，
这些译籍底功劳却不小；戊戌以后，一般志士多赴日本，鉴于日本
以采用西政而强，乃多迻译日籍，惟杂乱无章耳。梁启超说：

戊戌政变，继以庚子拳祸，清室衰微益暴露。青年学
子，相率海外求学；而日本以接境故，赴者尤众。壬寅、
癸卯间译述之业特盛：定期出版之杂志不下数十种，日本
每一新书出，译者动数家；新思想之输入如火如荼矣。然
皆所谓"梁启超式"的输入，无组织，无选择，本末不

具，派别不明，惟以多为贵，而社会亦欢迎之：盖如久处
灾区之民，草根木皮，冻雀腐鼠，罔不甘之，朵颐大嚼；
其能消化与否不问，能无召病与否更不问也，而亦无卫生
良品足以为代。

斯时的译品虽然杂乱无章，但中国教育上的影响，不独专论
学理的著作系由日籍译来，即学校所用之教科书以及教育上之设
施，亦最大部分从日本转贩而来。而在学术有贡献的译品则首推严
复。严为福建船政学校学生，去英习海军。庚子拳匪乱后，避居上
海七年，专事译述，其所译《天演论》，《原富》，穆勒《名学》
《群己权界论》，《法意》，《群学肄言》等很能介绍一些西洋科
学上、哲学上、政治上的新观念，物竞天择等名词在当时很能支配
许多人底思想。此外林纾所译欧洲小说极多，他虽不识西文、译
本无选择、少名著，但西洋文学之输入中国，他却有不可湮灭的劳
绩。民国以来，执政者虽亦有由公家设立翻译机关之议（四年汤化
龙十四年章士钊长教育部时均议由国家设立编译馆），但均不曾实
行，故翻译上无有系统之巨制。五四运动而后，国人对于西洋学术
的狂艺，与光绪壬寅、癸卯间对于日本学术之情形相似，故译品陡
增，书贾如商务印书馆之《共学社丛书》《世界丛书》，中华书局
之《新文化丛书》，均经营不遗余力；学术团体如尚志学会、科学
社、学艺社、教育改进社等亦努力于编译事业。可是为经济与人力
之限制，终无良好成绩，数年来其足以供大学学生参考的专著为数
极少，而品质之杂劣，恐较壬癸之间犹过之。盖国家既无专设机关
经理其事，一切由私人及书贾代办，私人每为生计所迫，而不肯译

高深难销之书，书贾则更唯利是图，名义上虽说要提高文化，实际上则不问在文化上有何种重大贡献的作品，倘不能获利，他们还是绝对不印的（此种事例极多，凡专门研究者，其所研究之科目不普通而有专著向书贾交涉付印者，都可有此经验）。遂致各科系统与译品质量均无适当的配置。至于中等以上学校多习外国语一项，则自光绪二十九年改行新教育制度以后，一脉相承，无论学制系统，课程标准有何种变更，中等以上学校的外国语均为主要科目。不过当时的目的在于读西文以通西学，习西文系达通西学的一种手段，后来因教会学校的提倡与留学生之推波助澜，竟将手段变成目的，而以讲西语、用西书为荣，遂致语言学习的成绩虽有进步，而学术界仍未受其实益。

第四章　军备教育思想

背　　景

自《南京条约》而后，几乎诸事受外人底拘束，谋国者知外人之战胜我国，绝非偶然，自有其坚甲利兵为后盾，我国真欲自强，亦绝非折冲的交涉人才所能奏效，必得以其人之道还治其人之身。所以于同文馆等设立之后，而有军备思想之产生。

《南京条约》虽足以产生此种思想，但使此思想之成为一种潮流而勃然莫御则尚有他种外交问题。最重要者为日本于同治十年夷琉球为冲绳县，及十三年侵台湾两事。薛福成说：

……日本之海滨亦多事矣。数年之中，一入台湾，再议朝鲜，三灭琉球，今其兵船且游历至福建，既有耀武之意：彼盖自谓富强之术远胜中国，故欲迫中国以所难堪，使我怒而启衅，而彼乃得一试其技。幸而获胜，彼固可任其取求，万一不胜，彼恃西人为排解，绝无亏损于其国。其为谋亦狡矣。故此时琉球之废非谓其地足贪、兵足

用也，彼特以此尝中国也。中国而力与之校，固藉为开衅
之端，中国而不与之校，亦愈显中国之弱，渐且南犯台
湾，北攻朝鲜，浸寻达于内地，殆必至之势矣。……日本
仿行西法，颇能力排众议，凡火车轮船电报及一切制造贸
易之法，稍有规模，又得西人之助，此其自谓胜于中国
也。……中国于自强之术，不宜仅托空言，不可阻于浮
议，一日奋然有为而决之以果，课之以实，固旋至而立有
效者也。

这是说日本以改行西法而强，中国不自强，便有为日本凌并之
虞。但自强的具体方法如何，都未明说。李鸿章则更明白指出铁甲
船为自强必要的方法，他说：

日本有铁甲船三艘，遽敢藐视中国，耀武海滨，至有
台湾之役、琉球之废；彼既挟所有以相陵，我亦当觅所无
以求自强。……中国永无购铁甲之日，即永无自强之日。

当时谋国者既人人有自强之念，而对于东西洋各国之认识，又
只从战迹推知其有坚甲利兵，故军备思想遂为教育思想的中心，无
论国外留学或国内设校，都无不以整军经武为目的。

变　迁

因欲图自强而改行新制度，而图强之原因又因受外人武力的

逼迫，故军备教育思想发达亦甚早。同治五年，总理衙门拟招考天文、算学人员奏疏即说：

> 洋人制造机器火器等事，以及行船行车，无一不自算学中来。现在上海、浙江等处请求轮船各项，若不从根本用着实功夫，即学习皮毛，仍无裨于实用。臣等共同商酌，现拟添设一馆，招取满汉举人以及恩拔岁副优贡，汉文业已通顺、年在二十以外者……入馆学习……延聘西人在馆教习，务期天文、算学均能洞彻根源。斯道同于上，即艺成于下。数年以来，必有成效。现在已设之三馆，仍照旧办理。诚如取进之途一经推广，必有奇技异能之士出乎其中。华人之智巧聪明不在西人以下，举凡推算之学、格致之理、制器尚象之法、钩河摘洛之方，倘能专精务尽得其妙，则中国自强，而自强之道在此矣。

这是说招人学习天算的目的在图自强，而自强之基础，在于能制造机器火车等事。同治十一年，曾国藩、李鸿章因容闳底建议，奏派幼童赴美国肄业，更明白以各种科学都是军事的工具。他们说：

> 窃谓自斌椿、志刚、孙家毂，两次奉命游历各国，于海外情形，亦已窥其要邻：如舆图、算法、步天、测海、造船、制器等事，无一不与用兵相表里。凡游学他国，得有长技者，归即延入书院，分科传授，精益求精，其军政船政，直视为身心性命之学，今中国欲仿效其意而精通其

法，当此风气既开，似宜亟选聪颖子弟携往外国肄业，实力请求，以仰副我皇上作育人材力图自强之至意。

光绪二年，李鸿章奏派武弁卞长胜等赴德国学习陆军，此思想乃集中于军事研究方面，他说：

> 筹布海防，迭经筹款，定购西洋新式后膛枪炮，分发各营督饬操练，并转托德国克鹿卜炮厂代雇德国都司李劢协来津订立合同，议明三年为期，教习克鹿卜后膛钢炮，现届期满消差回国，……商令李劢协带同花翎游击卞长胜等七人赴该国武院讲习水陆军械技艺，俟学成回华，再分拨各营教练，以期渐开风气。……窃维外交之道，与自固之谋相为表里，德国近年发奋为雄，其军政修明，船械精利，实与英俄各邦并峙。……该国素敦友谊，亟应及时联络，师彼长技，助我军谋。

光绪六年，他奏请购铁甲船时，即注意于人才之培植。他说：

> 造就人才，尤为急务。驾驶虽有学生肄习，而司军火、司帆缆、司机器及管事舵水等人，亟宜由练船学堂认真教导挑选，源源济用，万不可以生手充额。

上谕准他购船，他感造就人才的必要，故于六年七月奏请饬派吴赞诚驻天津督办水师学堂练船事宜。第二年七月成立。据《光绪政要》所载，校中内容如下：

> 其时北方风气未开，学生入学之初，非惟于西语西
> 学咸所未闻，即中国文字，亦仅粗通，经李鸿章饬监督各
> 员，严加约束，各员认真课导。欲其于泰西书志，能知
> 寻绎，于是授以英国语言翻译文法。欲其于凡诸算学，洞
> 见源流，于是授以几何代数平弧三角八线。欲其于轮机炮
> 火，备谙理法，于是授以级数重学。欲其于大洋驾舟，测
> 日候星，积算晷刻，以知方向道里，于是授以天文推步地
> 舆测量。其于驾驶诸学，庶乎明体达用矣。然后以升降娴
> 其技艺，即以练其筋力。犹虑其或邻浮薄也：教之经俾明
> 大义，课以文俾知论人。沦其灵明，即以培其根本，为之
> 信赏必罚，以策其倦怠，为之月校季考，以稽其知能，盖
> 自开堂以来，一日间中学西学文字武事。量晷分时，兼程
> 并课。数更寒燠，经季考诸生课业，月异而岁不同，实开
> 北方风气之先，立中国兵船之本云。

光绪二年，他与沈葆桢派遣福建船厂学生赴英法学习驾驶制
造，更详述所以派遣的目的及原因。他们说：

> 窃谓西洋制造之精，实本于测算、格致之学，奇才
> 迭出，月异日新，即如造船一事，近时轮机铁胁，一变前
> 模。船身愈坚，用煤愈省，而行驶愈速；若不前赴西厂观
> 摩考索，终难探制作之源。至如驾驶之法，近日华员亦能

自行管驾，涉历风涛；惟测量天文沙线，遇风保险等事，仍未得其深际。其驾驶铁甲兵船于大洋狂风巨浪中，布阵应敌离合变化之奇，华员皆未经见，自非目接身亲，断难窥其秘钥。

查制造各厂，法为最盛，而水师操练，英为最精。闽厂前堂本习法国语言文字，应即令赴法国官厂学习制造，务令通船之新式轮机器具，无一不能自制，方为成效。后堂学生本习英国语言文字，应即令赴英国水师大学堂及铁甲兵船学习驾驶，务令精通该国水师兵法，能自驾铁船于大洋操战方为成效。

以上所述，军备的整备特重水师方面，是因为当时有感于日本之灭琉球而然。但中国为大陆的国家，要图强绝非专恃水师所能济事。他于光绪十一年更奏请在天津设立武备学堂，以冀在国内自己培养陆军人才。他说：

泰西各国，讲求军事，精益求精，其兵船将弁必由水师学堂、陆营将弁必由武备书院造就而出，故韬略皆所素裕，性习使然。闻其武备书院，学舍林立，规模闳廓，读书、绘图有所，习艺、练技有所，专选世家子弟，年少敏干，童而习之，长则调入营伍，由队目荐充将领，非可一蹴几也。当其肄业之初，生徒比屋而居，分科传授，其于战阵攻守之宜，直视为身心性命之学，朝夕研究，不遗余力，而枪炮之运用理法，步伍之整齐灵变，尤为独擅胜场。我非尽敌之长不能制敌之命，故居今日而言武备，当以其人之道还治其人。……臣与津道关周馥等筹商，暂就天津水师公所安置生徒，名曰武备学堂。……妥立章程，认真训迪……数年以后，教学相长，观摩尽善，北洋各营，必全晓西洋近日行军制胜之方矣。

光绪二十一年，张之洞奏请在湖北设立陆军学堂亦同此意。他说：

　　整军御侮，将材为先，德国陆军之所以甲于泰西者，固由其全国上下，无一不兵之人；而其要尤在将领营哨各官，无一不由学堂出身，故将材称盛。今欲仿照德制，练成劲旅，非广设学堂，实力教练，不足以造就将才。

李鸿章、沈葆桢、张之洞等派遣学生武弁去国外学习武备，在天津武昌等处设立武备学堂，培植将才，固属以军事预备为唯一目的，但在光绪二十一年天津头等二等未设立以前，除北京、广东同文馆及上海广方言馆外，其称为新式教育机关者，惟水师及武备学堂而已。其他各种学堂均未设立，而独急急于水师武备学堂，其重视军备可知。因而在戊戌前后，便成为一种思潮。张之洞鼓吹尤力。他底《劝学篇》有《兵学》一篇，专论军校军制，而归根于师西洋设学堂以造军事人才。说：

　　今日朝野皆知练兵为第一大事，然不教之于学堂，技艺不能精也。不学之于外洋，艺虽精，习不化也。在上无发愤求战之心，以倡导之，兵虽可用，将必不力也。或曰，使古之孙、吴、韩、岳、戚，近今之江、塔、罗、李、多，与西人战，能胜否乎？曰能；亦学西法否乎？曰必学。夫师出以律，圣之明训也。知己知彼，军之善经也。后起者胜，古今之通义也。兵事为儒学之至精，胡文忠阅历有得之格言也。

光绪二十七年，拳匪之乱而后，上谕大吏条陈新政，当时之应诏者几无不以设立武备学堂为整军经武的要图。言之最切者为袁世凯。他说：

各国士农工商兵均有专学，而兵学尤重，盖以诸强国犬牙交错，势均力敌，各怀吞并，欲谋自立，不得不竞修武备：往往穷通国之全力，殚数十年之经营，竭千万人之智巧，以切究而精求之；又互相师法，絜长弃短，日新月异，几无止境，故能出奇制胜，美备聿津。考其兵事之根源，大都植基于学校：凡军中应用之物，应有之义，应知之理，无不逐一讲求。将皆知学，士皆素练，此其所以强也。中国兵事，本无专学，应试之士，向取弓矢刀石，用之今日，既非所宜，而营兵之操枪炮者，不知运用理法。将弁半起民家，卒伍但凭血气，绝少谋略，斯其所以弱也。似宜通饬各省，多设武备学堂，广储将材：凡中外兵法、战法、天算、舆地、测绘、器械以及技艺工程各学，均宜切实讲求。

光绪二十八年，他派员赴日本学习陆军，又说：

> 当今时局以讲求武备为先，整顿戎行以遴选人才为急，查欧美东洋各国于行军练士之法，悉心考究，日新月异，而岁不同，故能迭为长雄，潜消外侮。今中国兵制，徒守湘淮成规，间有改习洋操，大抵袭其皮毛，未能得其奥妙，欲求因时制宜以收折冲之效，自非派员出洋肄习不为功。

不过此种思想，仍只限于武备学堂，光绪二十九年以后，则更普及于一般学校。张之洞、荣庆、张百熙等订定学堂章程，其《学务纲要》中有各堂兼习兵学一条说：

> 中国素习，士不知兵，积弱之由，良非无故，揆诸三代学校兼习射御之义，实有不合。除京师应设海陆军大学堂，各省应设高等普通专门各武学堂外，惟海陆军大学堂暂难举办。兹于各学堂一体练习兵式体操，以肄武事，并于各高等学堂中讲授军制，战史战术等要义。大学堂政治专门添讲各国海陆军政学，俾文科学生稍娴戎略。此等学生入仕后，既能通晓武备大要，即可为开办武备学堂之员，兼可为考察营务将卒之员。

就上述各种变迁的情形看来，军备教育思想的进展可以分为数期：自同文馆设立之始至派遣幼童留美，可称为萌芽期，其内容以军器为主，所有学习天算，派人出洋均以制造为目的。自光绪二年李鸿章派卞长胜等赴德习陆军，至七年派闽厂学生赴英法习艺之数年间，则军器与人才并重，而尤注重于海军人才的培养，可称为第二期。自十一年天津武备学堂至二十一年武昌武备学堂成立，特重陆军人才的培植，可称为第三期。二十一年而后至二十八年，此思想已普及于多数大吏，可称为极度盛期，其内容则注重兵学。自二十九年改订学堂章程而后，普及于一般学校，但以后即逐渐衰落而不再盛。

影　响

军备教育思想自同治初元至清末，绵延了40余年，实际上自然要发生许多影响。第一件值得我们注意的，就是上海、广东、汉阳、成都各处兵工厂，这些兵工厂底出品，和德国克虏伯厂的东西比，虽然算不得什么，但是中国竟有这么一件东西，而且中国的内战，没有它们也不会延得这么长久，却是历史上值得大书特书的一件事。其次是光绪初年的译品，那些书籍自然有方言教育思想为背景，但那时一般人都认天算、格致等等为造军器的工具，译者底目的也大半在藉以改良军备，而不是纯粹的学术介绍。所以军备教育思想，也很有力量——那些书籍在现在看来，虽然不算什么，但那时中国人底一点不完备的科学知识却全靠它们。第三是甲午之败：这件事似乎是与军备教育思想没有关系，但其实不然，因为中国不于日本灭琉球后自购铁甲船，设水师、武备学堂，努力于整军经武的工作，是不会与日本开战的，甲午不败，中国的内政也不会急于改革。故甲午之败，从军备教育的本身讲，虽是失败，但对于全国的改革却很有影响。第四是光绪三十年以后，中国派遣许多学生去日本习陆军，回国改练新军，促满清速亡，而在民国时代则造成许多军阀伙同外国帝国主义压榨人民，使国内民不聊生，社会秩序紊乱。第五是使一般学校都添了木枪的兵式操。第六是在近代中国教育思想上为军国民教育的先驱。

第五章　西学教育思想

背　景

自天津、北京条约而后，国人既感于外国坚甲利兵之可畏，复因日本变法而强与遣使出洋，更知"西洋立国自有本末，诚得其道则相辅以致富强，由此而保国千年可也；不得其道，其祸亦反是"。（郭嵩焘语，见《使西纪程》）故当时号称识洋务者多言西学。同文馆、船政厂、制造局等均所谓讲究西学的机关也。光绪初年，外患之来，相续不绝，日夺琉球，俄割伊犁，法夺安南，英取缅甸，国势日危，谋国者以改行西法提倡西学为言，但倡者少而阻者多。故自同治初至光绪中叶，学术界虽有西学之名而无其实。甲午之败，受创过甚，举国上下都以图强为务，西学之风盛极一时。庚子而后，实行改行新教育制度，西学思想已普及一般教育界。但追溯此思想发展之由来，则仍以外患为唯一原因。张之洞说：

道光之季，其时西国之势愈强，中国人才愈陋，虽被钜创，罕有儆悟，又有发匪之乱不暇及。……一儆于台湾生番，再儆于琉球，三儆于伊犁，四儆于朝鲜，五儆于越南缅甸，六儆于日本，祸机急矣，而士大夫之茫昧知故，骄玩如故。……夫政刑兵食，国势邦交，士之智也；种宜土化，农具粪料，农之智也；机器之用，物化之学，工之智也；访新地，创新货，察人国之好恶，较各国之息耗，商之智也；船械营垒，测绘工程，兵之智也。……华人于此数者皆主其故常，不肯殚心力以求之，若循此不改，西智益智，中愚益愚，不待有吞噬之忧，即相忍相持，通商如故，而失利损权，得粗遗精，将冥冥之中，举中国之民已尽为西人之所役矣。役之不已，吸之唆之不已，则其究必归于吞噬而后快。

张之洞这些议论，虽然是策论式的文章，但他底《劝学篇》在当时却发生了很大的影响。它底外篇底全部都可以说是以提倡西学为目的，上面的话就是外篇第一篇《益智》中来的。照他底意思，国势既已如此，除了改行西法、力倡西学无办法。所以他以吞噬来儆惕国人。西学教育思想虽有种种变迁，但其源泉却不外乎此。

变　迁

同治元年设立同文馆虽然只以养成交涉人才为主要目的，但因仅恃交涉人才不能致国家于富强，故同治五年又添招天文算学人员而研究西学。故同文馆的天算馆实为研究西学的原始机关。惟当时之所谓西学只以天文算学为限，而学习西学的目的，在于制洋器以自强。恭亲王等奏设同文馆天算馆疏说：

> 臣等伏查此次招考天文算学之议，并非务奇好异，震于西人术数之学也。盖以西人制器之法，无不由度数而生，今中国议欲请求制造轮船机器诸法，苟不藉西士为先导，俾讲明机巧之原，制作之本，穷恐师心自用，枉费钱粮，仍无裨于实际。……夫中国之宜谋自强，至今日而已亟矣。识时务者莫不以采西学制洋器为自强之道，疆臣如左宗棠、李鸿章等皆深明其理，坚持其说，时于奏牍中详陈之，上年李鸿章在上海设立机器局，由京营拣派兵弁前往学习，近日左宗棠亦请在闽设立艺局，选少年颖悟子弟，延聘洋人，教以语言、文字、算法、画法以为将来造轮船机器之本。由此以观，是西学之不可不急为肄习也，固非臣等数人之私见矣。

这段话不独把学西学的目的说出，且引疆臣之言以自重，其为同僚所不以为然，亦显然见于言外，故下文又再引清圣祖注重西学的往事，与日本改行西法的成绩以疏解之说：

> 且西人之术，我圣祖仁皇帝深题之矣。当时列在台官，为时宪兼容并包，智周无外，本朝掌故，亦不宜数典而忘；况六艺之中数居其一，古者农夫戍卒，皆识天文，后世设为历禁，知者始鲜。我朝康熙年间，除私习天文之禁，由是人文蔚起，天学盛行，治经之儒，皆兼治术，各

家著述，考证俱精。语曰：一物不知，儒者之耻，士子出户，举目见天，顾不解列宿为何物，亦足羞也。即今日不设此馆，犹当肄业及之，况乎悬的以招哉？……查西洋各国数十年来讲求轮船之制，互相师法，制造日新，东洋日本近亦遣人赴英国学其文字，究其象数，为仿造轮船张本，不数年亦必有成。西洋各国雄长海邦，各不相下者无论矣。若夫日本，蕞尔国耳，尚知发愤为雄，独中国狃于因循积习，不思振作，耻孰甚焉。

他们虽知西学当提倡，但是"士者治人"的观念，犹未能破除，所以又说：

或谓制造乃工匠之事，儒者不屑为之，臣等尤有说焉。查《周礼·考工记》，所载皆梓匠轮舆之事，数千百年黉序奉为经术，其故何也？盖匠人习其事，儒者明其礼，理明而用宏焉。今日之学，学其理也，乃儒者格物致知之事，并非强学士大夫以亲执艺事，又何疑焉。

其时号称理学者如倭仁之流虽极力反对，但因时势之需要，同文馆终于实行招考满汉之正途出身、五品以下京外各官入馆肄习天文算学。

光绪初年，西学的范围已由天文、算学扩充至于宗教、法律、理科、医药，即其学校制度亦认为西学之一部分。王之春说：

西学规例极为详备，国中男女无论贵贱，自王子以至于庶人，至七八岁皆入学，在乡为乡学，每人七日内出学费一本纳，在城为城学，每人一月出学费一喜林，如或不足地方官捐补。其曰乡曰城者特就地而言之，其实即乡塾也。塾中分十余班，考勤惰以升降，其不能超升首班者不得出塾学艺。乡塾之上有群学院，再上有实学院，再进为仕学院，然后入大学院。学分四科：曰经学、法学、智学、医学。经学者，第论其教中之事，各学所学，道其所道，无足美也。法学者，考论古今政事利弊，及出使通商之事；智学者讲求格物性理，各国言语文字之事；医学者先考周身内外部位，次论经络表里功用，然后论病源制药品以至于胎产等事。更有技艺院、格物院，均学习汽机、电报、织造、采矿等事；又有算学、化学考验极精：算学兼天文、地球、勾股、测量之法，化学则格金石植物、动胎湿卵化之理；再有船政院、武学院、通商院、农政院、丹青院、律乐院、师道院、宣道院、女学院、训瞽院、训聋喑院、训孤子院、养废疾院、训罪童院，余有文会、印书会；别有大书院数处，书籍甚富，任人进观。总之造就人才各因所长，无论何学，必期实事求是，诚法之至善者也。

上文见于光绪八年发表的《各国通商始末记》卷19《蠡测卮言十三篇》的《广学校篇》中。书为王之春所编，由彭玉麟鉴定。王"以文人兼武事，驰驱江海间，防北塘、驻京口、游历日本长崎、横滨，于中外交涉事见闻周洽"（皆彭语，见《通商始末记》叙文）。其言固非侏儒之见可比，而玉麟为两江总督，更可以代表当时大僚底思想。其所谓西学的内容为此，固非俗人泛谈也。

光绪十三年三月御史陈秀莹奏请以算学取士，则以算学为西学，他说：

> 中外交涉以来，言西学者，机器船政等局，同文方言等馆其渊薮也。……迩者诏各部院奏保出洋习艺，窃意正途人员，宜可藉此练习洋务，而迁延三月，保送未闻，则留心西学者之难其选也。臣愚以为西法虽名目繁多，皆权舆于算学；洋务从算学入，于泰西诸学虽不必身兼数器之能，而测算既明，不难按图以索骥。

但当时总理衙门却以为西学不只是算学而已，于议陈奏中说：

> ……即以西学而论，其人材半出于格致书院，以理法扩其聪明；亦半出于水师练船，以阅历坚其胆识……三角、几何、代数诚为西学根本，然西学以测算始，实未以测算止……

甲午而后，西学已成为一种时代思潮，谈时务者辄言西学，因而西学底含义，亦渐趋分歧；有以自然科学为西学者。梁启超说：

> 西学之属先虚而后实，盖有形有质之学皆从无形无质而生也。故算学重学为首，电、化、声、光、汽等次之，天、

地、人、物等次之，医学、图学全属人事，故居末焉。

有以算学、格致、商务、方言为西学，而以算学为西学之根本者，《湘乡东山精舍章程》说：

> 入舍肄业者，算学为先。目前经费不敷，只能先聘算学山长，盖三角、八线、几何、代数实为西学根本，不独制造，须采源于算术也；将来经费既足，可为推广，如格致、商务、方言皆各有专门，专而后可以精益求精，但中西当会其通，诸生于四书五经，宜专一经以为根柢，矫除章句小儒之习，庶几蔚成经济有用之材。

有以数学、机械、工程电矿、方言法律为西学者，盛宣怀于光绪二十一年奏定天津中西学堂章程头等学堂功课一条说：

历史课程分四次第

第一年　几何学、三角勾股学、格物学、笔绘图、各国史鉴、作英文论、翻译英文。

第二年　驾驶并量地法、重学、微分学、格物学、化学、笔绘图并机器绘图、作英文论、翻译英文。

第三年　天文工程初学、化学、花草学、笔绘图并机器绘图、作英文论、翻译英文。

第四年　金石学、地学、考究禽兽学、万国公法、理财富国学、作英文论、翻译英文。

专门学分五门

一、工程学　专教演习工程机器、测量地学、重学、汽水学、材料性质学、桥梁房顶学、开洞挖地学、水力机器学。

一、电学　深究电理学、讲究用电机理、传电力学、电报并德律风学、雷房演试。

一、矿务学　深奥金石学、化学、矿务房演试、测量矿苗、矿务兼机器工程学。

一、机器学　深奥重学、材料势力学、机器汽水、机器、绘机器图、机器房演试。

一、律例学　大清律例、各国通商条约、万国公法等。

有以自然科学、社会科学、应用科学统称西学者，官书局议覆开办京师大学堂折说：

京外同文方言各馆，西学所教，亦有算学格致诸端，徒以志趣太卑，浅尝辄止，历年既久，成就甚稀，不立专门，终无心得也。今拟分立十科。一曰天学科，算学附焉。二曰地学科，矿学附焉。三曰道学科，各教源流附焉。四曰政学科，西国政治及律例附焉。五曰文学科，各国语言文字附焉。六曰武学科，水师附焉。七曰农学科，种植水利附焉。八曰工学科，制造格致各学附焉。九曰商学科，轮舟铁路电报附焉。十曰医学科，地产植物各学附焉。

有以方言、机械、船政、公法、军事等为西学者。张之洞说：

> 开同文方言馆教译也，设制造局教械也，设船政衙门教船也，遣学生出洋赴英、美、法、德学公法、矿学、水师、陆师、炮台、铁路也，总署编刊公法、格致、化学诸书，沪局译刊西学七十余种，教各种西学也。

有以为西学须包括西艺西政者，光绪二十四年六月，张之洞、陈宝箴奏请改定文科新章中说：

> ……二场试以时务策五道，专问五洲各国之政，专门之艺；政如各国地理、学校、财赋、商务、刑律等类，艺如格致、制造、声光电化等类，分门发题考试，此为西学经济。

光绪二十七年张之洞、荣庆、张百熙改订学堂章程，则更将范围扩充，而以经学、中国文学以外的各科统称西学。

西学教育思想在前清数十年间绵延不断，并有"礼失求野"与"中体西用"的两种思想相伴而行。第一种延时甚长，自同治初元至戊戌政变，第二种自戊戌至清末。

所谓"礼失求野"即西学为中国所固有，就是对于西洋学术，都须从中国历史上查出根据，而附会其原为中国古圣贤明王所创造。恭亲王奏请在同文馆设天算馆，虽然谓天算是中国所急需的，但为执反对者之口起见，除了盛述"列圣"采纳之西学往迹与日本变法的成绩而外，还得在历史上求出一些典证来。他说：

> 查西术之借根实本于中术之天元，彼中犹目为东来法，特其人性情缜密，善于运思，遂能推陈出新，擅名海外耳。其实法固中国之法也。天文算法如此，其余亦无不如此，中国创其法，西人袭之，中国倘能驾而上之，则在我既已洞悉根源，遇事不必外求，其利益正非浅鲜。

王之春更附会得完备。他说：

> 西学者非仅西人之学也，名为西学则儒者以非类为耻，知其本出于中国之学，则儒者当以不知为耻。即以文字论，古之制字者本三人：下行者为苍颉，从左至右而旁行者为佉卢，从右至左而旁行者为沮诵。泰西之字实本于佉卢也。天文历算，本盖天宣夜之术，《周髀经》《春秋》《元命苞》等书言之详矣。墨子曰："化，征易，若蛙为鹑"，"五合水火土，离然铄金，腐水离木"，"同重体合类，异二体不合不类"。此化学之祖也。"均发均县，轻重而发绝，不均也均，其绝也莫绝。"此重学之祖也。"临鉴立景，二光夹一光"，"足被下光，故成景于下，首被上光，故成景于下"，"鉴者近中则所鉴大景亦大，远中则所见小景亦小"。此光学之祖也。亢仓子云："蜕地之谓水，蜕水之谓气。"汽学之祖也。《礼经》言："地载神气，神气风霆，风霆流形，百物露生。"电

汽之祖也。关尹子言："石击石生光，雷电缘气以生，可以为之。"《淮南子》言："黄埃、青曾、赤丹、白礜、玄砥，历岁生洉，其泉之埃上为云，阴阳相薄为雷，激扬为电，练土生木，炼木生火，炼火生云，炼云生水，炼水反土。"中国之言电气详矣。至于圜一中同长，方柱隅四缧，圜规写殳，方柱见股，重其前，弦其轱，法意规圆三，神机阴开，剞劂无迹，城守舟战之具，《蛾傅》《羊坽》之篇，机器兵法，皆有渊源。墨言理气，与管子、关尹子、列子、庄子互相出入，韩非子、《吕氏春秋》备言墨翟之技，削鹊能飞，巧铰拙鸢，班班可考。泰西智士从而推衍其绪，而精理名言、奇技淫巧，本不能出中国载籍之外。儒生于百家之书，历代之事，未能博考，乍见异物，诧为新奇，亦可哂矣。

照他所说，世界上的一切学问，中国古代都有，而且西洋的各种科学，都是西人从中国由学问中推阐而来。他所以要这样附会，为的是当时儒者以西学为可耻，所以他首先标明其立言之旨。

甲午以后，因国势危弱，与日本改行西法种种事实映射过来，大家都以为西学当学而不以为耻，但还是不愿明白说西学比中学好。并且要将西学以中学比附之，而谓学西学即所以创中学。《东山精舍章程》有一条说：

西学之精，莫非原本中国。其立教实源于墨子，尚同兼爱，事天明鬼，尤显然者。至通商练兵之法，大半本乎《管子》，而设官多类乎《周礼》，用法亦类乎申韩。重学、光学、汽学、化学、电学诸大端，散见于周、秦各书，尤不可殚数。然则泰西格致之学，未有能出吾书者也。今精舍方言、格致两斋，通其言语文字以造就译才，兼考求新理新物为制器利用之助，是乃昌明中国实学，将以西学化为中学，非弃其学而从西学也。山长平日宜讲明此理以晓学者。

戊戌而后，此种思想又渐变而为"中体西用"，即中学为体，西学为用。光绪二十二年七月孙家鼐奏办京师大学堂折说：

中国五千年来，圣神相继，政教昌明，决不能效日本之舍己芸人，尽弃其学而学西法。今中国京师创立大学堂，自应以中学为主，西学为辅，中学为体，西学为用，中学有未备者以西学补之，中学有失传者以西学还之，以中学包罗西学，不能以西学凌驾中学。此是立学宗旨，日后分科设教及推广各省一切，均应抱定此意；千变万化，语不离宗。

二十四年五月，总理衙门覆议遵办《京师大学堂章程》亦本此意，其第二章第一节中说：

考东西各国无论何等学校，断未有尽舍本国之学而能讲他国之学者；亦未有绝不通本国之学而能讲他国之学者。中国学人之大弊，治中学者则绝口不言西学，治西学者亦绝口不言中学；此两学所以终不能合，徒互相诟病，若水火不相入也。夫中学体也，西学用也，二者相需，缺一不可，体用不备，安能成才。且既不讲义理，绝无根柢，则浮慕西学，必无心得，只增习气。前者备学堂之不能成就人材，其弊皆由于此。

张之洞主之尤力。他说：

……学堂之法约有五要：一曰新旧兼学，四书五经，中国史事政书地图为旧学，西政、西艺、西史为新学，旧学为体，新学为用……

他虽主张中学为体西学为用，但不以为西学为中国所已具，不必学习，且详摘当时言西法者之种种弊端，而主张以中学治身心，以西学应世事说：

今恶西法者，见六经古史之无明文，不察其是非损益，而概屏之，如诋洋操为非，而不能用古法练必胜之兵，诋铁舰为费，而不能用民船树海防之策，是自塞也。自塞者，令人固蔽傲慢，自陷危亡。略知西法者，又概取经典所言而傅会之，以为此皆中学所已有，如但诩借根方为东来法，而不习算学，但矜火器为元太祖往西域所遗，而不讲制造枪炮，是自欺也。自欺者令人空言争胜，不求实事，溺于西法者，其或取中西之学而糅杂，以为中西无别，如谓《春秋》即是公法，孔教合于耶稣，是自扰也。自扰者，令人眩惑狂易，丧其所守。综此三蔽，皆由不观其通，不通之害，口说纷呶，务言而不务行，论未定而兵渡江矣。

然则如之何？曰：中学为内学，西学为外学，中学治身心，西学应世事，不必尽索之于经文，而必无悖于经义，如其心圣人之心，行圣人之行，以孝弟忠信为德，以尊主庇民为政，虽朝运汽机，夕驰铁路，无害为圣人之徒也。如其昏惰无志，空言无用，孤陋不通，傲很不改，坐使国家颠隮，圣教灭绝，则虽弟佗其冠，神禫其辞，手注疏而口性理，天下万世，皆将怨之詈之，曰：此尧舜孔孟之罪人而已矣。

上文第一段痛诋当时言西法者之通弊，第二段则明白提出其主张。光绪二十九年，他与荣庆、张百熙改订学堂章程，更将他底主张明白发挥。在重订学堂章程折中说：

……立学宗旨，无论何等学堂均以忠孝为本，以中国经史之学为基，俾学生心术壹归于纯正，而后以西学瀹其知识，练其艺能，务期他日成材，各适实用，以仰副国家造就通才，慎防流弊之意。

民国而后，此种思想犹未尽去，不过形式上改为中国文化以精神胜，西洋文化以物质胜可，以梁启超与梁漱溟为代表。梁启超于民国八年从欧洲游历回来，对于科学万能发生疑问，对于西洋的物质文明生厌，而对于中国的精神文明起敬。他说：

> ……从前西洋文明总不免将理想实际分为两橛，唯心唯物，各走极端；宗教家偏重来生，唯心哲学高谭玄妙，离人生问题都是很远。科学一个反动，唯物法席卷天下，把高尚的理想又丢掉了。所以我从前说："顶时髦的社会主义，结果也不过抢面包吃。"这算得人类最高目的么？所以最近提倡的实用哲学，创化哲学，都是要把理想纳到实际里头，图个心物调和。我想我们先秦学术，正是从这条路上发展出来。孔、老、墨三位大圣虽然学派各殊，求"理想与实用一致"，却是他们共同的归着点。……我们若是跟着三圣所走的路，求"现代理想与实用一致"，我想不知有多少境界可以辟得出来哩。……我们可爱的青年啊！立正！开步走！大海那边有好几万万人，愁着物质文明破产，哀哀欲绝地喊救命，等着你来超拔他哩。我们在天的祖宗三大圣和许多前辈，眼巴巴盼望你完成他底事业，正在拿他底精神来加佑你哩。

梁漱溟以研究东西文化著称，他对于西洋文化虽然主张全盘承受，但却可怜西洋人底物质疲敝，而主张以孔子底人生救济之。他说：

> ……我又看着西洋人可怜，他们当此物质的疲敝，要

想得精神的恢复，而他们所谓精神，又不过是希伯来那点东西，左冲右突不出此圈，真所谓未闻大道。我不应导他们于孔子这一条路吗！

因此，他于民国十三年在山东办曹州中学，也完全不采觅在通行的教育制度，而以"亲师取友"的方式出之——学生可量家之有无缴纳学费，校事由师生共同处理，教师与学生为友，力求免除隔阂，对于学生生活上之知识行为方面都恳切、负责。

与此思想相反者，可以吴稚晖为代表。他说：

假如我国近时受美人卫西琴氏《新教育论》之影响，致年来教育部遣派学生，取限制主义。卫氏所谓："必须成年之人，年在25岁以上，曾于本国受有完全教育者，始可出洋留学；盖留学目的，端在极深研究，或特别调查，彼英、德、法、美诸国学子之互相游学，莫不如是。"此与日本派遣留学，限定卒业大学，曾任助教，且限额50余人，其旨趣合。然吾不必多下断语，即以卫氏"英、德、法、美诸国莫不如是"一语反诘之，中国今日之国情，及学界之程度，得比英乎法乎美乎？即退一步言之，得比日本乎？当无不以为甚滑稽者也。卫氏之《新教育论》趋重力役，吾五体投地崇拜之。至于所论派遣留学法，若作为教育部方面挑选出洋学生时之鹄的，于此一部分，亦至为切当；年来成年而受过比较完全教育之人，日多一日，教育部取其仅少之学额，多选此等人，自亦在情理之中。若卫氏又谓："采取彼之方法，则派遣学生出洋留学之举，直无所用。"此实谬说……终之吾敢为大前提而断言者：

今之新教育，皆有觉悟，当趋重力役。

即力役之教育而论，是世界的，非一国的。

力役之知识，是世界的，故交通愈广博，而成就者愈多。

我国力役之教育，既已发达，尚不可忽于交通，当其未发达，尤应多设交通之法，促此教育而进之。

移家就学亦为交通诸法内之一种。

他主张移家就学的理由说：

今日中国之所缺者，学校教育，与所谓力役教育内之高等能力，皆知出国而求之矣。其实与人类相关之事物，有待乎增进知识，逐一改良者，实为千端万绪；非仅讲学之一事，必事事能多换知识于世界，而后适宜于时势之俗尚，乃得优存于人群。移家之事，取吾一部分人之家庭生活，生活于世界改良之城邑，取吾一部分人之起居习惯，习惯于世界进之社会。即无子弟就学问题，已觉移家之重要。况就子弟就学而论，我国学校之骤难完备，尤于高等力役之能力，一时决不能取诸宫中而足；而又因社会上四围现状之无所补助，故即在学校中成绩最优之子弟，往往不比于留学普通毕业之学生（所谓普通毕业学生者，乃指实地学习，特成绩非优者耳；绝非指顶一留学招牌之"面

筋学生"也）。即因一则于学校外无闻见，一则闻见于学
校之外者甚多耳。

上文见于《胐盦客座谈话》中，最初发表于上海《中华新
报》，转载于《新青年》4卷2号，其时欧战方酣（民国六年），
法人正招华工，吴与李石曾等极力鼓吹勤工俭学，此文虽以提倡
勤工俭学为目的，但其后段云云则明白说中国各种学术都不足以
独立自存，必得借解西洋的文化以补助之。民国十二年，因张
君劢在清华学校讲演《人生观》，国内学术界发生"科学玄学之
争"，时延数月，加入者数十人，在名义上虽为科学玄学之争，
实际上则以西洋文化与东方文化（即清代的西学中学）为背景。吴
氏曾作《一个新信仰的宇宙观与人生观》投之《太平洋》杂志，长
至七万余言，其根本精神在全盘承受西洋文化而特重唯物主义。
他说：

> 梁（漱溟）先生书中，已把往事详述，说我们对于西
> 化，初但注意极可笑的物质，后乃得到了赛先生（Science
> 科学），台先生（Democracy民治主义），就得了归宿，
> 所以断定他尚搁浅于第一路。……我顺便要向陈仲甫、胡
> 适之诸位先生商量，这是梁漱溟先生提醒的功德。我们中
> 国已迎受到两位先生——赛先生台先生——迎之固极是
> 矣。但现在清清楚楚还少私得的迎受……这是什么东西
> 呢？就是……穆勒儿（Moral）……所以迎受了穆姑娘治
> 内，赛先生请他兴学理财，台先生请他经国惠民。如此，

庶几全盘承受。如此专心在第一路上向前进，开步走，是
为正理。何可折回半途。（持中）

民国以来主张接引西洋文化的人还有钱玄同（疑古玄同）、陈
独秀（仲甫）、胡适（适之）诸人，不过不及他主张这样地全盘承
受而已。故西学教育思想，至吴氏而终极而最彻底。

从上面的变迁看来，西学底范围最不确定：最初认天文数学西
学，自同治初元至光绪初年，可称西学萌芽期。自光绪初年至甲午
之役，西学底范围已扩充及于政教及理科医学，可称第二期。甲午
而后西学底含义最为分歧，其范围狭到仅指自然科学，广到泛指西
洋一切文化，直至清末而止，可称为第三期。民国以来，西学的名
词渐不习见，而为"西洋文化"西字所替代，但"中学为体，西学
为用"的思想，犹深存于一部分人底心意之中，不过力量不及主张
全盘承受西洋文化者之大耳，可称为第四期。

影　响

西学教育思想，在时间上绵延60年，此60年中国政治学术上各
种事情无不直接间接受其影响。最显著者，第一是同治五年京师同
文馆、天文算学馆的添设；第二是戊戌而后庚子以前的各种中西学
堂；第三是改行新教育制度以后各级学校的科学的科目；第四是西
洋文化的吸收。

就60年经过的事实看来，中国教育诚然因西学教育思想而建
设许多具体的事情，社会上也因之有许多的进步，但因为"礼失

求野"与"中体西用"的两种思想为此思想的前驱，所以不能获得其应得的结果。因为当初采用西学的时候，人人都怀着"礼失而求诸野"的观念，对于所谓西学的条目及其内容，固然随意增减，随意附会，使西学底含义混淆，效用减少；根本上还有一种顶大的缺点，就是轻视西学；以为所谓西学者也不过是那么一回事，除了奇技淫巧以外，实在没有什么东西，中国之所以要倡西学，也不过是为偶然的事势所迫，并不真正知道西学的优点在何处。就是后来"中体西用"思想发达，对于西学的内容虽不如从前的附会，但轻视西学与对于西学之优点不了解，仍与从前无异。此两种思想潜在地支配中国的所谓西学教育60年，故所得的成绩，只是些表面的文章。即以学校的课程说，二十八年以前的所谓中西学堂，固然以提倡西学为职志，二十八年以后的各种学校，亦无不有数理方言的学科，然而各学校的设备何尝因其为提倡西学，或有西学课程而特别注意于科学方面的设置；社会上的种种迷信、偷惰的思想，何尝因采西学而有所改变；就是号称受过西学教育的先生，亦何尝学得西洋人治事治学的良好习惯。从另一方面讲，因为这种模糊不彻底的思想，只注意西洋人文明外形的模仿，而产生现代教育界虚浮的风气；凡号称受过诸教育的人物，物质生活方面务力求西洋化，而骨子里却未脱去昔日"士者食人治人"的习气。遂致高等教育于学术上无贡献，普通教育于个人生计上无补益，人民对于新教育的无信仰。民国十年以前各省省议会常有阻止增加教育经费的议案，还可以说是选举不良，被选的省议员不足以代表人民，而八年以后，全国各省地域不分东西，统辖的政府不分南北，都莫不拖欠教育经费至数月或数十月之久，教育者每求与其他行政官吏受同等待遇（指经费言）而不可得，也就可以知道全国人民对于新教育漠视的态度了。这种漠视的态度与那偷惰的思想，都是不曾彻底了解所谓西学底特质与其优点所构成的。当初提倡西学原以强国为目的，谁知数十年后，西学的教育竟少见功效，又是提倡者底始料所及吗！

第六章　西艺教育思想

背　景

西艺原为西学底一部分，同治初元，西学思想倡始时，西艺思想亦暗寓于其中；盖恭亲王奏请添设同文馆、天算馆，疏中所谓制造轮船机器诸法，天文数学诸科，以及左宗棠亦请在闽设立艺局云云，就是后来的西艺之意，不过没有"西艺"的名词而已。同治十一年曾国藩、李鸿章奏请派遣聪颖子弟赴美学习章程谓："选聪颖幼童赴泰西各国书院学习军政、船政、步算、制造诸学，约计十余年而归，使西人擅长之技，中国皆能谙悉。"亦即西艺之意。只因其目的在兵工，故以军备思想括之，但追随西艺教育思想的根源，却要以此二事为起点。

自同治至光绪初年有西艺的事实，而无西艺的名词，是因为那时的人对于西洋的文物制度，只有一种模糊的概念，学与艺并无区别。琉球之役，国人渐知日人之胜我，系由于采用西法，西法之内容如何固不直接考察过，只凭日人所以胜我之坚甲利兵上而推知西人之长惟有技艺。王之春、彭玉麟底《通商始末记》附编之《精艺术》篇，第一句即说"西人之所长者技艺耳"，就是明证。

甲午而后，因日人之屡欺我而对于其变法自强的情形有较深的了解，西艺思想又进一步，乃以自然科学及应用科学为西艺，西艺的名词亦逐渐通行。不过技艺在中国历来视为末技，加以当时国人之言维新者在于急图自强，而技艺的收效甚缓，于是有"西艺非要，西政为要"之思想。但因自同治以来，国内国外之学习方言者无补时艰，而甲午战争而后，战费与赔款之负担陡增，国内经济，日见亏竭，富国理财实为当务之急，故言新政者莫不以发达实业为主题。于是西艺思想在光绪二十五年至二十九年之间即隐然为一种重要的教育思潮；它底势力虽然不能敌西政思想，但从前模糊不清的西学思想，至此也渐有重心。及光绪三十三年，因日本速成生与普通生特多，所谓新政的人才既已多于过江之鲫而无法消纳，西艺思想遂代西政而兴，直至清末而犹未衰。民国以来则递嬗而为职业教育思想。故西艺教育思想的产生，由于外力的坚甲利兵所反映，而其发展则由于清末新教育之无裨实用。

变　迁

同文馆设天文算学馆，其内容虽与后来之所谓西艺相似，但并无西艺之名；即光绪初王之春、彭玉麟底《通商始末记》，薛福成底《筹洋刍议》虽力言变法，力言西人长于技艺，但亦只泛言西法西学，而不专指西艺。光绪二十一年，因先年中日战争败绩，国人急图自强，康祖诒（有为）集众千三百余人于礼闱试毕之后，击登闻鼓，联名上书，世称为"公车上书"。他们主张废武科，设艺学；其所谓艺学，系专指西洋学术，实为西艺之首倡者。他们说：

> 泰西之所以富强不在炮械军兵，而在穷理劝学，彼自七八岁人皆入学，有不学者责其父母，故乡塾甚多。其各国读书识字者百人中率有七十人……同治元年，前督臣沈葆桢请废武科，近年词臣潘衍桐请开艺学，今宜改武科为艺科，今各省州县，偏开艺学书院，凡天文、地矿、医、律、光、重、化、电、机器、武备、驾驶，分立学堂，而测量、图绘、语言、文字皆学之。

他们虽然主张开艺学书院教授西艺，但范围实与当时之所谓西学者无大差异。光绪二十三年总理衙门会议御史陈秀莹请算学取士折，则以军备为西艺，其言如下：

> ……近来南北洋船政各处设立制造、管驾、武备、水师学堂，择其艺成者入练船习学，又拔其尤者，充补水师员弁，以造就人材，有裨实用。良以西艺亦非算学一端可尽。

西艺之见于公牍者实以此为始。光绪二十四年正月，贵州学政严修奏请开经济物科，其所试科目，"约以六事：一曰内政，凡考求方舆险要、郡国利病、民情风俗者隶之；二曰外交，凡考求各国政事、条约、公法、律例、章程者隶之；三曰理财，凡考求税则、矿产、农、工、商务者隶之；四曰经武，凡考求行军布阵、管驾测量者隶之；五曰格物，凡考求中西算学、声、光、电、化者隶之；

六日考工，凡考求名物、象数、制造、工程者隶之"。他所分的事项，实质上与当时所谓西学底范围无别，但总理衙门议覆的时候，则把它们括为算学、艺学两类，而谓每届乡试年份，由各省学政调取新增算学、艺学各书院学堂高等生监，录送乡试：初场试专门题，次场试时务题，三场仍试四书题。中试者名曰经济科举人。就其文义言，除第五类格致中的算学外，余均属艺学。

张之洞则把政与艺分开说：

> ……学校地理，度支赋税，武备律例，劝工通商，西政也；算绘矿医，声光化电，西艺也。才识远大而年长者宜西政，心思精敏而年少者宜西艺；小学堂先艺而后政，大中学堂先政而后艺。西艺必专门，非十年不成；西政可兼通数事，三年可得要领。大抵救时之计，谋国之方政尤急于艺。然讲西政者亦宜略考西艺之功用，始知西政之用意。

据他底意思，西艺只以自然科学及应用科学为限，而将社会科学列入西政之中。不过他鉴于西艺不能立见功效，而变法又急需新人才，故又主张"西艺非要，西政为要"。换句话说：他虽把西艺、西政划分为二，但其主旨却不在于专倡西艺教育。

光绪二十五年七月因历来出洋学生只注意语言文字，无补时艰，谕令改习实学说：

> 向来出洋学生学习水陆武备外，大抵专意语言文字，其余各种学问，均未能涉及。即如农、工、商、矿等项，

泰西各国讲求有素，夙擅专长，中国风气未开，绝少精于各种学问之人。嗣后出洋学生，应如何分入各国农、工、商等各学堂，专门肄业，以备回华传授。

当时总理衙门议覆说：

> 英德有农政公会，美国有农政书院，最为请求耕垦收获之务。近日英爱尔兰，新立劝农劝工章程，至商矿学堂，各国多有之，其名物器具象数之繁，分门记载，各有专书，非精通西文翻译，无由入门而悉其体用利病。历派出洋学生，每届三年回华，为时既暂，诚有如圣谕专攻语言文字，肄习水陆武备，而于各国农、工、商务、矿务未有专门精肄回华传授者，诚宜变通出洋肄业章程，使各就其才性之所近，分门研究，以收布帛菽粟兴物利民之用，以殖民生而裨国计，非此不能为之椎轮嚆矢也。

他们本着"强本利用之根基"议订章程六条，大致以派遣学生出国肄习专门学问为本，以选译农矿等书为辅。惟因此议未曾主张大批遣留学生，不久又值庚子之乱，故在实际上未曾发生何种效力；但留学教育由方言军备思想而改为趋重实业技艺，却以此为始。

自此而后，政与艺更区而为二，不再混合；而当时具报章性质之汇书如《政艺丛书》，具考证性质之汇书如《万国政治艺学全书》，均以政与艺对立。前书发刊于光绪二十七年，主持为顺德邓实。其叙例说：

下篇言艺之目四：曰艺学文编，载本馆撰述，外间来稿，名人论著，以通考古今中外艺学之原，以阐明近日各国艺学之用；曰艺书通辑，采奏议、文牍、章程、规则之属艺而有精意者；曰艺事通纪，排比中国各报言兴艺之事，翻译东西各报言新艺之理：凡农工商兵各务属焉；曰西艺丛抄，取旧译新译，中人自著名言西艺之书，先录其精要有用者，次及其深奥难明者。

艺的内容到底是些什么？他曾作《西艺征经》《西艺征史》《西艺征子》三文，谓西艺均为中国古时所有，其内含有算学、天学、测量、化学、电学、光学、声学、矿学、农学、学堂、赛会、重学、汽学、力学、画图学、轮车、轮舟、火器、自鸣钟、仪器、机巧、铸象、照相、铸器等类。

第二书之艺学丛考编辑大意说：

谈西学者以算、化为两纲：考算学第一，化学第二。格物博物亦西学之两纲也：格物学者，电、气、光、声诸学是也。考电学第三，气学第四，光学第五，声学第六，重学第七。不能尽者以格物学总括之：考格物学第八。博物学者，天地人物诸学是也，考天学第九，地学第十，身理学第十一，动物学第十二，植物学第十三，矿物学第十四。括之以图学、考图学第十五。普通诸学而别成专门以名家者有五：医兵农工商是也；考医学第十六，兵学第十七，农学第十八，工学第十九，商学第二十。

二十种之外，尚有多种，则附于其近者而各以类从焉。如步天学则附于算学，汽学、地学及汽机诸学则附于气学，力学则附于重学，质学及其中所兼之动学、力学、流水学、静水学、声学、光学、热学、磁气学、电气学则附于格物学，测绘学则附于图学，战舰、军械、火药诸学则附于兵学，蚕学则附于农学，道路河渠及各种工程制造诸学，则附于工学，计学则附于商学。此外尚有史学一种，乃最要之学而不可谓之艺学，然必左图右史，始尽互证参稽之用，故特以史学附于图学之后。

此书为内阁中书凌赓飏商同朱大文所辑，正续共700卷，500余万言，江南分巡苏松太兵备道袁某曾于光绪二十八年五月出示严禁翻印，在当时销行甚广，此两书所谓西艺，虽曾涉及社会科学，但均以自然科学及应用科学为本位，故当时所谓西艺者，实自然科学与应用科学也。

当时社会上对于西艺之内含既蔚成一种时论，教育实施上当然要受其影响，由京师大学堂分科的变迁上可以知之。

京师大学堂倡议于光绪二十二年，主其事者为工部尚书孙家鼐，只分天、地、道、政、文、武、农、工、商、医十科而无艺学之名，二十四年，军机大臣与总理衙门所订的京师大学堂章程则分为溥通、专门二类：溥通学为经学、理学、中外掌故学、诸子学、初级算学、初级格致学、初级政治学、初级地理学、文学、体操学，及英、法、俄、德、日五国语言文字；专门学为高等算学、高等格致学、高等政治学、高等地理学、农学、矿学、工程学、商学、兵学、卫生学十门，亦无西艺之名。及光绪二十八年张百熙奏订学堂章程，则将大学分为政艺二科，以声、光、电、化、农、工、医、算等事隶艺科。并规定大学分政治、文学、格致、农业、工艺、商务、医术七科，在预科属政科者，毕业后升政、文、商三科，其习艺科者则入农工医、格致四科。换句话说，分科大学的格致、农、工、医四科亦属艺科。此四科底课程内容，属于格致者有天文、地质、高等算学、物理、动植物；属于农业科者有农艺、农业化学、林学、兽医学；属于工艺科者有土木工学、机器工学、造船学、造兵器学、电气工学、建筑学、应用化学、采矿冶金学；属于艺术科者有医学、药学。所谓艺科底内含，实与《万国政治艺学全书》及《政艺丛书》所举者无甚出入。

光绪二十九年张之洞等改订学堂章程，不分西政西艺，但主张各省速设实业学堂，谓"农工商各项实业学堂，以学成后各得治生之计为主，最有益于邦本"，则已改昔日"西艺非要，西政为要"的思想，而倾向于政艺兼重。惟因张以职官奖励为提倡日本游学之手段，二十四年而后，去日本习速成师范者特多，所谓新政人才，既有供过于求之势，而社会经济因与世界交通，及本国工业落后和为不平等条约所拘束的种种原因，亦逐渐动摇，而感生产增加之重要。在国内既各种实业学堂与普通学堂同时进行，对于国外留学生，实因此种思想底支配而极力责其东西各国学习工艺。

光绪三十三年，因日本留学生习速成与普通者10,000余人，入高等专门及大学者仅45%，特与日本第一高等、东京高师、东京高工、山口高商、千叶医专五校约年收中国学生165人。五校之中，除第一高等为大学的普通预备科外，其余均为专业性质，已不复如从前之以专习速成法政、速成师范为本位了。

三十四年七月，御史俾寿奏请选派子弟分送各国学习工业折，谓："工艺为富强之要图，近来创办学堂者颇不乏人，惟工艺一科，仍多未能讲求。机器、军械、船政、电报各局委员多系未经学习，即或涉躐，亦难洞达。拟请……选送满汉子弟……分赴东西各国学习制造、驾船、枪炮、商务、矿务、农政，各专一艺，庶可较有把握。"他底原意，不过要东西各国的留学生多习工艺而已，学部议覆，则更推广其意，而限制非习农工格致三科者不给官费，说：

> ……臣等窃为造就人材，必因乎时势，欲救贫弱，在图富强，欲图富强，在重实业。从前张之洞会同前学务大臣奏陈重订学堂章程折内，即声明国民生计，莫要于农、工、商、实业，趣办实业学堂，有百利而无一弊，最宜注重等语。频年以来，农工商部于京师设立高等实业学堂，邮传部于上海设立高等实业学堂，唐山设立路矿学堂，尽冀人才之日出，而图实业之振兴。臣等夙夜孜孜，已非一日。惟此种专门之学，皆以普通学为始基，非先于普通之算学、理化、博物、图画等已具根柢者，不能得门而入。近来各省派往东西洋之游学生亦已不少，然以未经中学堂毕业，普通学不完备，出洋以后，见夫法政等科可不必习普通学而躐等以进，于是避难就易，纷纷请习法政，以致

实业人才愈见其少。今该御史所奏工艺为富强之要图，选派子弟，分送东西洋，使专一艺，洵为扼要之论。拟如所请，自本年为始，嗣京师及各省中学堂以上毕业之学生，择其普通学完备，外国语能直接听讲者，酌送出洋学习实业，并令此后凡官费出洋学生，概学习农工格致各项专科，不得改习他科。又以前自费出洋之学生，非入高等学堂以上学习农工格致三科者，不得改给官费，其认习实业已给官费之学生，亦不准中途改习他科。如此量为限制，庶几实业人才可以日出，而富强之效可睹矣。

宣统元年，因美国国会于先年议决退还庚子赔款一部分为兴学之用，特在国内设立预备学校（即清华学校），按照各省摊派赔款数目的多寡，招收学生入校，施以去美留学之预备教育，而对于去美学习科目之规定，则以十分之八习农、工、商、矿等科，十分之二习法政、理财、师范诸学，此后该校考取校外专科生亦以习下艺科目为限。清华游学的全部政策亦为西艺的教育思想所支配也。

西艺教育思想，虽然与方言、军备西学各思想发源于同文馆，但在甲午以前完全混合于西学思想之中，可称为潜伏期。甲午而后赔款之负担既多，西洋资本帝国主义之侵略亦逐渐及于内地，而社会经济发生变动，于是西艺思想渐脱西学而独立，至戊戌政变，则西艺与西政显然对立，可称为萌芽期。自庚子至癸卯，国内经济既大有变动，而当时因为西政思想之激动，西艺更盛极一时，可称为极盛时期。自此而后，西艺在国内教育界已不复为人重视，惟隐存于留学教育界，而支配留学生底学习科目而已，可称为衰落期。民国而后，则逐渐脱化为职业教育思想。

影　响

西艺教育思想持续的时间很短，不过自甲午至清末之十余年而已，其当位时代只庚子至癸卯的四五年间，在教育实际上所生的影响不大。但也不是全无影响，最显著的事实：第一，是西洋物质文明原动力之认识：当军备与西学教育思想当位时，对于西洋物质的文明固已早有认识，不过所识者只是些船政、制造等等陈列于外的皮毛而已；西艺教育思想当位，则进一步而认识西洋物质文明之所以发达，是由于他们底工艺发达，故当时谋国者对国内主张多设实业学堂，对留学生则限制其专习实业。第二，因为认识西洋物质文明的发达由于工艺而来，故光绪二十九年之奏定学堂章程，除专章规定实业学堂的办法，专条提出各地应速设实业学堂而外，并在普通教育之小学中加手工课程（钦定章程无之），而当时各地的实业学堂反较普通教育先为发达。第三，"为仕而学"的观念逐渐打破！中国旧教育的主要目的，在于造成治人的官吏，人民入学也以求官为主要目的，所以仕与学成为连带的名词。自西艺教育思想发达而后，始知西洋各国与日本之农工商矿等等职业都须受教育，而且要受专门的教育，清末以科名的手段奖励新教育，虽然也有"牙科翰林""兽医举人"的笑话，但各种职业界人士之应受专业教育的训练，则已逐渐为人所认识，实业学堂的学生亦逐渐增加。第四，从认识西洋工艺的优点中更推而重视西洋技艺，在商场上固然为舶来品推广销场不少，而中国种种新式工业的设施亦相继产生！今日中国的新式工艺虽然远不及欧美、日本，倘使对于西艺始终不曾认识，即求如今日的现象亦不可得。但从另一方面讲，因为"西艺征古"与"士大夫不亲艺事"的传统思想在背后作祟，对于西艺虽然有若干认识，然而不肯彻底效西人身体力行地去干，所谓实业学堂，游学习艺等之设施，大半是些纸上文章，所以数十年来，中国的工艺，仍不因西艺教育的思想而有长足的进步。

第七章　西政教育思想

背　　景

　　清同治以来因外交之失败而力求图强，方言教育无效而改重军备教育，又无效而改倡西学教育。及甲午而后，受了日本变法的反映，大家知道西学中所含的东西很复杂，于是将其属于艺能者予以西艺之名，其属于政治者则称之曰西政。

　　西政与西艺底价值到底孰大，本是一个不易解决的问题，但在甲午至庚子间的时代需要上，则西政的价值远过于西艺。因为中国自昔是闭关自守的国家，而社会组织又是小农的，无论在哪方面都和欧美工商业国家的情形不同；而国势衰弱，既不能以武力胜人，又不能如昔日之闭关自守，对内对外均非改行西法不可。要采用西法，科举时代训练出来的人才既不适用，便不得不培植新人才；若仅就人才的缺乏讲，西政西艺并无二致，但是艺难成而需时久，虽为立国基础，不过与政治相较，在时间上则可稍缓，所以西政西艺一经分开而后，西政教育即特别为国人所重视；因为变法之初，百端待举，非先培植政治人才，一切都不能举办，技艺更无从说起。

故西政教育思想，随变法思潮以起，亦随变法思潮而落，为时不过自甲午至清末之十余年耳。

变　迁

甲午以前，并无西政的名词，讲时务者虽曾常有主张仿照西洋政制，但名义上则叫作西法。薛福成于光绪十一年发表《筹洋刍议》，其《变法篇》说：

> ……若夫西洋诸国，恃智力以相竞，我中国与之并峙：商政矿务宜筹也，不变则彼富而我贫；考工制器宜精也，不变则彼巧而我拙；火轮舟车电报宜兴也，不变则彼捷而我迟；约章之利病，使人之优绌，兵制阵法之变化宜讲也，不变则彼协而我孤，彼坚而我脆。

琉球之役而后，变法的思想虽然充满了言时务者底脑筋，但是还没有人主张彻底废科举兴学校；而且其时对于西洋的认识还只限于表面上的军备制造等项。甲午而后，国人始知西洋诸国不独以技艺胜人，即政治亦有其特点而可为师法，于是西政两字渐脱离西学而独立。梁启超光绪二十二年所发表的《西学书目表序例》说：

> 西学各书，分类最难；凡一切政皆出于学，则政与学不能分；非通群学不能成一学，非合庶政不能举一政，则某学某政之门不能分……西政之属以通知四国为第一义，

故史志居首；官制学校，政所自出，故先之，法律所以治天下，故次之；能富而后能强，故农工商矿次之，而兵居末焉。农者地面之产，矿者地中之产，工以作之，作此二者也，商以行之，行此三者也：此四端之先后也。船政与海军相关，故附其后。

二十三年盛宣怀奏在上海开办南洋公学，其第一章第二节说：

公学所教以通达中国经史大义厚植根柢为基础，以西国政治家日本法部文部为指归，略仿西国政学堂之意。

上述二段虽曾提出西政的名词，但其内容尚含糊不定。二十四年张之洞发表《劝学篇》，则将西艺西政划分为二，以度支赋税、武备律例、劝工通商为西政，算绘矿医、声光化电为西艺。其论游学并极力描绘日本诸国变法自强的往迹，鼓励国人去日本游学，改行新政。他说：

日本小国耳，何兴之暴也？伊藤、山县、榎本、陆奥诸人皆二十年前出洋之学生也。愤其国为西洋所胁，率其徒百余人，分诣德、法、英诸国，或学政治工商，或学水陆兵法，学成而归，用为将相，政事一变，雄视东方。不特此也。俄之前主大彼得，愤彼国之不强，亲到英吉利、荷兰两国船厂，为工役十余年，尽得其水师轮机驾驶之法，并学其各厂制造，归国之后，诸事丕变，今日遂为四海第一大国。不特此也，暹罗久为法国涎伺，于光绪二十年与法有衅，行将吞并矣，暹王感愤，国内毅然变法，一切更始，遣其世子游英国学水师，去年暹王游欧洲，驾火船出红海来迎者，即其学成之世子也；暹王亦自通西文西学，各国敬礼有加，暹罗遂以不亡。上为俄，中为日本，下为暹罗，中国独不能比其中者乎。

二十七年，他与刘坤一会议变法自强，第三疏则更明认西方政体学术为研究经验之结果，值得仿效说：

方今环球各国，日新月盛，大者兼擅富强，次者亦不至贫弱，究其政体学术，大率皆累数百年之研究，经数千百人之修改，成效既彰，转相仿效，美洲则采之欧洲，东洋复采之西洋，此如药有经验之方剂，路有熟游之途径，正可相我病症，以为服药之重轻，度我筋力，以为行程之迟速，盖无有便于此者。……今日育才强国之道，自以多派士人出洋游历为第一义，惟游学费繁年久，其数不能过多，且有年龄较长不能入学者，有已经出仕不愿入学堂者，欲求急救之方，惟有广派游历之一法。观其国势，考其政事学术，察其与我国关涉之大端，与各国离合之情事，回华后将其身经目睹者，告语亲知，辗转传说，自然群迷顿觉，急思变计。

这些话自然以鼓励游学为目的，可是西政的价值由此渐为国人所了解，推行新政的阻力亦因而减少，而且有认西政教育为当务之急的。陶模说：

> 考泰西日本诸学堂，科目繁多，今之所急莫如政治，宜专重政治一科。内分两门：一曰内政，所以学理事亲民之官也；一曰外政，所以学为交涉专对之官也。学中颁发应用书籍，内政以中国性理、掌故、历代贤哲所论修齐治平之道，及现行典律为纲，而参考各国政治诸书；外政以各国政体武备之法，条约、地志、史乘为纲，而参以中国古今学术政令。若夫天文、地舆、算学、测绘、各国语言文字，未易一一编习，无论内外政皆许自认一项兼习之。

陶氏此疏与张等之变法奏议同为光绪二十七年的应诏言事，当然不能说他为此言是受他们底影响，但当时西政教育之蔚为时代思潮，却可于此概见。光绪二十八年张百熙奏订学堂章程，竟将大学预备科分为政艺两科，以经、史、政治、法律、通商、理财等事隶政科，由政科毕业者升入政治、文学、商务三分科，而政治科之科目为政治学与法律学，文学科之科目为经学、史学、理学、诸子学、掌故学、词章学、外国语言文字，商务科之科目为簿记学、产业制造学、商业语言学、商法学、商业史学、商业地理。由此可知当时所谓西政之内容的大概。

光绪二十九年，张之洞等改订学堂章程虽有政法科，科目极为详备，但无西政之名；盖此次章程系从日本抄来，一切都已日本化，而前次之大学章程则完全为中西杂糅之素朴的见解也。张等改订的学堂章程虽无西政之名，但因实际上的需要，赴日本习政法的人特别多，宣统年间国内的法政学校林立，此种教育思想固未自此而斩。

西政教育为时虽暂，但在乙未至癸卯之间却极为人重视。自西政西艺于甲午后从西学两字中分立而后，西艺在形式上虽然与西政对立，但实际上则一般人莫不重政而轻艺。张之洞《劝学篇》自序中固然说"西艺非要，西政为要"，而当时最负时望的《时务报》记者梁启超更极力鼓吹。他说：

今日之学，当以政学为主义，以艺学为附庸。政学之成较易，艺学之成较难；政学之用较广，艺学之用较狭。使其国有政才而无艺才也，则行政之人振兴艺事，直易易耳。即不尔而借才异地，用客卿而操纵之，无所不可也。使其国有艺才而无政才也，则绝技虽多，执政者不知所以用之，其终也，必为他人所用。今之中国，其习专门之业，稍有成就，散而处于欧墨各国者，固不乏人，独其讲求古今中外治天下之道，深知其意者，殆不多见，此所以虽有一二艺才，而卒无用也。抑欲为艺才者，奉一专门名家之西人以为师。虽于中国之学不识一字可也。欲为政学者，必于中国前古之积弊，知其所以然，近今之情势，知其所终极，故非深于中学者，不能治此业，彼夫西人之著书为我借箸者，与今世所谓洋务中人，介于达官市侩之间，而日日攘臂言新法者，其于西政非不少有所知也。而于吾中国之情势政俗，未尝通习，则其言也，必窒碍不可行，非不可行也，行之而不知其本，不以其道也。于是有志经世者，或取其言，而试行之，一行而不效，则反以为新法之罪。近今之大局，未始不坏于此也。

这是说政学所以较艺学重之原因。他更举西洋与日本各国兴政学而强之陈迹说：

求之西域，则彼中政治学院之制，略以公理、公法之书为经，以希腊、罗马古史为纬，以近政近事为用。其学焉而成者，则于治天下之道，及古人治天下之法，与夫治今日之天下所当有事，若集两造而辨曲直，陈缁羔而指白黑，故入官以后，敷政优优，所谓学其所用，用其所学，以故逢掖之间无弃才，而国家收养士之效，日本之当路知此义，变法则独先学校，学校则首重政治，采欧洲之法，而行之以日本之道，是以不三十年而崛起于东瀛也。今中国而不思自强则已，苟犹思之，其必自兴政学始。

他对于艺学之意见如下：

问者曰，子偏重政学，子薄艺学乎？艺学者，西人所以致富强之原也。释之曰，予乌敢薄艺学，顾欲治艺学者，必广备诸器以借试验；历履诸地以资测勘，教习必分请颛门，学生必储之绮岁，吾度今者诸学生经费之所入，尚未足以语于此也。若治政学者，则坐一室可以知四海，

陈群籍可以得折衷，虽十室之邑，中人之产犹能举之，故
吾谓政学之成较易，艺学之成较难也。若夫有大力者，能
创博物之院，开比较之厂，聚其才俊以前民用，此又国之
命脉也，夫乌得而薄之！吾直异夫今之言学堂者，上焉于
政无所达，下焉于艺无所成，而徒考绩于口舌之间，自画
于同文方言之义，而欲以天下之才望之于其徒也。

以上三段首见于光绪二十二年的《时务报》，总题曰《变法
通议》，此篇之分题曰《学校余论》（现录入《乙丑重编饮冰室文
集》卷二）。他所以主张政学为主艺学为辅：一因当时极力鼓吹变
法，需要政治人才，二因执政者不明西政，三因艺不易成。戊戌以
前《时务报》是鼓吹中国变法唯一有势力的刊物。他底文章在当时
号称新学家者几于人手一编，奉为圭臬。戊戌变政，他虽然不获成
功而亡命海外，但这种政学为主的思想，却已深入人心，二十八年
以后的教育制度、教育实际，莫不受其影响。所以他这种议论，实
可视为当时言西政教育者代表。

影　　响

我们曾经说过：教育常常受政治的支配。西政教育虽然只是
一种教育思想，但它入手的方法系从改变政治的制度起，所以它
底进程是政教混合的，不只是单纯的教育，因而它在实际上的影响
也最大。

普泛地讲来，中国政治社会之成为今日，无不是西政教育之

赐：因为当时没有西政教育，教育制度上固不能为全般的改造，其他各种政治制度，更不会有全般的改造。自同治以来，方言、军备、西学、西艺等教育思想亦未尝不都曾当位一时，然而在实际上竟无何种足以波及全体的大影响；就是方言、军备、西学、西艺等等，都是部分问题，而且在性质上都是宜于缓进的，所以倡来倡去，其结果也不过是若有若无的那么一回事。而政治的影响是全般的，并且非急进不可，所以一言西政教育，便波及政治制度与社会组织的全体。在此种牵一发而动全身的大波浪中，首先受其影响者为科举制度。

在积极方面，科举制度与西政教育风马牛不相及，但在消极方面，科举制度不废，绝不能推行新教育，更不能推行新政。梁启超说：

今内之有同文方言之馆舍，外之有出洋学习之生徒，行之数十年而国家不获人才之用，盖有由也。昔俄主大彼得躬游列国，择国中俊秀子弟，使受业葡法之都，归而贵显之，布在朝邑，俄遂以强。日本维新之始，选高才生就学欧洲，学成返国，因才委任，今之伊藤、榎本之徒，皆昔日之学生也。而中国所谓洋务学生者，竭其精力，废其生业，离井去邑，逾幼涉壮以从事于西学，幸薄有成就，谓可致身通显，光宠族游。及贸贸然归，乃置散投闲，饱落不用，往往栖迟十载，未获一官，上不足尽所学，下不足以救饥寒，千里屠龙，成亦无益。呜呼！人亦何乐而为此劳劳哉！

这种现象，他以为都是不变科举所致，故说：

> 故欲兴学校养人才以强中国，惟变科举为第一义：大变则大效，小变则小效。

张之洞也说：

> ……于是诏设学堂以造明习时务之人才，又开特科以搜罗之。夫学堂虽立，无进身之阶，人不乐为也。……虽日讨国人而申儆之，告以祸至无日，戒以识时务求通才，救危局，而朝野之汶暗如故，空疏亦如故矣。故救时必自变法始，变法必自变科举始。

光绪二十九年二月他与袁世凯奏请递减科举说：

> 近今东西洋各国，其文明愈著者，其学校必愈多，自通都大邑以逮穷乡僻壤，几于无地无学，自文事武备，以逮薄技片长，几于无事无学。……其患之深切著明，足以为学校之的而阻碍之者，实莫甚于科举。……科举一日不废，即学校一日不能大兴；将士子永远无实在之学问，国家永远无救时之人才；中国永久不能进于富强，即永远不能争衡于各国，臣等诚私心痛之。

同年十一月他与张百熙、荣庆改订学堂章程附片中又说：

> 窃惟奉旨兴办学堂，已及两年有余，而至今各省学堂仍未能多设者，经费难筹累之也。公款有限，全赖民间筹捐，然经费所以不能捐集者，由科举未停，天下士林谓朝廷之意，并未专重学堂也。然则科举若不变通裁减，则人情不免观望，绅富孰肯筹捐，经费断不能筹，学堂断不能多。入学堂者，恃有科举这一途为退步，既不肯专心向学，且不肯恪守学规。况科举文字，每多剽窃；学堂功课，务在实修。科举止凭一日之短长，学堂必尽累年之研究；科举但取词章，其品谊无从考见；学堂兼重行检，其心术尤可灼知，彼此相衡，难易迥别。……当此时势阽危，非人莫济，除兴学堂外，更无养才济时之术，若长此因循坐糜岁月，国事急矣，何以支持。

三十一年八月张之洞、袁世凯、赵尔巽、周馥、岑春煊、端方会衔奏请立停科举以广学校说：

> 默观大局，熟察时趋，觉现在危迫情形，更甚曩日。竭力振作，实同一刻千金，而科举一日不停，士人皆有侥幸得第之心，以分其砥砺实修之志，民间更相率观望，私立学堂绝少，又断非公家财力所能普及，学堂决无大兴之望。……近数年来，各国盼我维新，劝我变法，每疑我拘牵旧习，讥我首鼠两端。群怀不信之心，未改轻侮之

意，转瞬日俄和议一定，中国大局益危，斯时必有殊常之举动，方足化群疑而消积愤，科举夙为外人诟病，学堂最为新政大端，一旦毅然决然，舍其旧而新是谋，则风声所树，观听一新，群且刮目相看，推诚相与，而中国士子之留学外洋者，亦知进身之路，归重学堂一途，益将励志潜修，不为邪说浮言所惑，显收有用之才俊，隐戢不虞之诡谋，所关甚宏，收效甚巨。

且设立学堂者，并非专为储才，乃以开通民智为主，使人人获有普及之教育，且有普通之知能，上能效忠于国，下得自谋其生。其才高者，固足以佐治理，次者亦不失为合资之国民，兵农工商，各完其义务，而分任其事业，妇人孺子，亦不使逸处而兴教于家庭。无地无学，无人不学，以此致富奚不富，以此图强奚不强。故不独普之胜法，日之胜俄，识者皆归其功于小学校教师，即其他文明之邦，强盛之源，亦孰不基于学校。而我国独相形见绌者，则以科举不停，学校不广，士心既莫能坚定，民智复无由大开，求其进化日新也难矣。故欲补救时艰，必自推广学校始，而欲推广学校必先停科举始。

上面种种言论，莫不以兴学校为变法的唯一要图，也莫不以科举为妨碍学校的唯一障碍物，而异口同声地要去掉它。所以张之洞等一而再、再而三地奏请停止，究于光绪三十年八月得请而由上谕立即停止。——科举所以要停止，就是因为它与西政教育有妨碍，故科举之废止为西政教育思想最先而最大的影响。

科举废止了，虽然它遗传下来的科第精神仍然借尸还魂而附在学堂奖励章程中间复活了近十年（自光绪二十九年至宣统三年），然而八股文的束缚去了，西洋的文物制度也囫囵吞枣地接收过来了。当时学校的种种办法与其课程，自然是移植的而不合中国社会的需要，但西方文化的逐渐认识，社会组织的逐渐变更却都植基于那时；又因为西政底公共特点为民权之伸张，当时倡议者虽为现行政制的限制，而不能明白提倡民权，但民权的知识，却由政法讲义与新闻事实中传入中国，革命之宣传亦因而易为民众承受，革命进行亦无形受其助长。所以西政教育积极方面最大的影响，第一是西洋文化之吸收，第二是中华民国之建立。

西政教育思想虽然在近代中国的各方面上发生重大的影响，但其流弊亦最大：因为倡议西政教育的，根本不了解西洋政治上民治与专业的精神，而怀着"易成兼通"的观念；以为政治的改革，不过在求形式的类似，而不注意于所以构成此形式的原因，遂致光绪二十九年以后，演成社会上对于学生万能的风尚，学与用完全截为两途，"电科知县""牙科同知"在当时固然酿成种种笑柄，而数十年来各种学校毕业群趋于政治一途，与政治种种紊乱的现象，也大半是这种"易成兼通"的不彻底的西政教育思想底遗毒。所以西政教育思想在实际上的影响最大，其对于近数十年中国政治社会上种种不良的现象所负的责任也特多。

第八章　军国民教育思想
与军事教育思想

背　景

　　清末新教育制度未全部建立以前，即有军备教育的思想，而且绵延的时间很长。自甲午以后，对外战争屡次失败，于是进而为军国民教育思想。军备、军国民的教育思想，虽然都是以强兵为目的，但二者底范围却有很大的差异：因为前者只求培植一些特殊的军事人才，统率军旅之事，而后者则须使国民的全体受军事训练，有事均能执干戈以卫社稷。中国自汉武帝创募兵制而后，数千年未尝征兵，社会上且有"好铁不打钉，好汉不当兵"的成训，全国皆兵的军国民教育思想，其不能发源于本国，自无疑义。但中国自与欧美、日本交通至清末已数百年，往者只能产生军备教育思想，何以甲午以后便进而为军国民教育？则由于世界潮流与国势危迫的两重原因，有以构成之。19世纪末，德国宰相俾斯麦以铁血政策相号召，常言"天下所可恃者非公法，黑铁而已，赤血而已"，且在国内竭力整军经武，以实现其德意志统一世界之梦，流风所及，各国争效其政策；与我邻近的日本，自维新而后，亦日以扩充军备为事，结果则屡次胜我与俄，称雄世界。中国处此环境之下，自不能不受其影响；而当时的国势，亦非有能战的资格不能言和，所以军国民教育思想竟于庚子而后盛倡一时，梁启超于《新民丛报》上发表《新民说》，其《尚武篇》（癸卯）述中国应尚武之原因甚详，兹录其一段于后：

> 今日之世界，固所谓"武装和平"之世界也。列强会议日言弭兵，然左订媾和修好之条约，右修扩张军备之议案，盖强权之世，惟能战者乃能和。故美国对于他洲，素不与闻外事者也。然近年以来，日增军备，且尽易其门罗主义，一变而为帝国主义；盖欧洲霸气横决四溢，苟渡大西洋而西注，则美国难保其和平，故不能不先事预防，厚内力以御之境外。夫欧洲诸国，势均力敌，欧洲以内，既无用武之地矣。然内力膨胀，郁勃磅礴而必求一泄，挟其民族帝国主义，日求灌而泄之他洲，我以膏腴沃壤，适当其冲，于是万马齐足，万流汇力，一泄其尾间于亚东大陆。今日群盗入室，白刃环门，我不一易其文弱之旧习，奋其勇力，以固其国防，则立羸羊于群虎之间，更何术以免其吞噬也！

他虽然不明言军国民教育，但外侮之可怖，国势之危弱，都可于此见之；而他在此篇之前部，历举斯巴达、德意志、俄罗斯、日本诸国举国皆兵及在小学校灌输武教的往迹，所谓尚武，其含义固与提倡军国民教育无甚出入也。

变　迁

首以军国民教育为言者，当推奋翮生，他于壬寅的《新民丛报》上发表《军国民篇》一文，谓："军者，国民之负债也。军人之智识，军人之精神，军人之本领，不独限之从戎者，凡全国国民皆宜具有之。"他这几句话可称为军国民教育底界说。同年蒋百里发表《军国民之教育》一文。论军人精神教育有四大纲，即爱国心、公德、名誉心及质责与忍耐力；更谓推行军国民教育的方策有两项：

1. 学校的军国民教育——或扩充军人教育于学校为体操，操外之活动游戏如行军、野外演习、射的、击剑、旅行、竞舟、登山等及普及军事智识。或军队与学校联络变学校为军队：第一，小学校以小队教练为极度，期五年。其教授为学校正教员及下士。第二，中学师范学校以中队教练为极度。其教授以休职将校及下士任之。第三，高等学校、高等师范学校以演习至大队为止。且教兵制，军制，战术战略等之一部及国防各要防。

2. 社会的军国民教育——分三项：（1）以军队的组织组织社会；（2）尚勤苦以振作社会的风俗；（3）以新闻、演剧、文学、美术等引起国民激昂慷慨的精神。

蒋本习军事者，其所论军国民教育的方法，不为无见，《新民丛报》在当时并具极大的势力，但为西政教育的思想所掩，在光绪三十二年以前，无人再为提倡。

光绪三十二年三月学部奏请宣示教育宗旨，议定忠君、尊孔、尚公、尚武、尚实五纲，其尚武一纲，完全为军国民教育说法。原文说：

> 所谓尚武者何也？东西各国全国皆兵。自元首之子以至庶人皆有当兵之义务，与我中国天子元子齿于太学之义亦相符合。各国谓兵为民之血税，而天子乃与庶人同之，真可谓上下同心矣。观其师团以练兵，海陆军学校以练将，无论在校在营在操场，时时如临大敌，号令一出，虽崎岖险阻，冰雪严寒，不敢息也；虽饥冻漂溺，颠坠一死，不敢避也。然而老幼男女偏国之人，无不以充兵为乐，战死为荣。每征兵令下，得中选者，骨肉亲戚乡里欢舞送迎，悬彩志庆，则又何也？岂皆逼于生事而乐于战斗耶？抑慑于国法而不敢违耶？实由全国学校隐寓军律，童稚之时已养成刚健耐苦之质地，由是风气鼓荡而不能自已耳！今朝廷锐意武备，以练兵为第一要务，然欲薄海之民，咸知捐一生以赴万死，则尤恐有不能深恃者，何也？饷糈之心厚，而忠义之气薄，性命之虑重，而国家之念轻也。欲救其弊，必以教育为挽回风气之具，凡中小学堂各种教科书，必寓军国民主义，俾儿童熟见而习闻之，国文、历史、地理等科，宜详述海陆战争之事迹，绘画炮

台、兵舰、旗帜之图形，叙列戍穷边，使绝域之勋业；于音乐一科，则恭缉国朝之武功战事演为诗歌，其后先死绥诸臣，尤宜鼓吹抗扬，以励其百折不回、视死如归之志。体操一科，幼稚者以游戏体操发育其身体，稍长者以兵式体操严整其纪律，而尤时时勖以守秩序，养威重以造成完全之人格。语云：行步而有强国之容。记云：礼者所以固人肌肤之会、筋骸之束，非虚语也。臣等尝询查日本小学校矣；休息之时，任意嬉戏，所以养其活泼之因也。口号一呼，行列立定，出入教室，肃若军容，所以养其守法之性也。又尝询查日本师范学校矣；师范为规制最肃、约束最严之地，而掷球角力，习为常课，运动竞走，特设大会，其国家且宣法令以鼓励之，其命意可知矣。中国如采取此义，极力行之，日月渐染，习与性成，我三代以前人尽知兵之义，庶几可复乎！

这段文章，论中小学校实施军国民教育之方可谓详尽。前面虽然泛称东西各国军国民教育的情形，但根本上还是取法日本，询之日本小学校、师范学校云云，固然足以表示其思想之由来，而当时国内之新教育制度与实施新教育的人员，亦莫不由日本而来，其思想之受其影响自是事理之常，所谓东西各国云云，不过列为陪衬语而已。

宣统三年，预备立宪之《宪法大纲》有"臣民有当兵之义务"一条，斯年四月各省教育总会议决定军国民教育主义案，更详论实施方法。他们说：

一、奏请特颁谕旨，宣布军国民教育主义。二、通饬高等小学及与之同等以上之学堂，一律注重兵式体操。三、通饬中学及与之同等以上之学堂，一律实习打靶（储子弹与巡警局，或防营，由该堂监督报明用数，定期具领），并讲授武学。四、通饬私立学堂，凡呈报督学局或提学使有案者，准照前两项办理。五、通饬各种学堂，体操科一律列为主课。

以上各条，呈请学部施行。

一、各地方应设体育会。二、初级师范学堂应注重各种体操方法，并励行关于军国民教育主义之训练。三、各学堂均应励行关于军国民教育主义之训练，并设运动部，以教员之长于体育者为部长，监督学生之运动。四、初等小学应注重游戏运动。五、高等小学以上应兼习拳术。

以上各条各地方应自行举办。

辛亥革命，军国民教育思想正因各省教育总会的提倡而深入人心，故民国元年教育部征集教育宗旨意见时，教育者多以军国民教育为言，斯年公布的教育宗旨，遂有军国民教育一项，但其用意则与前此不同。蔡元培说：

军国民教育者，与社会主义僢驰，在他国已有道消之兆。然在我国则有强邻交逼，亟图自卫，而历年丧失之国权，非凭借武力势难恢复。且军人革命以后，难保无军人执政之一时期，非行举国皆兵之制，将使军人社会永为全国中特别之阶级，而无以平均其势力，则如所谓军国民教育者，诚今日所不能不采者也。

军国民教育之以明令宣布为教育宗旨的一端，虽然以此为始，但其用意则与从前尚武中之所谓军国民教育不同。第一，光绪三十二年之所谓尚武是对于军国民教育全然肯定其为是，而用全力以提倡之，此次则为有条件的：即因中国当前的国势不得不如此，乃权宜问题，并不认此种教育有绝对的价值。第二，前此之提倡军国民教育，目的专在对外，此次则兼重对内；"革命以后难保无军人执政之一时期"，在现在看来，好似他是一位预言家，但这实是各国革命史上所常有的事情。不过他能见得到而且主张以毒攻毒的办法，却不是中国数十年来讲军国民教育者所能及。

民国四年欧战方酣，德国的军国民教育在当时看来很像收效，袁世凯又正在做武力统一的迷梦，故于斯年一月特定教育纲要，申明教育宗旨注重道德、实利、尚武，并运之以实用。二月再根据纲要特定教育宗旨，其尚武一条说：

国何以强？强于民；民何以强？强于民之身；民之身何以强？强于尚武。尚武之道分之为二：曰卫身，曰卫国；……故今之言国民教育者，于德育、智育外，并重体育；使幼稚从事游戏，活泼其精神，稍长进习兵操，锻炼其体格，极至掷球角力，习为常课，运动竞走，时开大会，凡所以图国民之发育者，无所不至，此民之所以能卫其身也。何谓卫国？吾国古者寓兵于农，有事为兵，无事为农，蒐苗狝狩，乘农隙以讲武事，已隐寓全国皆兵之意。近世东西各国，尤通行征兵之制，凡为国民皆应服当兵之义务，平时按年充役，年满退伍，各自营业，战时召集外侮，无民不兵，无兵非民，风声所树，遍国中莫不以充兵为乐，战死荣。推原其故，因其幼在学校，已习闻忠勇爱国之训；长入社会，又养成坚忍耐劳之风，所谓少成若天性，习惯成自然，非一朝一夕之故，其由来者渐，此民之所以能卫其国也。

这段议论在方法上不及光绪三十二年教育宗旨中的《尚武篇》，在理论上更远不及蔡元培，并无什么精彩，不过由这段议论，却引出全国教育联合会于斯年开会时议决《军国民教育实施方法》的议案。原文说：

（一）关于教授者

（甲）小学校学生宜注重作战之游戏。（乙）各学校应添授中国旧有武技；此项教员于各师范学校养成之。（丙）各学校教科书宜揭举古今尚武之人物及关于国耻之事项，特别指示提醒之。（丁）各学校乐歌宜选授雄武之词曲，以激励其志气。（戊）师范学校及各中等学校之体操学科时间内，宜于最后学年加授军事学大要，此项教本由教育部会商陆军部编定颁行。（己）中等学校以上之兵式枪操最后学年，宜实行射击，其实施办法，由教育部会商陆军部规定颁布之。（庚）中等以上学校体操教授，应取严格锻炼主义，每学期并酌行野外运动。（辛）各科教授材料与军国民主义有关系者，应随时联络，以输入勇武之精神。（壬）遇有特别材料与本主义有重大之关系者，得特设时间讲授之。

（二）关于训练者

（甲）小学校学生宜养成军国民之性质及军人之志趣。（乙）中等以上学校学生宜具有充当兵役之能力。（丙）各学校须注意学生体格检查。（丁）高等小学以上学生应一律穿制服。（戊）中等以上各学校管理，参用军用规则。（己）各学校应养成勤劳之习惯，如洗扫整理设备等，均督率学生之团体或个人为之。（庚）各学校应规定礼仪作法之形式，以严正为准，教员学生一律遵守，养成雄健齐整之校风。（辛）各学校应养成粗衣淡食之习惯，施行忍耐寒暑之操作，并奖励海水浴或冷水浴。（壬）各学校宜由职教员率同学生励行各种运动游技。（癸）各学校宜特设体育会。（子）各学校应搜集或制作国耻纪念物特表示之，以促警省。（我国国耻众多，不可漫无区别，教育上须以国家将来利害为前提，特别注重。）（丑）各学校应表彰历代武士之遗像，随时讲述其功绩。

民国八年欧战告终，国际联盟盛倡世界主义，国内教育者受其影响。斯年四月教育调查会关于教育宗旨的调查建议案说：

　　……现在欧战之后，军国民教育不合民主本义，已
为世界所公认。我国教育宗旨亦应顺应世界潮流，有所变
更。或云：国际联盟结果为何尚不可测，我国积弱已久，
仍非励行此主义不能图强；然积极发达国民体育即是强国
之本，或者之言，似不必虑。

　　该会会议的结果，竟主张废弃教育宗旨而以"养成健全人格，
发展共和精神"为宗旨，第二年全国教育联合会竟议决以该二语为
教育本义，听各教育者研究阐发，而废弃教育宗旨，其理由是无论
什么宗旨都足以束缚被教育者，"终难免为教育之铸型，不得视为
人应如何教之研究"。这样地迎受世界潮流，真所谓"拈得封皮当
告示"，尽变本加厉的能事了。然而军国民教育的呼声却经此一来
而数年不闻。

　　民国十年，北京大学校长蔡元培由欧洲返国，鉴于欧美学生
之精神活泼，体魄健强，在学生欢迎会上劝告学生注重体育。十一
年五月直奉战起，北大与北京学界共同组织妇孺保卫团，学生加入
者300人，由蔡交总务会议议决改为学生军，于是军事教育的思潮
渐起。

　　军事教育虽然也是主张于学校教育中施军事训练，但其目的
又大异于军国民教育；盖前者在养成全国皆兵，而后者在养成自卫
的能力。此思想发展的原因，一由内乱，二由外患，三由各国军事
教育思想的影响。自辛亥革命而后，军人因执政而成为军阀，被裁
的兵士则流为土匪，人民在此二重压迫之下，对于自卫之武力均有

急迫的要求；而民八以后，所谓国际会议的国际平和，不过是列强处分弱国的幌子。我国在国际上的地位，并不因国际会议而有所增进，山东问题也无正当的解决，国人都觉得自强的必要，更觉得非有能战的资格，不足以言和平。当欧战方终之时，国内教育者如教育调查会会员之流，很信托国际联盟能为普遍的人类讲幸福，以为以后各国在教育上决不注意于军事的训练，孰知事实上大谬不然；十四年七月六日北大学生军致电广东学生军论国民武化策中说：

> 法国卓策氏著新军论，主张民军，曰军官在学校；美国现行教育制度，大学有预备将校养成团之组织，就志愿兼习武事之学生，授以军事操军事学；日本自高等小学以迄中学，体操教员皆以后备军官充之，而对中学生更授以下级军官必须之知识，并养成其能力；英国各大学有将校教育团之设，其他下级学校有童子斥候队、童子旅之组织，皆适用兵法训练；法国高等以上学校，有军事课程，由海陆军部派现役将校常时或临时前往担任训练；意大利对16岁以上之男子，有规定其必受二年军事预备教育，而派现役将校担任训练之计划；德意志虽被乌塞和约所限制，表面上不能实施军事预备教育，而假体育教育以行之，且有体育大学之计划。类为暗授国民以军事训练；俄国16岁以下之男子，于各学校即施军事思想之教育，16岁至18岁由地方官厅于军官指导之下实施军事预备教育，19岁以上之不必直接服兵役于国家者，即由国家于五年之间施行八个月之召集教育，而授以下级将校之必需智识。以

上种种，或为和平思想者之计划，或为国际主义者及帝国主义者之现在情形，或为弱小国家之准备状况，无论其志在侵略，志在自卫，而其积极养成国民皆兵之指挥人材则一也。

国家之存于世界，也和个人之存于社会一样，一切言动都要受时代思潮底影响，各国于战后尚且如此注重军事教育，中国即无其他两种原因，也将效颦。所以世界教育思潮是此思想发生的很重要的原因。

民国十四年因五卅惨案与国家主义思潮之昌盛，军事教育思想更风靡一时。斯年四月江苏省教育会设江苏学校军事教育研究会，主张普及军事教育于一切学校；五月江苏教育厅向江苏善后会议提出学校实施军事教育案。同月《醒狮周报》特刊《学校军事教育问题》专号，详论学校军事教育的原理与方法，并述美、德、日本学校军事教育之情形。八月中华教育改进社年会的教育宗旨案规定"实施军事教育以养成强健身体"为四要点之一。十月全国教育联合会议决桂、浙合提的学校《应注重军事训练》案。而上海中华职业学校、上海大夏大学、南京东南大学及附中等并实施军事教育。其意义、理由及办法如下：

Ⅰ军事教育的意义——

军事教育云者，灌输军事学识于国民，使得充分武力训练之谓也。……军事学约分三类：1. 制兵之学；2. 练兵之学；3. 用兵之学。（刘竞生：《军事教育真谛》，见东大教育刊发刊之《敩教》第七期，刘为东大军事教育教员。）

Ⅱ提倡军事教育的理由——

欧战以后，国人鉴于德意志军国主义失败，不敢复言军国民教育，乃并学校中仅有之兵式操而亦废之。然在今日，列强压迫，军阀横行之中国，虽不可再事提倡军国民教育，而不可不养成国民自卫之能力。故为御外侮，戢内乱计，学校应注重军事训练者，此其一。学校生活贵有规律，青年体格，宜事锻炼，故为养成良好校风，发达学生体育计，学校应注重军事训练者，此其二。欧战以还，世界各国咸有废除募兵征兵制度，采用义务民兵制度之趋势，而此种制度，既不致养成军阀，复可为国家节省财力，其适合我国国情，已为一般研究政制者之所公认，故为将来实行义务民兵制度之准备计，学校应注重军事训练者，此其三。综此三种理由，则学校应施行军事训练，实已毫无疑义。

Ⅲ军事教育实施的方案——

一　高级中学以上学校应一律施行军事训练并授以军事学。

二　小学及初级中学，应实行强迫童子军训练，其初级中学生之年龄较大者，亦应斟酌情形施行军事训练。

三　施行军事训练之学校，其课外运动，及体育时间，仍酌量保存。

四　平民学校（即成人补习学校）亦应尽各地之可

能，予以受军事训练之机会。

自清光绪二十八年奋翮生提出军国教育起至民国八年止，其间的重大变迁如下：光绪三十二年以前，只是个人底倡导，但为西政教育思想所蔽，所得的反应甚少，可称为萌芽期。光绪三十二年学部奏定教育宗旨，至宣统三年各省教育总会议决定军国民教育主义案，极力无条件的提倡军国民教育，以对外为目的，可称为第二期。第三期为民国元年的教育宗旨案，但为有条件的，且对内与对外兼重。第四期为民国四年之大总统特定教育宗旨及《全国教育联合会议决案》，其用意与第二期相同。八年为国际平和思潮所涤荡，遂不再起，而于十年以后脱化为军事教育思想：此思想在十四年盛极一时，现在犹伏流不断。

影　响

清代讲军国民教育者大概都以为这是中国寓兵于农的古法，而在时势又为数十来所需要。这种军国民教育或军事教育的思想既是古已有之，于今为烈的东西，论理在实际上应发生很大的影响。但是事实上却不如此：就20余年的往绩看来，我们只能寻出中学以上学校的授兵式操一事为军国民教育之证，极少数学校有学生军为军事教育之证，而在消极方面，反造成了割据统治中国的军阀。

军国民教育原以全国皆兵为主目的，以强健身体为副目的，在事实上二者均不曾达到；即以自卫为目的之军事教育，亦何尝有什么效果。军国民教育或军事教育每为人所诟病，以为这种教育发达，国人在国内会横行无忌，对外会发生侵略主义，然而自壬寅至今，我国之受外人欺侮也如故，中学生之驼背屈腰也如故；一旦有事，要受过新教育的人去靖难御侮，其结果不会大异于未有新教育以前。他方面则因人民不曾受军事教育的训练，不能自卫，极少数的强桀者得借军事之名鱼肉民众，割据自雄而成为军阀，次焉者则聚而为匪，掠夺他人。所谓军国民教育、军事教育云云，不过是教育言论家底乘兴的标语而已，实际上并不曾影响及于一般民众。

军国民教育之被提倡者已十余年，而且在提倡的时候确能应时势之要求，何以实际上不发生重大的影响？第一，是士风的偷惰，中国的读书人素日以"食人治人"为事，庄重自持，是所谓士人底本色；重文轻武又是历史传衍下来的习惯；所以在学校中，提倡武育终于不能收效。全国皆兵之说更只能视为纸上空谈。第二，是执政对于此种思想之敌视。教育原是政治的一部分，而军国民或军事教育更容易直接与现实政治发生关系。自清末改行新教育以来，执政者对于教育界人士莫不处于敌视防御的状态之中——这实是一种很奇怪的现象，因为从理论讲起来，教育为内政之重要部分，一切由执政者主持，不当歧视也。最大的原因，是中国在历史上便无所谓政治科学，也无所谓政治专家，一切政事，都由所谓治经的学问家，或精八股的科第人员主持。清末改行新政，一切新政人才培养不及，只得取给于旧人物，而主持现行学校教育的教育者，对于世界的新知识总比以醇酒妇人为生活的官吏晓得得多；因而官吏底设施不能使受教育者满意，受教育者没有官吏那样地涵养功深，自然要常常和他们作对。论执政者底本意，原以不办教育为最得计，但为着"教育为立国之本"的世界舆论所限制，不能不奉行故事地敷衍，以维持其地位，所以他们对于教育是根本无诚意的，一切都不会彻底去办，何况军国民或军事教育有成功，便会直接发生危险；其不愿使教育界将此种教育见之实施，自是理之当然。故自清末至民国四年每次由政府提倡军国民教育，而政府始终不曾给学生以武装，就是这种对敌防御的态度有以致之。

或者有人要说："现在国内战争，不有所谓学生军吗？何尝不是军国民教育或军事教育在社会上所得的结果？"我以为现在之所谓学生军，其目的根本异于军国民或军事教育，就是目的无异，其来源也是由经济的压迫，与此种教育思想不发生关系；只要稍明现在政治社会情况者均能知之，可不必再引例证。

现在中国人民底体魄，国家底外侮，固不减于清末与民国初元之提倡军国民教育的时代，而军人底专政更为蔡元培所预料到。所以为对外御侮，对内自卫起见，蔡氏在民元时所论采用军国民教育的意见（见前节）现在还很适用；十四年全国教育联合会之军事教育派理由更可存在。

第九章 实利教育思想
与实用教育思想

背 景

教育原从实用而生，也以实用为目的。倘若有人问教育家说："教育是不是有用的？"他纵不怫然变色，也会很惊讶这问题的奇怪，因为教育家大概是相信教育万能的，他们不独要教人做人而且要教人治国平天下，何尝有所谓有无用的教育。可是中国不然：初民时代的教育虽然与其他各民族者相似，都是应实际需要而起的，但后来因为列圣列神的制礼作乐，讲究化民成俗的大道理，于是教育竟成为与"人间世"无与的古董。古董之最足以愚民而与实际生活相去最远者为八股。严复说：八股有三大害：一曰锢智慧，二曰怀心术，三曰滋游手。而其论第一害最足以示旧教育症结之所在。他说：

> 垂髫童子，目未知菽粟之分，其入学也，必先课之以《学》《庸》《语》《孟》；开宗明义，明德新民，讲

之既不能通，诵之乃徒强记。如是数年之后，行将执简操觚，学为经义，先生教之以擒挽之死法，弟子资之于剽窃以成章，一文之成，自问不知何语。迨夫观风使至，群然挟兔册，裹饼饵，逐队唱名，俯首就案，不违功令，皆足求售，谬种流传，羌无一是。如是而博一衿矣，其荣可以夸乡里，又如是而领乡荐矣，则其效可以觊民社，至于成贡士，入词林，则其号愈荣，而自视也亦愈大。出宰百里，入主曹司，珥笔登朝，公卿跬步，以为通天地人之谓儒……从此天下事来，吾以半部《论语》治之……做秀才时无不能做之题，做宰相时自无不能做之事。此亦其所素习者然也，谬妄糊涂，其何足怪！

当时要求显达，称学人，都要经过这种阶段，然而已经显达，或自始即自命高人者却不一定受八股底制限，而另求所以消磨精力之方。严氏又说：

自有制科来，士之舍干进梯荣，则不知所事学者，不足道矣。超俗之士，厌制艺则治古文词，恶试律则为古今体；鄙折卷者则争碑板篆隶之上游，薄讲章者则标汉学考据之赤帜。于是此追秦汉，彼尚八家，归方刘姚，恽魏方龚，唐祖李杜，宋祢苏黄，七子优孟，六家鼓吹，魏碑晋帖，南北派分，东汉刻石，北齐写经。戴阮秦王，直闯许郑，深衣几幅，明堂两个，钟鼎校铭，珪琮著考，秦权汉日，穰穰满家，诸如此类，不可殚述。然吾得一言以蔽之曰无用。非真无用也，凡此皆富强而后，物阜民康，以为怡情遣日之用，而非今日救弱贫之切用也。其又高者曰否否，此皆不足为学，学者学所以修己治人之方，以佐国家化民成俗而已。于是侈陈礼乐，广说性理，周程张朱，关闽濂洛，学案几部，语录百篇，《学蔀通辨》，《晚年定论》，关学刻苦，永嘉经制，深宁东发，继者顾黄，《明夷待访》，《日知》著录，褒衣大袖，尧行舜趋，诡诡声颜，距人千里，灶上驱庨，折箠笞羌，经营八表，牢笼天地。夫如是吾又得一言以蔽之曰，无实。非果无实也，救死不赡，宏愿长赊，所托愈高，去实滋远，徒多伪道，何裨民生也哉。

这两段已足将宋代以来教育上之弊端完全暴露无余。这样的教育，这样的治学问，根本上不会与国计民生发生关系，所以拳匪之乱，有大吏为倡，八国联军入京，南方反宣布中立。然而千余年来竟能相安无事，大家不独不感觉这种教育与学问之无用，反以为有大用，而谓治国平天下之道均不能出此范围，则由于闭关自守，不与他人接触，可以默守祖宗之成法，独行其是。海通以来，这种迂阔腐朽的教育，绝不能与欧西之实事求是的教育争衡，于是外交无不失败，内政亦因外侮所逼而无所适从。故庚子而后，极力推行新教育制度。只因八股及理学的种种遗毒深入人心，新教育既无显著的效力，而国际资本帝国底压迫日甚一日，国计民生亦日蹙一日，在此紧张生活之下，自然无力专为怡情遣日的玩意而不得不努力于生存之道，于是实利主义、实用主义的教育思想产生。换言之，实利教育与实用教育思想产生之原因，一由于旧教育之空疏虚浮，二由于国际资本帝国主义之压迫，三由于新教育之不切实用。

变　迁

甲午以后之言变法，言新政者莫不极力掊击八股之不当，亦莫不推崇教育之裨实用，但未闻有人以实利为言。光绪二十八年张百熙奏订学堂章程，大学堂虽分政艺两科，宗旨中虽亦有"振兴实业"四字，但全部纲领并未提及实用；二十九年张之洞等改订章程，其《学务纲要》之第一条亦止以"端正趋向，造就通才"为言。不过有以谋生为目的的实业学堂，较之从前之泛无所归宿者已有进步。三十二年三月学部奏请宣示教育宗旨，列举条目五项，其一曰尚实，可称为实利主义之发端。原文说：

> 所谓尚实者何也？夫学之所以可贵者，惟其能见诸实用也。历代理学名臣如宋之胡瑗，明之王守仁，国朝之汤斌、曾国藩等皆能本诸躬行实践，发为事功，足为后生则效。至若高谈性命，崇尚虚无，实于国计民生无毫末裨益。等而下之，章句之儒，泥于记诵，考据之末，习非所用，更无实际之可言。尝有泛览群籍，而不能成寻常书牍之文，精研数理，而不能日用簿记之法，予人口实，亦安用此学为也。查泰西五百年前，其学术亦偏重理论，自英人倍根首倡实验学派，凡论断一事一物，必有实据以为征信。此风既兴，欧洲政治、教育、理学诸大家，遂争以

穷幽索隐之思，发平易切近之理，此泰西科学所以横绝五洲，而制造实业之相因以发达者，遂日进而不已。今欲推行普通教育，凡中小学堂所用之教科书，宜取浅近之理，与切实可行之事，以训谕生徒。修身、国文、算术等科，皆举其易知易从者，勖之以实行，课之以实用；其他格致、图画、手工皆当视为重要科目，以期发达实科学派。教员于讲授之际，凡有事实之可指者必示以实物标本，使学生知闻并进，且时导学生于近地游行，以为实地研究之助。与汉儒之实事求是，宋儒之即物穷理，隐相符合。方今环球各国，实利竞争，尤以求实业为要政，必人人有可农可工可商之才，斯下益民生上裨国计。此尤富强之要图，而教育中最有实益者也。

尚实与尚公、尚武三项，当时视为中国民质之所最缺而亟宜针砭以图振起者，故与忠君、尊孔二项并举。这段论尚实，既指陈旧日高谈性理者之不当，并推述欧西所以尚实之由来，而尤提出具体办法以实现其主张：所谓教科书应浅近易行，教授宜以实物为主，不针砭当时教育界空疏之弊，且为教育上至当不易之原则，可以永久遵行。民国元年改订教育宗旨，将尚实改为实利主义，仍为教育宗旨中五项条目之一。其时主张实利主义之最力者为陆费逵。陆费逵时为商务印书馆发刊之《教育杂志》的编辑，其时该杂志为通行全国的唯一教育刊物，其主论每每转移风气。他述主张采用实利主义为教育宗旨的理由说：

且夫教育宗旨，以养成"人"为第一义。而人之能为人否，实以能否自立为断。所谓自立者无他，有生活之智识，谋生之技能，而能自食其力，不仰给于人是也。欲达此目的非采实利主义为方针不可。

这是就人之本义讲，不可不趋重实利。就国民之需要言，亦不可不重实利，故说：

实利主义，非惟药贫，实足以增进国力，高尚人格，非此则他四主义亦将无所附丽。足食方能足兵，生计不裕，侈言尚武，则大乱随之。古今中外，断无无财而可以强兵之理。况今世战争，恃力者三，而恃财者七，无财则任何勇武之国民，必不足以取胜。此军国民主义之有恃乎实利主义者一也。衣食足而后知礼义，饥寒不免，则道心变为盗心矣。此公民道德主义，必恃乎实利主义者又一也。出世间之观念，优美尊严之感情，非不美也，然过于重视，则不免流于优柔文弱，数千年来吾国教育方针之误，即误于此。孔孟之轻利重义，黄老之恬退无为，其成效既如彼矣。今日顾可继以世界观美感二主义以益其误耶。

他所谓实利主义，不独在开发实业，并要演绎为一种德目，使人底一切举动均以此为依归，故又说：

实利主义云者，非惟实业，非惟手工图画，盖此特其形式也。其精神所在，则勤俭也，耐劳也，自立自营也。举凡一切为人之德义，实利主义之教育，无不含之，人人能勤俭、耐劳、自立、自营，则民智民德进而社会国家亦进步矣。今世各文明国，若英、若美、若法、若德、若日本，其教育皆有注重实利主义之倾向。质言之，则人之维持生活，既为人生第一要事，教育人人使能维持其生活，或更从而进步之，其教育之目的达矣。满清时代，愈兴教育而人民愈贫，道德愈下者，即以不注重实际教育，不能裨益于人生生活。而子弟谋生之能力愈薄弱也。

他这议论是针对蔡元培《新教育意见》一文而发。蔡于元年一月就任教育总长时，询他以教育方针，他即以实利教育对。及蔡文发表，谓共和时代当有超轶政治之教育，举军国民、实利、公民道德、世界观、美感五端为方针，而侧重于后二者。他见之不以为然，在《教育杂志》上发表《民国教育当采实利主义》一文，详述其应采实利主义之理由。第二段中所谓他四主义无所附丽者，即指军国民、公民三道德、世界观、美感也。故实利主义之提出，实以陆费逵为始，而见于正式法会者则为元年九月二日教育部公布之教育宗旨。此宗旨之得以公布，又全为蔡氏之力。他论实利教育方针之理由说：

虽然，今之世界，所恃以竞争者，不仅在武力，而尤在财力。且武力之丰，亦由财力而孳乳。于是有第二之隶属政治者，曰实利主义之教育，以人民生计为普通教育之中坚。其主张最力者，至于普通学术悉寓于树艺、烹饪、裁缝及金、木、土工之中，此其说创于美洲，而近亦盛行于欧陆。我国地宝不发，实业界之组织尚幼稚，人民失业者至多，而国甚贫。实利主义之教育，固亦当务之急者也。

他虽亦重视实利教育，但不如陆费氏把它当作一切教育方针的源泉，只视为一种目前救急的项目，而与军国民、公民道德并举。

民国四年时，袁世凯任大总统，汤化龙为教育总长，于一月颁布《教育纲要》，谓申明教育宗旨，注重道德、实利、尚武，并运之以实用；二月并由大总统名义，颁定教育宗旨七条，其第三条曰崇实。谓实业衰颓、财政匮乏、军备单弱，皆由于学术不实，故主张崇实。论崇实之道说：

> 崇实之道分两项言之：一曰物质之实，若数学科、理化科等，皆国民知识技能必需之教学也，不得徒事纸上之研究，必验之实际，以为利用厚生之道。一曰精神之实，若政治学、法律学、教育学等，皆立国之大本大原也，不得徒为理论之竞争，必体察国俗民情，以定实地施行之准则。……自今以往，讲物质之学，必寄以精神，讲精神之学，必本于物质。以真挚之心理，倡为朴茂之学风，以朴茂之学风，蒸为纯厚之俗尚。浮华既去，贞固不挠，由是职务安而实业兴，物产丰而财政裕，其与列强并驾齐驱而无可乘虚抵隙之处。富强之道，具在于斯。

此段议论，虽无何种精到的见解，但其推论学术不实之弊端，与主张以实学建纯朴的学风却亦未尝不是对症之言，只可惜其目的在帝制自为而不在教育耳。

实利教育思想发轫于光绪三十二年，盛倡于民国元年，至四年犹有余波。但在民国二年有实用教育思想崛起，其内容及产生之原因，虽与实利教育思想异，其目的之注意实际应用则同，不过范围有广狭而已。故于本章中并论之。以下述实用教育思想。

本章第一段谓产生实利主义与实用主义教育思想之原因有三，其第三项曰新教育之不切实用，实用主义教育之产生即完全由此。首发其覆者为黄炎培。他于民国二年任江苏教育司司长，因感当时学校之缺点，著《学校采用实用主义之商榷》一文，力述当时学校教育之不当，而主张以实用主义救济之。他说：

> 教育者，教之育之使备人生处世不可少之件而已。人不能舍此家庭绝此社会也，则亦教之育之，俾处家庭间、社会间于己具有自立之能力，于人能为适宜之应付而已。析言之：即所谓德育者宜归于实践；所谓体育者求便于运用；而所谓智育，其初步一遵小学校令之规定，授以生活所必需之普通知识技能而已。乃观今之学者，往往受学校教育之岁月愈深，其厌苦家庭，鄙薄社会之思想愈烈，扞格之情状亦愈著。而其在家庭社会间，所谓道德身体技能知识，所得于学校教育堪以实地运用处，亦殊碌碌无以自见。即以知识论，惯作论说文字，而于通常之存问书函竟或弗能达也；能举拿破仑、华盛顿之名，而亲友间之互

相称谓，弗能笔书也；习算术及诸等矣，权度在前弗能用也；习理科略知科名矣，而庭除之草不辨其为何草也，家具之材不辨其为何木也，此共著之现状，固职教育者所莫能为讳者。然则所学果何所用？而所谓生活必需者；或且在彼不在此耶？

他对于当时教育上之弊端尚只为泛泛之论，庄俞于同年10月在《教育杂志》上发表《采用实用主义》一文则更举出具体事项为证说：

学制公布，学校议建，学生骤增，表面观察，今日教育，岂不日有进步？然而一则虚伪，二则剿袭，三则矜夸，四则敷衍。一言决之，如是现状，于国家鲜有实际。惟其虚伪，小学校之教授，仅以教科书之完否为断；譬如教科书一册50课，以供半年之用，而学校教员但求按时授毕，内容如何，应用如何，毫不研究，学生得此，亦如往日之私塾，询其成绩，惟有读书几册，他无可言者。闻之某某校之学生，每日出席全为消磨岁月计，教员稍事苛求则缺席矣；如此，成绩之属，或出于购买，或得之假借，虽多美观，殊不足信。凡此事实，笔难胜述。惟其剿袭，则上之规制，下之教科，均以取材异国为雄。事之善者，奚不可法，乃于我国现状不能适用之事，亦必一一模仿。偶与交接，犹侈然曰，"此某国制也"，"此某国事也"。惟其矜夸，自视今日之教育绝不愧怍，语以改良，哂为多事，望其进步，斥为苛求；即学生一方面，亦不觉所受教育未臻美备，但以能获毕业头衔即于愿已足。积此三弊养成敷衍。呜呼！教育事业，尽一分精力，得一分成效，而以敷衍为事，则教育前途尚可问乎。

学校这种不良的现象，当时亦有人感到，而提倡实业教育以补救之，但黄氏则以为"于普通诸学科不能使之活用于实地之业务，此外管理训练亦未能陶冶，使之适于实际之生活，而徒专设学校，增设学科，譬犹习运动者感宽袖大服之不适也，特制一种运动用衣袭于其外，乃其里衣之宽大如故"，绝不能达其目的，欲救上述教育上之种种弊端惟有采用实用主义。庄俞说："欲救今日教育之弊，非励行实用主义不可。何则？虚伪、剿袭、矜夸、敷衍，无一不与实用主义有极端之反对，实用主义不得推行，则此种积弊，决难扫荡廓清。"

当时因新教育偏重书本，而不能适应社会上之实际需要，实用主义乃其反映之结果，故一经黄氏提倡，即如响斯应，于民国二三年之间，蔚为一种思潮，流行全国；《教育杂志》为出《实用主义教育商榷专号》，教科书上并有标实用主义四字者，惟其注重点则在小学课程的改革，黄氏《商榷书》提出小学各科改良的方法如下：

修身　注重偶发事项及作法。

国文　读本材料，全取应用的；作文力戒以论人论事命题，多令作记事记物记言等体。（记物置实物于前为题，或令写实景）尤多作书函（正式书函、便启、通告书均备），或拟电报（书函兼授各种称谓，及邮政章程，电报兼授电码翻译法，电报价目表等；旧时宦乡要则，今之官商快览，以及坊间印售之日记册，附载各种，实包有无数适于应用之好资料），习写各种契据式，书法注重行书。

历史　除近世大事择要授之外，全不取系统的，授以职业界之名人故事等。

地理　多用图画，少用文字，图画必令自习，兼与手工科联络，制为图版。（如京津间所售知方图等）上绘山脉河流道路都邑区域，注明各种名称及物产，时就运动场划为各种地形，令之熟习。

算术　演算命题，多用实事或实物，习诸等必备各种度量衡器，使实验之。关于土地面积，则令实地量度；兼授珠算簿记。（并宜略授各种新式笔记）示以钞票钱票式样，及各国货币，并授验币法。（或疑此类于商业学校，非普通学校，然试以验币一事而论，孰不用银币，而真赝错出，随处受欺，则虽认验币为普通必要之技能可也。）

理科　其材料一以人生普通生活所接触所需用为断。时利用事物到吾眼前之机会而教授之，绝不取顺序的（如先植物次动物、矿物、生理、卫生，又次及理化。此法绝不取之）。教授务示实物，遇不得已时，济以模型标本，必令实验；切戒专用文字，凭空讲授，尤多行校外教授，修学旅行。

图画　虽简单之形体，亦参用实物写生，如绘笔示以笔，杯示以杯，鸟示以鸟之类（或用标本尤励行联络他科方法）。

手工　宜与图画联络无论矣。尤宜置实物于前，令仿造之；其材料，其方法，务求为他科策应。但仍须适合于生徒程度。

体育　采用锻炼主义，兼视地方情形，令习生活必需之特种之运动；如陆则骑马，水则游泳等。

如习　外国语注重会话。

庄俞则就推行的机关立论说：

实施之机关，又分为二，在上者为中央教育部及各省教育司，在下者为各校之校长及职员。苟能上下一致提倡，则成效之速，甚于置邮传命。……为教育部计，当编定教授要目，颁行于世，以为学校教授之标准。为教育司计，当就教育部所定之要目，择各省异同之点，加以详注；本省以为最要者，特别注意之，督促各学校尽力实施。为校长计，每学期始业时，预定教授一览表，将实用事项，分科编次，按时施教。为教员计，则讲授一事，必求其事于社会生活得适宜之应用，遇有事可与以直接之观察者，不可敷衍塞责，日濡月染，养成实用观念，则提倡实用主义之目的达矣。

民国四年一月，大总统特定《教育纲要》其"总纲"第三条申明教育宗旨，特重实用教育，其说明说：

现时教育最大之缺点有四：一、不重道德，二、不重实利，三、无尚武精神，四、不切实用。教育部前颁教育宗旨注重道德、实利、军国民、美感各教育，惟未标明实用主义。且部令虽颁，国内并未奉行，教育迄今无一定趋向。是宜重加规定，以道德教育为经，以实利教育、尚武教育为纬；以道德、实利、尚武教育为体，以实用主义为用。

实用主义之见于法令者以此为始。据其意，实利教育属于实业范围，实用教育则以一切教育须切实用为旨为归，所以于实利之外，仍以实用统罩一切。及民国六年，则由实用主义教育递嬗为职业教育，而实利实用教育思想亦自此而斩。

自光绪三十二年教育宗旨中列入尚实一项为始，至民国六年职业教育思想代实用主义教育思想而起止，为时只12年。自清末至民国二年为实利教育思想，其产生以旧教育之空疏虚浮及国际资本帝国主义之压迫为主要原因。二年以后为实用主义教育思想，以反对当时之书本教育为主要原因。二者之来源虽不同，但其目的则均在使教育合于实际需要。所不同者，实利教育不独使学校课程"实际化"，并欲以之为一种德目，使学生由崇尚实际而养成勤俭耐劳独立自尊之人格，实用主义则特别注重学校科目之应用。

影　　响

因为中国旧教育之空疏虚浮，国家经济之落伍，以及新教育之不切实用，于是明达之士竭力提倡实利教育与实用教育以谋补救。在提倡者之为此，固然是针对当时弊端，但十余年关于实利实用教育上之一切理论与方案，却都是些教育上的普通原则。因为除中国旧日的私塾外，绝未有教儿童以力不能胜的抽象哲理；任何文明国家之教授理科等，亦未有不用实物与实验者，也不闻世界有何种学校不欲养成学生以勤俭自立的习惯与能力者；陆费逵之以实利为德目，黄炎培之改良小学课程的方案，均为"人"的教育中应有之义，无须提倡，更无从蔚为一种时代思潮。惟中国因历史上倾重文字教育，对于外国教育的形式虽仿效不遗余力，其精神仍与从前无异，所以改行新教育制度之结果，反弄得"学生往往受学校教育之岁月愈深，其厌苦家庭，鄙薄社会之思想愈烈，扞格之情亦愈甚"。根本原因在于以制科的精神办学校，以八股的效用视学校课程；八股与制科固然不切实用，但因其历时甚久，人民习而忘之，新学校与课程制科八股化，则于不适用之外，更使人不能相忘，于是教育上之普通原则竟不能不特别提倡了。

实利与实用教育其原则虽然卑之无甚高论，但在当时却极合需要。只因中国教育不求实用的历史太长，此种思想也无重大的影响。实利教育原以增进财力与养成勤朴之风尚为目的，可是由光绪三十二年以后，我国底实业教育既未见有若何进步，一般学风亦未见受此思想之激荡而趋于勤朴。至于实用教育原为当时书本教育的一种反动，在小学教育颇发生一些效力，最显著的，第一是教科书渐与儿童能力与社会需要接近（可于比较民国三、四年以前与以后之小学教科书中得其实证），第二是理科之教授逐渐注重实验（如江苏小学理科实验竞赛），第三是植立了职业教育、科学教育的基础。只可惜当时提倡者只专以小学为对象，而不注意于中等教育，致使现在的中等教育，其流弊仍与民国二年黄炎培、庄俞所举之现象无异。

　　将教育上的普通原则当作一种思潮来提倡，自然难免贻笑大方；然而欲救中国教育今日空疏虚矫之病，却仍不得不努力于此贻笑大方之事。不知教育者对此作何种感想！

第十章　美感教育思想

背　　景

　　美育在世界教育史上本来是一位后进，在中国新教育史上更是后进。光绪二十九年的新教育制度，对于日本学校的种种方法，大概都抄得很全备，而独不及美育。学制系统未建立以前的学校，固然是为着方言、军备等教育思想所支配，为达特殊的目的而设立，其不注意美育，自然是题中应有之义。二十八年张百熙奏订学堂章程，除了高小与中学为着实用起见而有图画科目外，寻常小学、蒙学堂亦无图画；美育的要项的音乐则各级学校概无之。二十九年的改订章程，中学与高等小学有图画科，其目的与前次无异，高小但书可加手工，初小但书可加图画、手工，师范学堂与中学同，音乐仍全部无之。学校有图画、音乐科虽不能说一定实施美育，但此二者究为艺术科目，设置之亦尚有美育的基础。两次学堂章程，竟对此不加注意，当时国人对于美育的漠视——甚目无此观念——可以概见。而光绪三十四年二月使日大臣请发音乐学生官费，学部覆谓："音乐……学校虽系文部直辖，惟核其所修之学业尚非中国今日最急之务，嗣后亦可不必改给官费"之言，更是一种显明的证据。

光绪三十三年正月学部奏订女子师范学堂章程，课程有图画、音乐两科，其图画教授教旨中有"在使精密观察实物能肖其形象神情，兼养成其尚美之心性"；音乐教授教旨中有"在使感发其心志，涵养其德性"之言，始略具美育意味，壬寅、癸卯两次公布的学制系统均未言及美育，此次单独奏订女子师范学堂章程而具美育意味者，是因为初次改行新教育制度的目的，在籍学校以行新政，与政治无直接关系的美育当然不在他们底注意范围之内；而女子教育在当时则视为与国计民生无关的东西，其功能仅在于有妻相夫，有母训子，所以讲讲美育也可。

严格讲来，清代的新教育并无所谓美育。

美感教育的倡议，要以民国元年为始，首倡者为蔡元培。蔡为浙江绍兴人，清末即投身民党而努力于教育事业，光绪三十一年因上海之图谋不遂，乃去德国入莱比锡大学习哲学、心理、美学，而尤深感于德国的美育设施；且其根本思想倾重于世界主义，以美能破人我之见，故极力提倡美感教育。中国十余年来的美感教育思想，实以他为唯一的中坚人物。

变 迁

民国改元，在政治上既然发生数千年未有之奇变，教育亦从而受其影响。光绪三十二年学部公布之忠君、尊孔、尚公、尚武、尚实五项宗旨，前两项固然与政体及信教自由的约法有抵触，后三项虽亦为当时所需要，但其对象均以现实世界为限，而教育之目的，不应专以现实世界之改善为止境，更须进而提倡实体观念，所以尚公、尚武、尚实的教育绝不是完备的教育，蔡元培根据其世界主义的根本思想，与其在德国所感的美育印象，而从哲学上立论以提倡美感教育说：

> 虽然人不能有生而无死。现世之幸福，临死而消灭。人而仅仅以临死消灭之幸福为鹄的，则所谓人生者有何等价值乎？国不能有存而无亡，世界不能有成而无毁，全国之民，全世界之人类，世世相传，以此不能不消灭之幸福为鹄的，则所谓国民若人类者，有何等价值乎？且如是，则就一人而言之，杀身成仁也，舍生取义也，舍己为群也，有何等意义乎？就一社会而言之，与我以自由乎，否则与我以死，争一民族之自由，不至沥全民族最后之一滴血而已，不至全国为一大塚不已，有何等意义乎？且人既无以死生破利害之观念，则必无冒险之精神，无远大之计划，见小利，急近功，则又能保其不为失节堕行身败名裂之人乎？谚曰：当局者迷，旁观者清。非有出世间之思想者，不能善处世间事，吾人即仅仅以现世幸福为鹄的，犹不可无超轶现世之观念，况鹄的不止于此者乎？

这是论人类的生存虽然只以现实世界为限，而其最终之鹄的，则常超越于现实世界，故教育不当以现实世界为限，也不当专顾实体世界而不问现实世界；因为前者是政治家底事情，而后者为宗教家底希冀，所以他说：

> 　　以现世幸福为鹄的者，政治家也，教育家则否，盖世界二方面，如一纸之有表里：一为现象，一为实体。现象世界之事，为政治，故以造成现世幸福为鹄的；实体世界之事，为宗教，故以摆脱现世幸福为作用。而教育者则立于现象世界，而有事于实体世界者也。故以实体世界之观念，为其究竟之大目的，而以现象世界之幸福，为其达于实体观念之作用。

教育家虽然有事实体世界，但其根据点仍然在于现实世界，故绝不能如宗教家底以摆脱现世幸福为目的，仍须于努力现世幸福之中求提撕实体观念。所以他又说：

> 　　然则教育家何以不结合于宗教，而必以现象世界之幸福为作用？曰：世固有厌世派之宗教，若哲学以提撕实体世界之故，而排斥现象世界。因以现象世界之文明，为罪恶之源，而一切排斥之者。吾以为不然，现象、实体仅一世界之两方面，非截然为互相冲突之两世界。吾人之感觉既托于现象世界，则所谓实体者，即在现象之中，而必非灭乙而后生甲。其现象世界间，所以为实体世界之障碍物者，不外二种意识：一、人我之差别；二、幸福之营求是也。人以自卫力不平等而生强弱，人以自存力不平等而生贫富。有强弱贫富，而彼我差别之见起。弱者贫者，苦

于幸福之不足，而营求之意识起。有人我则于现象中有种种之界画，而与实体违。有营求则当其未遂，为无已之苦痛，及其既遂，为过量之要索，循环于现象之中，而与实体隔。能剂其平，则肉体之享受，纯任自然，而意识界之营求泯，人我之见亦化。合现象世界各别之意识为浑同，而得与实体吻合焉。故现世幸福，为不幸福之人类到达于实体世界之一种作用，盖无可疑者。军国民、实利两主义，所以补自卫自存力之不足。道德教育，则所以使之互相卫互相存，皆所以泯营求而忘人我者也。由是而进以提撕实体观念之教育。

上面几段议论虽然是说明政治、教育与宗教的区别为目的，然而立论的精到实是一部最有价值的教育哲学，不独民国以前之言新教育者无人道及，即降至今日亦无人道及；这种现象自然足以表现中国教育者底浅薄，而其根本原因则在于为外国教育所产生的结果所震骇而追蹑，始终不曾用过思想去体认教育的性质。所以他这些议论，不是提倡美感教育的几段冒语，实是近代中国教育哲学上一种创见。

他更进而论提撕实体观念的方法说：

提撕实体观念之方法如何？曰消极方面，使对于现象世界，无厌弃而亦无执著；积极方面，使对于实体世界，非常渴慕而渐近于领悟，循思想自由言论自由之公例，不以一流派之哲学、一宗门之教义桎其心，而惟时时悬一无方体，无始终之世界观以为鹄。如是之教育，吾无以名之，名之曰世界观教育。

这种世界观教育之鹄的，唯有美感教育才可以达到，盖人生常为小己所役，一切事功均以自利为前提。——利国福民亦自利之大者耳——惟美感能使人超利害，忘人我，跻世界于大同。故极力提倡美感教育，说：

> 虽然，世界观教育，非可以旦旦而聒之也。且其与现象世界之关系，又非可以枯槁单简之言说袭而取之也。然则何道之由？曰美感之教育。美感者，合美丽与尊严而言之，介乎现象世界与实体世界之间，而为津梁。此为康德所创造，而嗣后哲学家未有反对之者也。在现象世界，凡人皆有爱恶惊惧喜怒悲乐之情，随离合生死祸福利害之现象而流转。至美术则即以此等现象为资料，而能使对之者，自美感以外，一无杂念。例如采莲煮豆、饮食之事也；而一入诗歌，则别成兴趣。火山赤舌，大风破舟，可骇可怖之景也；而一入图画，则转堪展玩。是则对于现象世界，无厌弃而亦无执著也。既脱离一切现象相对之感情，而为浑然之美感，则即所谓与造物为友，而已接触于实体世界之观念矣。故教育家欲由现象世界而引以到达于实体世界之观念，不可不用美感之教育。

他底提倡美育系根据他底人生哲学及教育哲学而来，立论固然很精当，而且常常为之不断的提倡。民国六年，他在北京神州学会讲演，并扩充到教育底范围以外，而主张以美育代宗教。他从历史上说明人类精神上的知识意志感情三作用，在昔皆附丽于宗教之中，后因科学昌明，前二者均脱离宗教而独立，现在宗教所最有密切关系者唯有感情作用，即所谓美感是。但宗教常因宗派问题发生争端，常使"美育之附丽于宗教者，常受宗教之累，失其陶养之作用，而转以激刺感情……鉴激刺感情之弊而专尚陶养感情之术，则莫如舍宗教而易以纯粹之美育：纯粹之美育，所以陶养吾人之感情，使有高尚纯洁之习惯，而使人我之见，利己损人之思念以渐消沮者也"。

美育可否代宗教，虽然在理论上与事实上都属未决的问题，但他提出此义而竭力申明其可能，则他对于美育功效的重视可以想见。他在《我之欧战观》一文中，更极力尊崇美术底功用，说：

> 然则法德两国不甚信仰宗教，而一般人民何以有道德心，此即美术之作用。大凡生物之行动无不由于意志，意志不能离知识与情感而单独进行。凡道德之关系功利者伴乎知识，恃有科学之作用；而道德之超越功利者，伴乎感情，恃有美术之作用。

美感是超越功利的，无论何时都得提倡，若不用美术的教育，结果便会发生狭隘自私的毛病。所以他于民国八年新文化运动正在当位的时候，大声疾呼要讲文化运动的不要忘了美育，说：

……文化不是简单，是复杂的，运动不要空谈，是要实行的；要透彻复杂的真相，应研究科学。要鼓励实行的兴会，应利用美术。……不是用美术的教育，提起一种超越利害的兴趣，融合一种划分人我的僻见，保持一种永久和平的心境，单单凭那个性的冲动，环境的刺激，投入文化运动的潮流，恐不免有下列三种的流弊：（1）看得很明白，责备他人也很周密，但是到了自己实行的机会，给小小的利害绊住，不能不牺牲主义；（2）借了很好的主义作护身符，放纵卑劣的欲望；到劣迹败露了，叫反对党把他底污点，影射到神圣的主义上，增了发展的阻力；（3）想用简单的方法，短少的时间，达他底极端的主义；经了几次挫折，就觉得没有希望，发起厌世观，甚且自杀。

他虽然极力提倡美育，但一般教育者却视其言论为东风过耳，不加注意。民国十年八月刘伯明（经庶）在南京高师教育研究会讲演美育，详论美育底价值与中国不重视美育的缺点，他底主张始得同调。刘说：

美育之属于教育，与德、智、体三育同，不可有所轻重也。德、智二育一趋于意，一趋于知，美育则偏于感情。意也，知也，情也，皆人类精神现象之要素，互相作用，无所轩轾于其间。然今之谈教育者，多偏重德、智二育，弃美育于不顾，此实一大缺点。

刘以西洋哲学史见长，从历史上说明美育进展的历程，而评功利主义的教育之不当，说：

今之言教育者每轻美育，视为太狭，一切以生活为准，此盖受进化论竞存思想之影响也。英人斯宾塞，大教育家也，其完全生活中专言对于环境之关系而不及美，视美为闲暇之消遣，此亦受进化论之影响者。杜威虽言改造经验，然亦不言美，恒言主动之驾驭而轻被动之欣赏；若此时哲学正值戎马倥偬之秋，欣赏非此时所能计也。美人最重效率，以为人生最大目的，有瀑布于此，彼必计其马力，用以转动轮计。吾国人最重享受可以之补美人之偏；而美国人之所有者亦可以补吾国人之偏也。

民国十一年李石岑主编上海商务印书馆发刊的《教育杂志》，更以提倡美育为唯一的职志（宣言中虽曾以体育与美育并举，但系因人太不注重体育而然，据他底解释，体育亦伏于美育之中），并于该志14卷第1号发表《美育之原理》一文，表示其对于美育之意见。他首论美育的功用，说：

德、智、体三育，何以未足于吾人以最后之满足？欲答是问，宜先问德、智、体三育与人生之关系若何？盖教育之第一义，即在诱导人生使之向于精神发展之途以进；而德、智、体三育所以完此职责者，能达至若何程度，此不能不问也。夫教育之原始的形式，本即为德育与体育；学剑学礼，同时并进，而祖先之风习、情操、法律、道德赖以维持。……自社会之分化发达，知识的教化之范围日广，而德育之势始稍杀。盖知识的教化，所以启示人生者，远驾于德育之上，则德育不足以敌智育也明甚。唯智育以授与知识与技能为主旨，其有裨于人生之实用也固甚大，然究足以导吾人于生命向上之途与否，仍属疑问。至于体育，虽为人生所必需；若仅以强健体格为唯一之天职，此外并不附以精神上之意义，则此昂昂七尺躯，只成为宇宙之赘疣，而何生命向上之足云？故18世纪，中于德育过甚之弊而不脱传袭的思想；19世纪，中于智育过甚之弊，而招弗罗伯尔一类之自然主义的悲哀；20世纪初头，中于体育过甚之弊，而有前此之军国主义的欧洲大战。最近教育界觉悟之结果，知德、智、体三育偏重固不足以予人生之满足，即并重亦难语于精神之发扬，而不得不着眼于人类之本然性。至所以启示人类之本然性而导之表现者，则美育也。

又论美育之性质，说：

德、智、体三育，如用之有当，则或足阻人类之本然性使不得展舒；甚或锢蔽之，斲丧之，故古典教育、注入教育、军国民教育生焉。德、智、体三育所以陷于斯弊者，亦非无故。德育与美育，适立于相反之地位：德育为现实的，规范的；美育为直觉的，浪漫的。德育重外的经验，美育重内的经验。德育重群体之认识，美育重个体之认识。德育具凝滞阻碍的倾向，美育具活泼渗透的倾向。又智育与美育，亦立于相反之地位：智育重客观的；美育重主观的。智育重普遍的；美育重个性的。智育重抽象的，美育重具体的。智育重思考的，美育重内观的。德、智二育，虽各有其领域，而于人类本然性之发展，自远不如美育所与机会之多。至于体育，则本属美育之范围，更无所谓领域。体育原期身体之美的发达，所谓人体美之陶冶，亦即希腊教育之中心思想。人但骛于体育在增高体位，遂忘其本义，而去精神向上之途乃愈远。故德、智、体三育，对于人类本然性之发展，皆不能无缺憾，换言之，对于人生，皆不能予以最后之满足。此美育之提倡，所以非得已也。

关于美育底价值，他已经阐发无遗；就其所见，美育底内涵最富，可以括一切教育，故于此文之结论上说：

美育者发端于美的刺激，大成于美的人生，中经德、智、体、群诸育以达美的人生之路。

据他底意见，德、智、体、群各种教育，都是美育中应有的事，而美育底目的即在于创造美的人生，陈义本然很广，而且未及设施的方案，所以该志本号末尾吕澂《论美育书》虽然对于美育的解释与他底意见相合，但在方法上则主张独立设施。吕说：

> ……欲于今日提倡美育，非独立设施，不受一切牵涉，不足以示其正轨。若普通教育既未能与美育合其目的，自亦无从用美育方法于其间，所有美术科目，任其自与其教育目的相调和，正不必强蒙以美育之名，而至于非骡非马也。

自蔡元培于《新教育方针之意见》一文提出美育的主张而后，言美育者对于美育的解释虽有差异，但对于实施上都主张附丽于普通教育之中；而且都极重美育或以之涵盖教育全体的目标。或以主义特重的教育目标。自吕澂底通讯发表，在美育设施上有独立与附丽之分，而以美育为特重或涵盖教育全体的目标，亦有人发生疑问。首提出此项问题而加以分析者为孟宪承。他于《所谓美育与群育》中说：

> 美的教育有二义：第一特殊的"独立设施"的一种教育目标，第二普通教育中一种目标。如吕澂先生说的"悬美的人生以为正鹄之教育……必完全独立而后获尽其用"，我看就指第一义说的。李石岑先生说"美育之力隐隐代德、智、体三育而有之"，是指第二义说的。……至于教育者所谓"美的教育"多指第二义。

此为分析美育设施有独立与附丽之别。他又说：

主张把"美育"作为统罩的或过重的教育目标，我看持有下列两项理由：（一）"美育"给我们精神最后之满足，而教育第一义，即在诱导人生使之向于精神发展之途以进；（二）"美育"给我们道德上一种涵养和感化，如蔡先生说的，"纯粹之美育，所以陶养吾人之感情，使有高尚纯洁之习惯，而使人我之见，利己损人之观念渐消沮"。

否认美育为统罩或过重的教育目标的人，对于以上两点，先有疑问。第一，在现在的时代，社会讲教育，是否以精神发展为惟一正鹄？第二，"美只为美"的运动，原在使艺术中不搀杂理知和道德分素；所以艺术家，也尽多非科学非道德的。美情涵养，是否必常有道德的效果？他们所以否认这教育观的理由有三：（一）这目标是主观的。吾人生活于此自然美人类美艺术美之中，实不能一刹那间不受美之刺激，但是人生环境的刺激，不限于美；对于美的刺激的反应，也人各不同。成年人感受的美，儿童未必同样感受，艺术家欣会的美，凡眼未必能同样欣会。这样主观的一个东西，不能作为教育全体客观的主标。（二）这目标是畸形的。人生活动，职业的居了大半。美育是种暇逸教育（Education for Leisure），不能概括教育的全部。（三）单提这目标，是不合现在中国的时代和社会的需要。西洋美育论，是实利主义过盛的危言，是文明过于机械化的反响。若现在的中国，资财但见消亡，生计濒于破裂，教育家若不肯忘情于社会，也该快设法用教育来改造物质的环境，图谋物质的乐利了。教育家眼看着可怜的中国人，祷祝他们能"希求兴趣之人生"，却不由得垂涕而道的向他们说：你们快先努力正大之人生，是要紧呵！

因此，他以为"任举一种目标，要概括教育全部总有些牵强"，而主张照美国史奈钝（Snedden）底意见，将美育放在文化教育之中。他这种议论，很能确切规定美育底限度，而美感在教育上的地位也由哲学的而入于科学的。他作此文，原是有感于《教育杂志》上李、吕两人底议论而发，虽然在实际上不曾发生什么影响，但在理论上却已进步不少。

以上都是些关于美育的原理，具体的实施方法以蔡元培与吕澂两人所论为最详。蔡于民国十一年六月《教育杂志》上发表《美育实施的方法》一文，根据他以美育为教育上最重要的目标的见解，详述家庭、学校、社会三方面的设施方法，其大要如下：

> 家庭的美育方法——第一步是美的胎教：有孕的女人入胎教院，胎教院底地方、建筑、设备均须有优美的采色，使孕妇完全在和平活泼的空气里面过生活，不使各种不良的刺激影响及孕妇而间接及于胎儿；第二为家庭美育：孕妇养儿以后，变迁到公共育婴院，院中设备力求美化，院内成人底语言动作须有适当的音调与态度，以为儿童模范，衣饰也要一种优美的表示。
>
> 学校的美育方法——幼稚园有舞蹈、唱歌、手工等美

育专课，不用枯燥的算法与语法；中小学有音乐、图画、运动、文学等科目，中学时代更须选取悲壮滑稽的著作；中小学之其他一切学科也都要随时利用其与美感有关系的资料，以陶养学生底美感。大学则设美术专科如音乐、美术（包含建筑、雕刻、图画三科）、戏剧、文学等；就是其他非美育专科的学校底建筑式、陈列品都要合乎美育的条件，更可时时举行辩论会、音乐会、成绩展览会、各种纪念会来普及美育。

社会的美育方法——首从专设的美育机关起，如美术馆、美术展览会、音乐会、剧院、影戏馆、历史博物馆、古物陈列所、人类博物馆、博物学陈列所与植物园动物园；次为地方的美化，如道路、建筑、公园、名胜、古迹、公坟，均须含有美育的观感。

这种设施的方法，虽然范围很广，但并不是乌托邦的幻想，最大部分都是欧美文明国已有设施。

吕澂于民国十二年五月《教育杂志》上发表《中学校的美育实施》一文，专论学校中的美育设施，他先立定五种根本条件如下：

其一，认一般教育当以美育为其骨干，学校的美育于现今一般美育的实施上最为急务，而中学校的美育于其间尤有重大的关系。

其二，因为完成中学校的美育，于教学的方面须酌量改革艺术科的教法，使能直接养成学生底美的态度，渐由美的享乐、创作而进于美的人生观；又须尽量联络能和艺术发生关系的学科教授，务使多有美的态度之机会，且保持全校教授上面的统一。

其三，对于训育方面须以美的陶冶为主，而随时加以指导；又须使学生以协力养成美的趣味，实践道德，以至于有纯粹的品性和健全的人格。

其四，因教学训育所必需，对于设备方面务求不违背美的原理，时时处处都能给教学者以便利，且于无形之间，能涵养美感。

其五，任教授和训育者务期其能利用极真实的态度而由人格的力量感动学生。

因此，美育所涉及的方面很广，而训育与教授的关系尤深，他曾作一图示之如下：

美育实施应有一种主持的总机关，由校长、教职员等组织之，定名曰美育会议，议决关于实施的方案与研究美育原理。此会议决之案件全体人员均须负责，其组织上之关系如下图：

他这种计划虽说只限于中学，但学校美育实施的方法与原则都详备无遗，十余年来言学校全般之美育设施方法者，实以他此文为独到。

自民国十一年以后，在全国教育界历史最长，销路最大的《教育杂志》既以提倡美育为唯一的职志，于是该杂志常有关于美育的文章发表，教育界因他种思潮的激荡（后详）与该杂志主持者之提倡，遂蔚成一种思潮。十一年而后，集合全国教育界人士于一炉的中华教育改进社年会都有美育组，每次均有提案若干。虽然该会每次都只在集合若干教育者为蜂哄的讨论，而不注意于实际的设施，但十一年以后，美感教育思想发展的情形，却可于其提案之言论中见之。

自十一年至十四年的四年间，教育改进社年会关于美育之提案二十件，通过者十六件，其思想的倾向可别为三大类：第一类为普及：即于普通教育中尽量推行美感教育，于一般社会上设置美术馆及多开美术展览会等，如十一年之《欲求美育普及宜设美术院案》，十二年之《各省应设美术品陈列馆案》，十三年之《各省设立美术馆案》，十一年之《清政府增设国立美术展览会案》，十四年之《举办全国美术展览会案》等是。第二类为应用，即使美术应用于实际生活及各种工艺上，如十一年《专门美育以造就专门人材增进美的制造以供国民之赏鉴为目的案》之第二项办法，主张工业学校增加美学及美术科目为通习必修科，十二年之《高级中学每省至少起首有美术或美术工艺两校逐年增设一二校案》，十三年之《高级中学必设艺术科案》等。第三类为存古，即设立机关保存中国固有之艺术品，如十年之《欲求美育普及宜设美术院案》，十四年之《组织中华古美术品调查委员会案》，《请山西省政府保护大同云国石佛寺案》等是。

美育何以要普及？他们说：

今日中国青年之道德日趋于卑下，志趣日流于龌龊之境者，盖无高尚纯洁之美育为之涵养，为之引导故也。

……美术之为物能涵养国民思想，使之高尚：尝见学生在校求学之时，其日常生活尚有秩序，其思想亦颇正当，一旦离校，则多至堕落，此何故乎？盖社会缺乏美术之设备以助其精神发达故耳。若吾人游西人之都市或入其公共场所及官衙学校议院等处，惟觉其地之优美，使卑鄙之志顿减，非地能移人之性也。盖其建筑及大小器物均含有美术性质：美术之为物，岂可轻视之哉！

今日学者常说美术代替宗教，实则美育普及，则迷信自破，无所谓宗教，自无所用其为替代也。

美育何也要应用？他们说：

> 美术非工业不能宣传，工业非美术不能发达。
>
> 社会、家庭、建筑、制造、服饰、消遣，各方面无不应用美术。
>
> 以言职业，则法之绘画，德之版印，皆足以利及民生者；以言重要，则为社会精神之所击，尤为急务……艺术之足以维系社会，大有利于社会也，职业之重要者也。

他们对于保存中国固有艺术品的意见说：

> 我国美术发达，自古迄今，班班可考。固由国民性质使然，亦由于提倡有人，故成绩因可表见。古者帝王崇尚美术，或搜集名迹，或辟画院，延揽奖励美术家种种办法；帝王提倡于上，一般之社会承风于下，势力雄厚，人材蔚起，今日得睹古迹美术上之有荣光者，皆由于尔时提倡奖励之功之所赐也。比者百年以来，国家多故，此风几于湮没，巨匠名手稀如晨星，识者为之兴叹，而外国人之考求东方美术者，无不慨想古昔之甚况，古迹之足珍。而近世以来，此风消沉，不独不能发展，且有不能保存之势，为可惜也。欧美各国，对于美术，极意尊重美术人材，极力奖励美术馆、画院等，国家不惜巨资，经营设备，吾国人之游历彼邦者，莫不艳美称道之。且吾国古迹美术品，亦代为之保存，而吾国固有之文物，反弃髦视之，致使国民不

能自数家珍，不知美术为何物，无乃太昧乎！

影　　响

从实用主义的教育家看来，美育是饥不可食，寒不能衣的东西，虽然理论上有些人提倡，实际是不会发生大影响的。但从民国十余年的往迹看来，美育在教育实际上的影响并不亚于其他各种教育思想，甚或过之。兹先胪列几件最显明的事实，再推论其所以较大的影响的原因。

民国教育制度是由清末的现行教育制度递嬗而来，即各校课程亦多与清末所订者无大出入。唯有普通教育中之艺术课程则有很大的差异。在科目上，清末之中小学固无音乐一门，即图画亦系为应用而设。民国初元公布之中学令施行细则，均有音乐、手工、图画的美育科目，而且均以美感为目的。《国民学校令施行细则》之教则说：

> 手工要旨在使儿童制作简易物品，养成勤劳之习惯，审美之兴趣；……图画要旨在使儿童观察物体，具描写之技能，兼以养其美感；……唱歌要旨在使儿童唱平易歌曲以涵养美感，陶冶德性。

关于艺术科目的课程时间，在国民学校中约达全体八分之一，高等小学约达七分之一，中学约达十分之一，较之清末普通教育中除女子师范外，艺术科目只有以应用为目的之图画一科，而其时间不及二十分之一者，在数量上已发展不少。

十一年新学制公布以后，全国教育联合会拟订的中小学课程纲要，小学艺术课程达全体18％（合音乐），中学约8％，在小学的数量已大增加，中学校的艺术也以美育与应用为对立的目的。

这是美感教育思想在普通教育中所发生的影响。在特殊设施上，上海的美术专门学校成立于民国初元，该校毕业之男女学生出而至各省设立美术学校者为数不少，北京亦于民国七年，由国家设立美术学校，十一年七月并改为美术专门学校，在学制系统上另辟一新领域；而七年二月教育部并准于直辖学校教员出洋研究者二十四名外，留额四名选派学习美术音乐等科，十六年国民政府，之大学院设美术院、音乐院，教育行政者对于美术之重视于此可以见之。至社会上对于美育的观感，在五四以前虽无特别的赞赏，但亦无人反对。五四而后则已蔚为一种思潮，各地美术学校，固多相继设立，对于美术的观念也和从前不同：就是昔日所认为最不合体的模特儿（Model）亦在各美术学校中任人写作；虽然顽旧的当局也曾有所干涉，但终因社会上一般思潮之转移而莫如之何。这是美感教育思想在美育独立设施及社会上所生之影响。

中国改行新教育之动机原在变法图强，故清末的教育思想，均不能超越现实世界底藩篱，而民国初元经蔡元培底提倡美育，竟在实际上发生较大的影响，其原因约有三端：第一，是美育本身的功能。美感教育原以提倡无人我、超利害为旨归，美的性质也就是无人我，超实利的；惟其如此，所以无论怎样提倡，在实际上都不会如军国民主义的教育那样易于引起争端，因而不甚为人斤斤较量。思想之与此相合者固然乐得赞同，不合者亦因无利害冲突而不必为急剧的反对，所以十余年来，此种思想能不断地顺利进行。第二，是政治的助力。蔡元培虽然以提倡美育为其终身事业中一件大事，但在民国元年的时候他却是一位负全国教育重责的教育总长，他底言论的势力，固然要因其地位上的关系而与他人不同，他的地位也足以实现其主张。所以他底理论能于民国初元在普通教育中实现一部分。十六年任国民政府大学院长更特设美术院、音乐院以实现其主张。第三，是时代思潮的激荡。蔡元培十余年来常有提倡美育的文章发表，但在五四以前，社会上竟少反应。自经李石岑在《教育杂志》上提倡以后，美育思想遂普及于一般教育界，李石岑底提倡与《教育杂志》的发行力固然很有关系，而五四后的大同思潮却有更重大的关系。因为五四运动而后，中国的旧文化固然发生重新估价的问题，而清末以来的功利主义的教育更不足以敌欧战后的国际思潮，于是外国的种种思想，也因固有思想的解放与新思想的要求而输入。美的教育一经提倡，便沛然盈溢于一般教育者之脑中，而普及于一般社会。倘若没有五四运动作背景，《教育杂志》之倡导，纵不如蔡氏在民国八年以前所得的结果，也绝不会蔓衍得如此之快。

根据此三种原因，所以饥不可食、寒不能衣的美感教育思想，竟能在教育实际上绵延地发生些较大的影响。

美感教育思想固曾发生了影响，而且不如其他的教育思想有什么"负"影响，倡美感教育的人，似乎当知所止了。可是照着提倡者底本意，以无人我、超利害为美育的职能，则美感教育在现代中国的教育上也可以说是毫无影响；因为无论在个人方面，或在社会方面，都不轻易看得见这种功效，而且民德反有日趋卑劣的现象；

就是社会上具体的美的设备，也未见得有若何改进。所以若有人问现在还当提倡美育吗，我敢举就丽底一首新诗为答：

　　头痛医头，脚痛医脚；

　　　慢说现时美育用不着！

　　　　中国全身都在疼痛中，

　　　　　美育也是治一部分的灵药。

　　你说是"衣食足然后礼义兴"，

　　　美育不能当饭吃，当衣着

　　　　然而多少饱食暖衣的大人先生们，

　　　　　"坐于涂炭"而不知龌龊！

　　都由美感太疲麻，

　　　人生蹙蹙无可乐；

　　　　又何怪日长无事的太太们，

　　　　　怀着胎儿又麻雀！

　　唉！可怜的人生呀，头痛医头，脚痛医脚，

　　　谁说美育现时用不着！

第十一章　大同教育思想

背　景

现在，世界固不曾大同，将来是否可以大同，也无确切的论证，然而希望大同的心理却是人所同然：无古今中外之分。这种希望也如宗教信仰一样，虽然明知其不能见诸事实，然而许多人却情不自禁地要信仰它，是由于人生的究竟问题，无法解决，只得希望有全知全能的神明解决之。教育家之希望以大同主义的教育使世界大同，也是鉴于现在社会上的种种苦痛——如军国主义、资本主义所产生的战争侵略的弊端——无法解决，而希望用教育的方法建设一种最自由最合理的世界，以解除现实的困苦。

就中国改行新教育制度的动机，以及改行新教育以后的国势看来，本可以不产生大同教育思想；因为自鸦片战争而后，中国在国际上无处不受压迫，国人图强之念已无时或已。然而竟行这种教育思想？第一个原因自然是出发于希望解除苦的公共心理，第二是国际压迫的反映，第三是中国人和平根性的表现。现实世界不论是好是坏，人类对之总是不能满足的，这是人类底特性，也是大同理想自有史以来即存在于明达者心意之中的重大原因。中国人素尚王道的，在政治上常非法家的法制，而重视儒家"为政以德"的办法，在教育上则以明明德于天下为唯一的目标，而以正心诚意，格物致知的方法出之，不主张"争民施夺"，所以无论武人内乱到怎样的程度，平民总是希望和平。国人底生性既是这样地爱和平，而国际帝国主义的压迫，又无法抵抗，于是乃更从反面希望世界大同，以减轻自己的苦痛。

因此种种原因，大同教育的思想，竟在中国新教育历史中时隐时现地绵延数十年。

变　迁

在近代中国教育史中首倡大同教育者为康有为。他在清光绪戊戌以前，著《大同书》根据《礼运》："大道之行也，天下为公，选贤与能，讲信修睦，故人不独亲其亲，不独子其子，使老有所归，壮有所用，幼有所长，鳏寡孤独废疾者皆有所养，男有分，女有归，货恶其弃于地也，不必藏诸己，力恶其不出于身也，不必为己……是为大同"之说，衍其条理，分论大同之世的各种政制。全书计数十万言。惟他以为今方为"据乱"之世，只能言小康，不能言大同，故秘其书而不宣，知者惟其少数弟子。后虽在《不忍杂志》中刊布甲乙两部，但只全稿三分之一。在乙部中虽会将其理想的社会列表详示，但无关于教育具体的方案。其弟子梁启超曾于《清议报》中著《康有为传》，有言及其教育理想者摘录如下：

（甲）种族改良……女子平日当受完全之教育不待言矣，……而又必定市廛乡宅之地，使各有别，凡居室不许在城市工场尘溷之地，使其有清淑之气，而政府又别置各种旅馆于山水明秀之诸地，以为士女行乐之所；令其受生之始，已感天地清明之气；及妇人之有身也，即入公立之胎教院。其院尤必择胜地，院内结构精雅，陶养性情之具无不备，有名医以司理其饮食，调节其运动，有名师间日演说，以熏善其德性。他日胎教之学，日精一日，则人种自日进一日。

（乙）育婴及幼稚教育：育婴之事，必由公局，父母不得与闻，固由破家族之累，亦因养子之学非人人尽能，不如专门各家之为愈也。公家立育婴院，与胎教院相连，孩童一生，即移斯院，院内保母，皆专门此学，终身以之。两三岁后，移于幼稚园，受幼稚教育。

（丙）教育平等：欲使人类备大同之人格，则教育为第一义矣，自六岁至二十岁，皆为受教育之时期，无论何人，皆当一律。今各国惟小学年度，必须受学，著为功令，其中学高等学以上，则任人自由。盖子弟为父母所有，其父母境遇不同，无能强也。若大同之制，则世界自教其后进，凡任公家教育之职者，皆有全权以主持之，必不可使有畸轻畸重。如是久之，则人类之智德，可以渐臻平等矣。凡自二十岁以前，一切举动，皆受先辈所监督，分毫不许自由。

他这种理想，第一项属优生学；第二项为儿童公育；第三项则乌托邦社会主义的教育理想。他于三十年前即无所因袭，见到此地，其思想不可不谓超人一等。但他自己则始终谓当以小康之义救今世，对于政治及社会道德，都以维持旧状为职志，即对于其子弟之欲宣传其大同之说者，亦极力阻止之，故其思想很少为一般人所知。

民国元年，蔡元培的《新教育意见》，其中论世界观之教育一段（详"美感教育思想"章），亦含有大同主义的意义，不过论而不详。

六年因孔教问题而牵及教育方针，高一涵于本年一月在《新青年》2卷5号上发表《1917年预想之革命》一文，谓近日从专制思想中演出贤人政治与孔教为修身大本之宪条两大盲说，非极力扩清不可。故主张1917年从事于政治精神与教育主义之革命。他论教育主义说：

> 夫教育主义大别不外二种。一隶属于政治者，一超轶乎政治者，国家而以官治为中心，其制度含有专制性质者，往往以政治势力，左右教育。故教育主义，纯粹隶属于政治范围之中。国家而以民治为中心，其制度含有共和性质者，往往任人民自由选择，听其趋向，以为教育之方针。故教育事业，全超轶乎政治范围而外，军国民教育、实利主义教育及公民道德教育，属乎前者。世界观教育、世道主义教育，属乎后者焉。
>
> 曷言乎世界观教育？世界之种类亦有二：一曰现象世

界，前者以谋现世幸福为鹄的，后者则以谋究竟幸福为鹄的；前者有空间时间之关系，后者则无空间时间之可言；前者由于感受，后者全恃直觉。政治者，由人类所感受之刺激，为一族一国之群众谋现世幸福之谓。教育者，由人类一己之直觉，为普遍世界之群众谋无终无极之究竟幸福也。故强使世界观教育，俾隶于政治范围之下。其违背教育主义者二：一为空间之限制，即缩小教育范围，使仅及于现象世界中一族一国之人；一为时间之限制，即减短教育功用，使仅谋现象世界之现在幸福也。人不能有生而无死，国家不能有存而无亡，现世幸福，随死亡以消灭。以不生不灭之人生，于无始无终之实体中，而仅仅以谋随死亡而消灭之现世幸福为鹄的。若而人生，若而世界，有何价值之足云。此世界观教育，所以为世界人生之最终蕲向，而超然于政治之表现者也。

曷言乎世界主义之教育？夫合无始无终之时，无穷无极之世，与有生无生之物以成世界，则所谓世界，即非一时一地之有生物所得专焉者也。矧人类特为生物中之一种乎。论者动曰人道主义，为世界之究竟。不知人道主义，特以人类为范围。不过占世界生物中之一部。谓为人类之究竟，犹且不可，况谓为世界之究竟乎。教育者，以合宇宙万汇有形无形、有生无生之全体为范围者也。限以有生有形，已嫌其偏，何况更限于人类。设再以政治之潮流为教育之标，则更以人类一种族一国家之事，为实体世界无始无终不生不灭之真实人生体也。此人道主义之教育，所

> 以不若世道主义之教育尤为范围普遍，万汇咸周之道，而
> 为教育主义之究竟也。

他第一段的议论与蔡元培《新教育意见》中所言无多差别。第二段谓"由人类之直觉为普遍世界之群众谋无终无极之世界幸福"，则较蔡氏"不以一流派之哲学一宗门之教义梏其心，而惟时时悬一方体无始终之世界观以为鹄"进一步；盖一为自动的创造，一为被动的解脱也。至其论世道主义之教育，则更由人类及生物，不仅在超轶政治而已。这种主义，近世教育家实无人道及，他可称为教育主义上的超人了！

八年欧战告终，国际和平之说大倡，教育部组织教育调查会，以调查审议教育上之重要事项为目的，该会会员沈恩孚、蒋梦麟因欧战后军国民主义教育不合民本主义，民元公布之道德、实利、美感、世界观诸项已经太复杂，未易适从，而提议以"养成健全人格，发展共和精神"为宗旨，其立脚点固民治主义也。斯年全国教育联合会则以为"新教育之真义，非止革改教育宗旨"，"应觉悟人应如何教"，而不必研究如何教人，而主张废止教育宗旨，宣布教育本义。虽然拟请教育部宣布的教育本义，仍为教育调查会所议决的两句话，但"人应如何教"的思想，固超轶国家（不说国民而说"人"）的大同主义，所以此议案亦可为大同教育思想的一种支流。

欧战而后国际和平的声浪虽然哄动一世，但军国主义与资本主义的进展仍和从前无异，于是一部分教育者，由国际和平的声浪与国际压迫的事实两重矛盾的状态中，发现大同主义的希冀。代表

此种希冀者，为常乃惪、舒新城、沈仲九、陈兼善等于十一年发起的教育改造社。此社原定借上海《时事新报》的附刊出一种《教育旬刊》，鼓吹他们底见解，后因他种事故不曾发行，该社也无形消灭，但《教育旬刊》的宣言却由常氏草就（宣言中的意见亦以他为主），现在还列在他底《全民教育论发凡》的附录中。他述他们主张教育改造的原因说：

> 几千年的教育，只是少数人的专利品、虚荣的装饰物、特殊阶级的拥护利器。自家族主义、部落主义、贵胄主义，以至于现代的军国主义、资本主义，都很巧妙地利用教育以扩张他们底势力，维系他们底地盘。几千年来的教育家，无形地变作特殊阶级雇用的工人；这些可怜的被雇者，还要创出些可怜的学说，可怜的制度，用以牢笼后代的青年。几千年的教育，只是被拘禁在这样几个狭小的笼里边，从家族主义的笼，到军国主义、资本主义的笼。他们永远不想伸头到笼外去，呼吸一呼吸自由创造的空气，几千年来的教育学说、教育制度，只是无形地受着必然的社会组织的压迫和暗示所造成的原产物。他们常是随在社会之后，没有走在社会之前，他们只是社会的顺民，不是社会的诤友。他们纵然有时也偶然碰到些自由创造的思想，但还是笼以内的自由，笼以内的创造。

并提出八条原则以为改造的目标，其前两条则全为大同主义的思想。原文说：

第一，我们相信：要撤销民族上、地理上种种的隔阂误解，必须于教育上，先铲除这些隔阂误解的种子；因此我们主张改造后的教育，是世界的，不是部落的，一切军国主义的人造的沟墙，应当根本打破。

第二，我们相信：要实现真正的社会平等，必先使社会上各个人，都有受平等教育的机会；因此我们主张：改造后的教育，是人类全体的，不是特殊阶级的。一切有利于官僚阶级、资本阶级的制度，应当尽力铲除。

以后他曾作论文数篇，发表于《民铎杂志》申述其理想。于《全民教育论发凡》中述说其理想的社会教育国说：

在一个广阔的社会中，这社会被许多科学的发明所帮助，得到的紧密而连接的关系，感到了彼此无比的亲切；在我们这社会中到处都充满了教育的意味——环境教育——我们可以随时在一里半里之内，得到一个丰富的小图书馆。我们可以在十步五步之内，找到一块甜美的小公园。我们在每一个村落间，都可以找到有科学家在小小的实验室内工作。我们在每一个街市间，都可以找到有艺术家在窄窄的艺术场内表演。我们可以藉无线电话的力量，不出门而听到大音乐家的奏技，大宗教家的说道，大学者的讲学。我们可以借无线电报或其他交通利器的力量，于半分钟内得到了万里外世界公立大图书馆内我们所需要的珍藏的书籍。我们可以藉光学的发明，在天空中看到了当日的全世界新闻。我们可以藉电相与影剧结合的新发明，在每家的墙壁上看到了万里外所欲看的大戏剧院的舞蹈。我们不要热闹翻天的大都市了，全世界便是一个大都市。我们不要乌烟瘴气的大工厂了，全世界便是一个大工厂。我们的农田同时便是我们的校园。我们的街市同时便是我们的博物馆。我们的人每日里有正当的工作，正当的娱乐；也有正当的学习——自然也有每人应得的正当的面包喽。——我们的学习机会是随时随地都可得到的。那什么简陋的补习学校，简直是博物馆里的标本。我们的小孩子，也不要进什么牢狱般的学校了。他可以从到处听得见的谈话中得到了正确的言语智识，从到处看得见的标本中得到了正确的文字知识——自然只有文字中基本的二十八个字母（以世界语来说），十六条文法是需要人教的，别的都可以从习惯中去学习了。——从丰伟广博的博物院或大影戏院中，得到了正确的历史智识；从半点钟内环游地球的飞行中，得到了正确的地理知识；从随时随地的田园中，得到了正确的博物智识；从随时随地艺术生活中，得到了正确的审美智识，此外如同伦理道德以及算术几何之类，自然更易从日常生活中学习的喽。我们倘若对于某一种学术意欲为精深的研究呢？那么，或者坐上飞艇立刻到某地的研究室中，随着某大学者去行做实验；或者更舒服一点，坐在家中随便打个无线电话，自有世界公立大图书馆同极快的传达器，替我们送来，所要用的书籍仪器，或者随手拨一拨墙上的电话机，便可以与千里外的某大学者谈话。倘若是从事于职业的呢？那自然某一种职业即是某一种的职业学校。我们在工作上随时可以得到学习的意味。这样学来的知识，才是确实的，不像现在学校的样子，一出校门便什么也忘记了。到这个时候，我们自然不需要什么学校了。我们的全社会，便是一个大学校。我们从受胎到涅槃，生于斯，长于斯，死于斯，工作于斯，娱乐于斯，学习于斯。我们一辈子过得是学校生活，也就一辈子过得是教育生活。但这个学校生活，却不是现在那样背家庭，离乡里，埋头书本、干燥无味的学校生活。

他这种思想虽不如高氏世道主义之教育"泽及苍生"，但其为乌托邦的思想则与高氏无异，因为他的艺术的描写，只能在艺术家底想象中全部实现，而不能望真正有此种现实世界也。

总上所述，除教育联合会"人应如何教"的思想为大同教育底一种支流外，我们对于康、高、常三人大同教育的思想可以共产的、泛生的——不是生物学上之泛生——艺术的三个区别词以别之。

影　响

大同主义的思想，其发源固由于人心之所同然，其实际则为不易实现的理想。故要在实际教育上寻求这思想的影响，却比较他种思想为难。

康有为底共产的大同教育，世界上社会主义的共产派虽常有人说到，但他底理想还未曾在世界上的任何国实现（苏俄曾有儿童公育的法规，但未实行），中国更说不到。高一涵底泛生的大同教育，与常乃惪底艺术的大同教育更纯属一种超人的理想，在现实的世界中自然不会有实现之日。所以真正的大同教育思想，在近代的中国中完全不曾发生过影响。

但这种思想底支流（八年全国教育联合会"人应如何教"的废止教育宗旨，宣布教育本义之议案），却因民治主义底反映，而使中国教育界发生一些浪漫的自由的行动（取消军国民教育主义与自由实验教育方法，随便提出教育主张等），不过终以敌不住环境的压迫而延时不久。十一年而后，国家主义教育思想（参阅该章）发生而后，此种思潮即逐渐消沉下去，而主张大同教育最力的常乃惪亦抛弃其旧日的主张，而从事于为国家主义的运动（见《全民教育论发凡》常氏自跋）。今而后，此思想的前途更难于推断了。

第十二章　职业教育思想

背　　景

民国初元教育者鉴于新教育之不切实际，因提倡实利主义教育，二年因普通教育之不切实用，乃进而提倡实用主义教育；但结果均于事无补；不独普通教育不能适应社会上的实际需要，即以职业训练为目的之实业学校毕业生，亦不能治生。加以内乱方盛，国内经济能力既不能照常发展，国际资本主义的压迫更不能避免；国计民生，日趋穷蹙，社会上既感治生的职业之需要。中学校学生因各级教育不为比例的发展，与经济能力之限制而升学者日少，亦非提倡治生之职业教育不能济其穷。此时又值欧美职业教育的思想传到中国；于是数因相并，而职业教育自民六年以后，便一日千里地发展。所以要提倡职业教育的原因，六年十月发刊之《教育与职业》杂志，黄炎培所作之《中华职业教育社宣言》说得最详。他述当时中小学生升学之情形说：

甲寅之秋，同人有考察京津教育者，某中学学生数百人，其校长见告：吾校毕业生升学者三分之一，谋事而不得事者二分之一。乙卯、丙辰两岁，江苏教育会以毕业生之无出路也，乃就江苏公私立各中学调查其实况：乙卯升学者得23％；丙辰得39％；此外大都无业，或虽有业而大都非正当者也。今岁全国教育联合会各省区代表报告：则升学者仅及十分之一，或不及十分之一。若夫高等小学，今岁调查江苏全省毕业者4983人，而收容于各中等学校者不及四分之一；此外大都营营逐逐，谋一业于社会，而苦所学之无可以为用者也。

或曰：此之所云，普通学校耳。则试观夫实业学校、专门学校，有以毕业于纺织专科，而为普通小学校图画教员者矣；有以毕业于农业专科，而为普通行政机关助理员者矣；甚有以留学欧美大学校专门毕业，归而应考试于书业机关充普通编译员者矣。所用非其所学，滔滔皆是。虽然，此犹足以糊其口也；其十之六七，乃并一啖饭地而不得，实业学校毕业者且然，其他则又何说？然则教育幸而未发达，未普及耳，苟一旦普及，几何不尽驱国人为高等游民以坐待淘汰于天演耶？曩岁同人鉴于教育之不切实用，相与奔走呼号，发为危害，希图教育当局之省悟。今则情见势绌，无可为讳，盖既不幸言而中矣。

黄氏于二年曾力倡实用主义教育，四年与游美实业团至美考察教育，感于欧美实用教育之与治生联成一气，乃更进而提倡职业教育。他在本宣言中又说：

今欧美之于职业教育可谓盛矣！德国一职业学校，分科至300多种；美国黑人实业学校，凡房屋以及房屋之砖之瓦之钉，屋内一切家具，马车以及车之轮之铁之裤之油幔，马之缰及马之豢养，御者之衣及履，食物如面包，以及制面包之麦之粉，若牛肉、若牛油、若鸡蛋、若牲畜之豢养及屠宰，无一非出学生手；凡归自欧美者莫不艳称而极道。然试考其发达之源，英仅自1908年苏格兰设职业教育局始；美仅自1907年波士顿设少年职业顾问所始。其后经舆论之赞成，极一时之响应以有今日。

他于宣言后又附本社宣言，馀义二则说：

其一，职业教育者，盛行于欧洲渐推于美国，而施及东方，万非本社所敢创，更万非本社所得私。

其二，本社之倡职业教育，非专事推荡世界潮流以徇时尚；诚恫夫今之国家与社会不忍不揭櫫斯义，为万一之补救：本于自谋非发于外铄。

由此可知职业教育思想产生之来源有二：一由于国内社会之需要，二由于欧美职业教育思想之激荡。

变　迁

职业教育的思想虽然自民国六年黄炎培创中华职业教育社始盛倡于国内，但其来源甚久，清光绪二十九年张之洞奏订学堂章程《学务纲要》中谓"农工商各项实业学堂以学成后各得治生之计为主"，实业学堂设学要旨谓"实业学堂所以振兴农工商各项实业，为富国裕民之本计"，其用意与职业教育无殊，不过不以职业教育为言耳。首提出职业教育四字者，当推陆费逵。他于宣统三年，《教育杂志》发刊之《世界教育状况》序中，谓"吾国今日亟宜注意国民教育、职业教育、人才教育"，以为"国民程度之高下恃国民教育，国民生计之赢绌，恃职业教育，而国势之隆替，教育之盛衰，厥惟人才教育"。斯年夏，组织中国教育会于京师，并以是三者列入会纲。民国元年，蔡元培发表新教育意见，其论实利主义一段亦具职业教育性质。二年，陆费逵并于《中华教育界》发表《论人才教育职业教育与国民教育并重》一文，其论职业教育说：

> 职业教育则以一技之长可谋生活为主。所以使中人之资者，各尽所长，以期地无弃利，国富民裕也。……况兴办学校，需费良多，绝非一钱不名之社会，所能有事。旷观中外教育发达之程度，无不视贫富为比例。而非职业教育兴盛，实业必不能发达，民生必不能富裕。

他于此时提倡职业教育并非无因，实鉴于当时卒业中小者之无所事事，故说：

> 中小学校，办理不得其人，款项又复支绌，因陋就简，成绩不良，升学则程度不足，改习实业则学艺又不足应用，此一因也。教育界之人才款项，两俱消泛，高等专门学校，寥若晨星，职业学校，更如景星庆云，旦全国不数见焉，虽欲深造而无升学之所，此二因也。实业界之人才款项，亦甚缺乏，企业者寡，用人自少，此三因也。有此三因，于是教育愈普及，识字之游民愈多，天下可叹息之事，孰有过于此者哉。

当时中小学校毕业生之无所事事，教育者均曾感到。黄炎培所提倡之实用主义，亦以此事实为背景，不过社会上的经济能力，尚非捉襟见肘的时候，父兄之于子弟虽望其学能致用，但还不力求其学以治生；加以黄氏以提倡实用主义为唯一的要务，陆费逵不过为偶发表所见，故职业教育思想竟为实用主义的教育所笼罩而潜沉下去。民国四年，欧战方起，军队肉搏而外，经济势力实为致胜的重要条件，而国内经济能力又极不发达，于是有主张提倡职业教育以发达经济力。陈独秀于斯年十月在《新青年》一卷二号发表今日之教育方针，列举方针四项，其第三项为职业主义。他说：

> 现实之世界，即经济之世界也。举凡国家社会之组织，无不为经济所转移所支配，古今社会状态之变迁，同一步度，此社会学者所同认也。今日之社会，植产兴业之社会也，分工合力之社会也；尊重个人之生产力，以谋

公共安宁幸福之社会也。一人失其生产力，则社会失去一部分之安宁幸福，生产之力弱于消费，于社会于个人，皆属衰亡之兆。征之吾国经济现象果如何乎？功利货殖，自古为羞。养子孝亲，为毕生之义务，此道德之害于经济者也。债权无效，游惰无惩，此法律之害于经济者也。官吏苛求，上下无信，姬妾仆从，漫无限制，此政治之害于经济者也。并此数因，全国之人，习为游惰，君子以闲散鸣高，遗累于戚友，小人以骗盗糊口，为害于闾阎；生寡食众，用急为舒，于此经济竞争剧烈之秋，欲以三等流氓立国，不其难乎！今之教育，倘不以尊重职业为方针，不独为俗见所非，亦经世家所不取，盖个人以此失其独立自营之美德，社会经济以此陷于不克自存之悲境也。

六年欧战方酣，欧美社会因战争之破坏而发生职业问题，国内因新教育之弊端日显，对于职业之要求更切，内外相通，职业教育思想乃大倡。

斯年五月，黄炎培等创中华职业教育社于上海，其创立之原因前节既已摘述其大概。他们因中小学毕业生之不能升学，与实业学校毕业生之不能就业，因主张以职业教育救济之。其方式有三：一曰推广职业教育，二曰改良职业教育，三曰改良普通教育为适于职业教育之准备。其实施之方法如下：

……曰调查、曰研究、曰劝导、曰指示、曰讲演、曰出版、曰表扬、曰通信答问。其所注意之方面为政府、为学校、为社会；而又须有直接之设施：曰择地创立都市式、乡村式男女子职业学校，日夜星期职业补习学校；而又须改良普通教育之准备：曰创立教育博物院，迨夫影响渐广，成效渐彰；又须设职业介绍部：其为事曰调查，曰通告，曰引导。

中国自清光绪二十九年改行新教育制度以来，即有实业教育，黄等不曰改进实业教育而独提倡职业教育，他们以为甲乙种实业学校未足以括职业教育而尽给社会分业之所需，且当时之实业学校因"（一）设置拘系统而忽供求，（二）功课重理论而轻实习，（三）学生贫于能力而富于欲望，不能解决生计问题"，故主张沟通教育与职业而对于国民生计问题为根本之解决。

中华职业教育社之宣言虽然对于提倡职业教育之原因详说无遗，但职业教育之含义则置而不论，斯年十月《教育与职业》杂志上，蒋梦麟曾发表《教育与职业》一文详为解释之说：

> ……教育为方法，职业为问题，故曰职业教育。故职业教育无他，提出职业上种种问题而以教育为解决教育之方法而已。
>
> 职业，英字曰Vocation，言操一技之长而借以求适当之生活也。例如制鞋，技也；以制鞋而求生活，则此制鞋即职业也。制机器，技也；以制机器而求生活，则此制机器即职业也。植果木，技也；以植果木而求生活，则此植果木即职业也。能簿记，技也；以簿记而求生活，则此能簿记即职业也；洗衣，技也；以洗衣而求生活，则此洗衣即职业也。制机器，工之一也，聚类此者而概言之

曰工业。植果木，农之一也，聚类此者而概言之曰农业。簿记，商之一也，聚类此者而概言之曰商业。洗衣，家政之一也，聚类此者而概言之曰家政。农、工、商、家政，四者，职业中之四大类，欧美各国所公认者也。凡职业中所发生种种问题，不外乎此四大类，故言职业教育，有（一）农业教育，（二）工业教育，（三）商业教育，（四）家政教育之分。

职业底本义既在"操一技之长而借以求适当之生活"，则一切教育无不以生活为旨归，又何必独标职业教育以立异？他以为凡卒业于大学而得一技之长，借以求适当之生活者曰高等专门（Profession），近今所谓职业教育者，中等程度以下为限，大学不与焉。故他以为职业教育之提倡，在于助学校解决一重要问题，非以为此包括教育之全体。他论学校与职业之关系说：

> 学校为推行教育之机关，故即为间接解决国家、社会、个人、职业及种种问题之机关。学校非专为职业而设，举学校而尽讲职业教育则偏矣。职业教育为二十世纪工业社会之一大问题，吾国青年之立身，国家之致富，多是赖焉。举学校而尽排除职业教育则偏矣。吾辈今日所欲研究之问题，非谓因提倡职业教育，将取文化教育（Cultural Education）而代之也。不过以文化教育有不能解决之问题，提倡职业教育，希有以解决之耳。若社会无职业之必要，青年受文化教育而即有谋生之能力，则所谓职业教育者，特赘疣耳。又何提倡之足云。

斯年十月全国教育会联合会并议决《职业教育进行计划案》，其理由与方法虽不出上述各种议论底范围，但有促设女子职业学校一条，却为前此所未明白提出者。

职业教育最初的目的原只在谋生，八年则更推广至于做人，而揭橥三大目的：曰为个人谋生之准备，为个人服务社会之准备，为国家及世界增加生产能力。斯年教育联合会并议决《普通教育应注重职业科目及实施方法案》，列举男女学校设备教授练习上种种应注意之点，以补六年提案之不足。自此而后，全国教育界的公共机关，如全国教育联合会与中华教育改进社开会时，无不有关于职业教育的提案。民国十年全国教育联合会议决之《新学制系统案》，并确定职业教育在学制上的地位，而取从前之实业教育而代之。十一年新学制系统经法令公布，职业教育在法制上也有了根据。其含义亦逐渐推广，职业教育社邹恩润在《职业教育研究》书中下职业教育之定义说：

> 职业教育乃准备能操一技之长，从事有益社会之生产事业，藉求适当之生活——其大目标在培养知力、意志、感情各方面而为完全有用之人物；质言之，必当培养儿童有自求知识之能力、巩固之意志、优美之情感，能应用于职业而自谋其生活，同时能进而协助社会、国家之幸福，方为完全有用之人物。

黄炎培则说：

> 凡用教育方法使人人获得生活上之供给及乐趣，一面

尽其对人群之义务，此教育名曰职业教育。

他们这种广义的解释，可以概括一切教育的功用而无余，其用意固与最初以谋生为目的者异，在理论上则反陷于笼罩的谬误：因为照此定义，不能再寻出非职业教育之教育以为对待，而实际上职业教育又不能尽括一切教育也。

十二年黄炎培因青年底欲望与能力不能并进，产生许多困恼，社会也因而不安，乃更简括职业目的为"使无业者有业，有业者乐业"。要使无业者有业，不能不注意于农、工、商、家事等科与实际职业有关的设施；要使有业者乐业，则不能不注意于职业训练与职业指导。黄氏于十二年在东南大学讲授职业教育，曾定下列之职业训练的理想目标：

Ⅰ.各科公共的职业训练理想：

（1）须令了解职业的真意义在社会服务；（2）须养成诚实的道德；（3）须养成勤劳的习惯；（4）须养成互助合作的精神；（5）须养成服从的美德；（6）须养成所欲人之职业社会的正当习惯而有稳健改进的精神；（7）须养成是种职业的康健体格并预防因职业而生的病害；（8）凡应用的知识须令十分纯熟；（9）须养成对于是种职业的乐趣；（10）须养成其世界观与人生观。

Ⅱ.农科的特殊训练理想：

（1）须保持其乡村淳朴的风气；（2）须充分养成其天然的美感。

Ⅲ.工科的特殊训练理想：

（1）须养成精细的头脑与正确的动作；（2）须养成其美术的意味；（3）须发展其创造的精神与能力。

Ⅳ.商科的特殊训练理想：

（1）须养成其敏捷决断的能力；（2）须令熟悉社会情形。

Ⅴ.家事的特殊训练理想：

（1）须养成美术的意味；（2）须养成经济的思想与能力；（3）须充分授与服务社会的观念。

十三年中华教育改进社更注意于职业指导，由该社延请专家，制定调查表格，在江浙各省中等学校实行讲演、调查；斯年三月该社并就《申报》发刊之《教育与人生》周刊发行《职业指导专号》，详述职业指导的原理与方法。在他们看来，职业指导底范围很广。邹恩润说：

> 职业指导底范围，不仅于学生离校后介绍适当的职业；凡选择职业、预备职业、实际从事职业以及改进职业等等问题，无不根据实际的调查与分析的研究，予以有效的指导与协助；它的实展时期，自从小学职业准备直达青年离校后，确能在职业界自立的时候为止；所谓确能自立的时候，不是说既得所介绍的职业，就算确能自立，却是于既为介绍相当的职业之后，还要由指导员时时到青年任职的地方，细问服务的状况，助他解决种种困难待决的问题；如果他的学力还不够，还要替他筹划补习的方法（这就是所

谓 "Follow up work"），直至没有困难，没有危险，不必指导援助而可以自立，然后指导的责任才算完毕。

自民国六年而后，职业教育四字虽已深印国人心中，但其效率则犹甚少，其原因盖只在职业学校、教育界及农工商职业界用工夫，而不能与社会沟通。黄炎培有感于此，于十五年又提倡大职业教育主义说：

> 积极说来，办职业学校的，须同时和一切教育界、职业界努力的沟通和联络。提倡职业教育的，同时须分一部分精神，参加全社会的运动。消极说来，就算没有扯扯的声音颜色，只把界线画起来，此为 "职业教育"、彼为 "非职业教育"，已经不行哩。换一句话，内部工作的努力不用说了，对外还须有最高的热诚，参与一切，有最大的度量，容纳一切。其实岂但职业教育，什么教育都该这样，也许什么事实都该这样。这样职业教育方针称它什么呢，大胆的称它 "大职业教育主义"。

他这主张，理论上系以广义的职业教育为根据，而实际上之效益不显，则可于此段议论中反证之。

十六年春，国民革命的势力达到长江下游，因国民党正纲中有提倡职业教育数字，而职业教育又与民生主义有关系，故中华职业教育社，仍能继续进行，其机关刊物之《教育与职业》及《生活与职业》丛书，亦照常出版，职业教育思想并不因之稍挫。不过在十六年以前，理论上除却勉为民生主义作注脚外，尚无新的发展耳。

影　响

中国近代各种教育思想在实际上之影响，无有出乎职业教育思想之外者。第一，是在新学制系统中占了正式而重要的地位。职业教育不独取从前的实业教育而代之，其范围反远广于中等教育及初等教育后段之正系统。其图如下：

职业教育在新学制上之位置图

依据十一年十一月一日学校系统改革令

说明四　小学课程得于较高年级，斟酌地方情形，增置职业准

备之教育。

　　说明十一　初级中学施行普通教育，但得视地方需要，兼设各种职业科。

　　说明十二　高级中学分……农、工、商……家事专科，但得酌量地方情形，单设一科或兼设数科。

　　附注二　依旧制设立之甲种实业学校改为职业学校或高级中学农工商等科。

　　说明十五　职业学校之期限及程度，得酌量各地方实际需要情形定之。

　　附注三　依旧制设立之乙种实业学校酌改为职业学校，收受高等小学毕业生；亦得收受相当年龄之修了初级小学学生。

　　说明十六　为推广职业教育计，得于相当学校内酌设职业教员养成科。

　　说明二十五　大学及专门学校得附设专修科，年限不等。凡志愿修习某种……职业而有相当程度者入之。

　　其次，在实施上有很大的成绩：自民六黄炎培等创中华职业教育社，以为研究宣传职业教育之机关而后，即设有中华职业学校，从事实际上之实验。因其创始矜慎，集款有方，此两机关至今犹在进展。他们于提创之始，即注意于调查引导，故在调查与出版两方面均有相当的贡献，而全国职业教育机关的发达，亦非他种教育机关所能及。据十六年五月《教育与职业》杂志所载，十年度调查结果，自十一年至十五年全国职业教育机关如下表：

年度	十一年	十二年	十三年	十四年	十五年
数目	828	1194	1548	1666	1695

又截至十五年五月始为止，全国职业学校的种类如下表：

校别	专教农、工、商、家事	职业传习所及讲习所	中学附设职业科	小学附设职业预备科	大学及专门设职业专修科	职业补习学校及补习科
校数	846	196	57	37	113	99
校别	职业教育养成机关	实业机关附设职业学校	慈善或感化性质之职业教育机关	军队附设之职业教育机关	总计	
校数	8	24	132	6	1518	

从第一表，我们知道职业教育日有增加，则此思想正在发展。从第二表十五年五月以前之全国职业教育机关共1518所，除去最末两项及小学之职业预备科不足称职业学校，共175所外，余为1337所。据中华教育改进社发表十二年四月以前之全国教育调查，中等以上学校（连甲种实业在内）只1121所，虽然在时间相差三年，而改进社之调查亦不能如职业教育社之精确，但大体说来，职业学校之发展，当亦较他种学校为速。

就上面所列的事实看来，十年来职业教育思想，时时在进展之中，这自不能不归功于提倡人之处事有方。但其最大的原因，还是社会上的实际需要。中国从前的教育虽然是以无用为用，但自与西洋交通而后，即感于西洋实业发达为立国之本，故在清末有西艺教育思想。及光绪二十九年全部改行新教育制度而后，因制度与环境之冲突，与传统观念（读书为做官）之阻力，借新教育以谋实事求是之效用未显，而旧日"治人，食人"的弊端对于新教育反而益厉，于是光绪三十二年之教育宗旨以尚实为言，民元之教育宗旨以实利为言，民二而实用教育大倡。这些都是国人于当时教育中找不着出路的反映。

提倡职业教育者最初以解决生计问题为号召，正与国人所悬求的潜意识相合，故一发而竟获社会上多数人之同情；加以民六而后，内乱迭起，民不聊生，无业者固希望得业以"仰事俯蓄"，有业者亦常在恐怖失业中或经济压迫下（即所业不足以养生）过生活，职业教育是否真能解决职业问题，固是一种疑问，但使"无业者有业，有业者乐业"，却是全国人民潜意识的公共要求。所以职业教育自经提倡而后，虽然在理论上亦有人反对，在实际上则极少阻力：实业界、教育界且不论，即军人（如阎锡山、唐继尧、朱熙）、政客（曹汝霖、汤化龙）亦乐于从事。这就是大家感觉治生之迫切而然的事情。

职业教育四字虽然是适合国人底需要，在学制系统亦曾得了正式的地位，职业教育机关亦年有增加，但其对于教育上与社会上真正已解决或能解决的问题何在？却是一个重大的疑问。且不拿他们后来广义的解释（做人）相绳，就其最初"谋生"的目的言，又曾达到几何？中华职业教育社宣言提倡职业教育之原因，谓江苏教育会调查公私立中学"乙卯升学者得23%，丙辰得39%，此外大都无业，或虽有业而大都非正当者也"。然而这种现象，并不因职业教育思想的进展而有重大的改变。十五年八月该社于江苏职业学校联合会开会时，提出《毕业失业问题》一案，仍说江苏"中学一部分，自民国五年至十四年间，统计毕业生不升学又不就业者，对于总数所占之百分比最大为三十六，最小二十二。……乃若最近上海邮务生之招考，定额不过数十人，月薪不过数十元，而应考者在6000人以上。乃至外国留学毕业归来，昔日欢迎之不暇者，依今届调查，百人中亦有五六十人急切未有所事"。由此看来，可见十年前与十年后之情形无大异。原因何在？他们说：

其一，供之量过于求之量也。自科举停废，政体改革，人人争出于学校一途，而来源骤增。自政治泯棼，公私匮乏，百业凋敝，而用途锐减。其二，所供非所求也。学校所课，理论为多，而职业所需，惟求实用，乃至学校或尚博而不专，学程或务高而失实，枘求凿供，良非无因；加以政府少登庸新进之阶梯，青年失历练才能之机会，但觉绳墨之未中而不知培养之无方。其三，供与求不相洽也。此则由于群治组织未尽完备，消息未尽灵通，仅一二都会、少数机关略备媒介之功，而未得行政机关支配调剂之助力，以故有才者日愁失职，而求才者坐叹才难。其四，则非才能关系而心理关系也。自生计日艰，欲望亢进，自谓有才者，每不肯内审其所操，而惟计较职位之高卑，酬金之厚薄；重以新旧过程，蜕化未已，新式机关所培植，不尽适于旧式社会之需求，精神既苦其不调，物质更愁其不给。而供求之际，益起纠纷，同人以为旧社会之故步自封，新教育之设施未协，亦既分担其责任，正宜互解其困难。盖此种种者，几于人尽能言，事无可讳矣。

他们所说的种种自然是重要的原因，然而还不是最重要的；因为人类是活动的，只要生活上感急切的需要，自会本着求生的本能去解决它。现在的学校毕业生虽然感着生计的迫切，但所要求的却不是社会上的正当职业，而是历史上传统下来足以夸耀乡里的官。这种传统思想，其来已非一日，十七年一月二十九日上海《时事新报》

有篇《中国人之超人主义》的社评，说得很详明，兹摘录如下：

德谟克拉西（Democracy）之精神，与吾国民族素少渊源，试翻吾国书史，自周而下，政治久为少数人之事，国家浸成一姓之私业。《史记·项羽本纪》载项羽窃窥秦皇扈从旗仗之盛，而叹彼可取而代也。《高祖·本纪》载高祖一日戏语太公曰："季业与仲孰多？"此二语者，盖可尽中国人之政治观念矣。虽然，中国社会之习惯，威权常足制胜一切意志者也。绝世怪杰无论起身行伍，崛起草莽，但其智术权力，足以驾驭一切，一国之人，莫不翕然奉为共主；怪杰不世出，而觊觎君国之事，亦不世有。在此时期之中，某种范围以内，一国士人所与朝夕磨砺而期望者，惟在一姓锡赉之功名富贵，政府所恃为治平弭乱之长策者，亦惟在"分天下之富贵，与天下之豪杰"共之。苏子瞻所谓战国至秦出于客，汉以后出于郡县吏，魏晋以来出于九品中正，隋唐至今出于科举，彼所谓出，乃出于凡民而入于超人之意也。科举时代，巷里相传，一登高科，荣及奕世，中国社会，自来奖进超人主义，固非一朝一夕矣。

近人某君有言，中国社会之组织，自来为直线的，而西洋社会之组织，乃为弧线的。何以言之，中国人幼而入学，少而习科艺，应考试，壮而入官，老而退为缙绅，社会中之聪明隽秀，咸出是一途，故自入学而入官而缙绅，乃为直线的。惟西土社会入学不必限一科，各科各有其特殊之长，民间优秀，或出于工，或出于医，或出于其他技术，不必入官方为荣显，亦不必入官始露头角。士人之隽杰特异者，既散布于社会下层之四周，其社会组织之线，自为孤线的，则其国家之基础，焉得而不巩固。故超人主义之说，即如尼采之言而推演之，其在政治上之流弊，则大之如吾国数千年来之社会，小之如德国罕亨穿伦王朝之二世而亡；其在经济或社会上，则大之造成苏维埃式之革命，小之亦足引起经济界中绝大之不安。凡上所言犹就真正之超人主义而言，其弊窦虽如所述，然尚不如特长足以稍弥其缺失；若等而下之，全国目光群集于做官发财，奔走趋跄，日夜祝祷一官半职，以为异日享用之地，而犹腼不知耻，日号于人；谓大丈夫得志于时者，所当为也。呜呼！是殆变相之超人主义，而成吾土特产之物矣。

比岁以来，愚漫游东西，每值政局变革，都会首善之地，阖境逆旅，无不云集，当世之通人亲故穷乏之环而攻之者，重足侧目，无可形容；偶或澄思静听，则某也果弋何职，某也传语稍待，若进而稍稍考求其真际，则越趄于号房之门，蹋促于客室之内，求八行探风旨者，无往而非是。呜呼！此中情状，岂但人间之地狱，其阴风惨恻，直如身入阴府。然吾人试再鼓其勇气，而探索此中营逐者之内容，其贫无为生者固不在少数，然本有事业生计可寻，而必欲问津于是，以为非是不足以夸乡里而仿朋侪者，其人数尤万不在前者之下也。呜呼！今日吾国一切治平大计姑置不谈，但论此点，盖足亡国而有余矣。

在今日的中国，官固足以"夸乡里而仿朋侪"，然而仅仅只此，还不足吸引着无业者万里奔波，有业者弃业追求。其最大之原因，一在官吏不凭资格，不凭能力，职位之高卑，全凭人力；一在官吏可滥用权威之获意外收入。有此二因，故一切号称知识分子，皆集于官之一途，以冀因缘时会，得意外之财以为挥霍之资，而满足其权力欲。

在事实上官固不可人人尽得，得官者又未必人人获利，而一般人竟向这条路上走？是因为中国史实，尤其是自民国以来的史实，无处不示人以官威之盛、官利之厚，其情形正与彩票相似。购彩票者虽明知中彩之号码只有若干，更明知中头彩者只有一人，然而在开彩以前，人人都以为头彩必为我有，最少亦不至完全无获，以此种希望的心理去猎官，在官尚是彩票的性质以前，实亦不能责其无谓：因为利己心、支配欲，原是天赋的本能，绝不能使人见利不图，见权不取。中国的社会几完全为这种思想所支配，无怪职业教育的思想时时进展，职业教育的机关日日增多，而知识界的无业问题仍无从解决。

处今日民穷财尽的中国，无人不感觉生计问题之迫切，也无人不以就业为重要问题。在此种情势之下，安分守己的治生问题，固然要待教育去解决。职业教育之提倡不论为狭义的或广义的均属要务，不过仅仅提倡职业教育，绝不能解决知识界的职业问题，必得注意政治问题与社会事业。

在政治上有良好的政府，能以具体的政策解决国民的生计问题，自然是大家所希望的；就是退一步能切实整理官规，使凡为官者均以资格能力为本，并绝其额外收入的源泉，而将现在的彩票性打破，则官即算一种职业，其利益也不过与他种职业相等而已。这样，官既无特殊的利益可图，又不可以幸致，有业固不必弃业追逐，无业者亦当另辟生路，而求所以供给需要、适应环境之道；也就是功德无量。更次一步则希望政治舞台上的人员，念青年弃学从政之可惜（因为一经做官，即难再事学业，即将逐渐化为游民），明白取得政权之不可业，而不利用青年干政以制造未来的游民，亦于国民生计问题不无补益。

在社会事业上只希望有能力者，尤其是曾经从事政治活动而有相当声誉者，竭力从事于各种正当事业之创造，一以容纳人才，一以转移风气。这种举动的功效，自然比政治的势力来得迂缓，然而"天下风俗之成，成于一二人之手"，其事固尽可为，其效且能垂远，固值得有力者之身体力行也。

中华职业教育社宣言，曾引美国瑟娄博士"苟与我六十万金办中国职业教育，我必以二十万金充调查费"之言，以标其注意点之所在，我则仿其言而改其意说："苟我有十分的力量提倡职业教育，我必以九分的力量鼓吹整顿官规与率导社会上之有能力有声誉者，终身努力社会事业"，以示我从历史上研究职业教育思想所得之结果。

第十三章　民治教育思想

背　景

本章所说的民治教育即德谟克拉西（Democracy）的教育或平民教育的异名。因为平民教育很容易使人误会为平名千字课的平民教育，而德谟克拉西的音译又不易为不识外国文的人所了解，所以不同那两个名词而用民治教育四字。

中国的政制虽然没有阶级，每有所谓蓬门公卿，但人民对于政治却都持"天下有道则庶人不议"的态度，而缺乏民治的精神。所以教育上的民治主义，在中国历史上的根据也很少。就是清末改行新教育制度，也是以军国民及国家主义为背景，而不曾有民治的教育思想。故民治教育的思想实发源于民国初元而大盛于民国八年以后。

此思想之发生自然与政体的改变有相当的关系，但共和政体的教育思想未必就是民治主义（俄、德早如此），所以民国初元，蔡元培对于此种教育略有倡议，即为实用主义所抑伏。至八年而此种教育思想特盛，最显著的原因有下列三种：

第一为外部的原因，即欧洲大战的结果。欧战之起源，史家都说是德国的军国民主义教育作祟。德国战败，这种教育自然不为大家所乐闻，适逢战争中，美国挟其富有，又替协约国出了许多力量，故停战议和时，美国的威尔逊总统竟为会场中最重人物。美国立国的历史较短，前有华盛顿、林肯底平民精神，所以美国在政治上是比较富于民治的倾向的。威尔逊既以这种政治的史实为基础，于战后又以战胜国领袖的资格，倡国际和平之议，所以影响很大。1918—1919年之间，世界上固充满了国际和平的声浪，素尚大同的中国人更希望其实现，所以民国八年，教育调查会有"养成健全人格，发展和平精神"之教育宗旨的建议，九年全国教育联合会有民治教育的设施标准的议案。

第二为文学革命。从表面上看来，文学革命，似乎与民治教育思想无何种关系，实际上近时中国民治教育思想的发展，大半靠文学革命。中国历史上之所谓文学是包括国故上之各种学术的，自汉武帝罢黜百家、独尊儒术以后，中国学术界思想，已由儒家统一。文学之目的在载道，其内容则在尊古，故新思想尤从掺入文学之中。自清末改行新教育制度、废科举而后，古文的尊严逐渐打破，但文言未改成白话，社会仍旧还足两橛：因为读书人的话是文言，社会上一般人的话是白话；语言上既有隔阂，所谓知识阶级的思想不能普遍地传到一般社会。自民国六年胡适、陈独秀、钱玄同等在《新青年》上发表文学改良的论文与通信以来，两橛的社会因而连结了。当时所谓世界思潮，尽量由文学问题引入中国，更尽量由白话传播到一般民众。在八九年之间的《新教育》《建设》《新潮》《解放与改造》《少年中国》《星期评论》《每周评论》《学灯》

《觉悟》《晨报副刊》等，与其他刊物三四百种都用白话记述社会上各方面的问题；新的固然尽量介绍，旧的也尽量批评。这时期对于新思潮的介绍虽无何种很有系统的成绩，但旧的束缚则久已打破。一切新思潮的研究都可无所顾忌地干去。欧战后的民治思潮适于此时传到中国，大家都可不受束缚自由迎受。民治教育思想也在此种情形之下而自由发展。

第三是五四运动。这次运动的目的虽然在于政治的改造，实际上却是新旧思想冲突的结果，故运动的历程中，都是以著名学者为领袖，以全国学生为中心，初少政治作用。民国六七年来，旧思想因文学革命而失其尊严，但其传播的范围还只限于一部分的知识阶级；至五四则因实际上的活动而波及中国全社会，旧思想的破坏，新思想的迎受更为自由。国人受儒家思想的束缚数千年，一旦无条件地解放，自然要如野马奔驰，无所底止。所以五四而后，凡世界上有系统的思想如共产主义、无政府主义、工团主义、实验主义、新唯实主义、无抵抗主义等等，都同时泛呈于中国学术界。杜威适于此时挟其素所研究的民治主义教育哲学来中国讲演，又有其中国文学革命的先驱胡适等，为之竭力鼓吹，所以民治主义教育思想也在那时而极盛。

变　迁

民治主义教育思想，虽然在民国八年而始盛，但其发源却在民国元年。蔡元培元年赴参议院宣布政见演词说：

教育方针应分为二：一普通，二专门。在普通教育务顺应时势，养成共和国民健全之人格，在专门教育务养成学问神圣之风习。

所谓养成共和国民健全之人格，即民治教育要素之一。此盖由政治思想推衍而来。

他在《临时教育会议》演说更讲得明白。

民国教育与君主时代之教育其不同之点何在？君主时代之教育方针，不从受教育者本体上着想，用一个人主义或一部分人主义，利用一种方法，驱使受教育者迁就他之主义。民国教育方针，应从受教育者本体着想，有如何能力，方能尽如何责任，受如何教育，始能具如何能力。从前瑞士教育家沛斯泰洛齐有言："昔之教育，使儿童受教于成人；今之教育，乃使成人受教于儿童。"何谓成人受教于儿童？成人不敢自存成见，立于儿童之地位而体验之，以定教育之方法。

此段专从受教育者底本体着想，注意个性之发展，实民治教育的又一要素。惟因他在当时特注重于世界观与美感教育，二年以后，又为实用主义教育思想所笼罩，遂致此种思想不显。

欧战告终，军国主义受人诟病，民治主义盛极一时，故八年四月教育调查会"就世界教育趋势，吾国民治根本着想"，特议定以"养成健全人格，发展共和精神"为宗旨。其说明如下：

所谓健全人格者：

（一）私德为立身之本，公德为服役社会国家之本。

（二）人生所必需之知识技能。（三）强健活泼之体格。

（四）优美和乐之感情。

所谓共和精神者：

（一）发挥平民主义，俾人人知民治为立国根本。

（二）养成公民自治习惯，使人人能负国家社会之责。

这说明底内容虽然不尽合民治主义教育的要义，但其用意固在于提倡民治主义的教育。在近代教育上正式提出民治两字者，要算他们为始。

五月美国杜威应北京大学、江苏教育会等机关之聘来中国讲演，民治主义的教育思想乃大昌。他是近代教育史上一个有地位的学者，平日专注意于民治教育的研究，故其最重要的教育哲学题曰《民治主义与教育》（*Democracy and Education*）；他又是一位倡工具论实验主义哲学家，其来又在我国实用主义教育思想盛倡之后，并有其在文学革命占重要地位的弟子胡适为他竭力宣传，所以这种思想也因他来而益昌。讲民治主义教育的也不能出他底学说底范围以外。胡适述他底民治教育思想说：

杜威底教育哲学，全在他底《民治主义与教育》一部书里。看他这部书底名字，便可知道他底教育学说是民治主义的教育。古代的社会有贵贱上下，劳心与劳力，治人与被治种种阶级，古代的知识论和道德论都受有这种阶级制度的影响，所以论知识便有心与身、灵魂与肉体、心与物、经验与理性等等分别；论道德便有内与外，动机与结果，义与利，责任与兴趣等等分别。教育学说也受了这种影响，把知与行，道德与智慧，学校内的工课与学校外的生活等等都看作两截不相连贯的事。现代的世界是民治政治的世界，阶级制度根本不能成立。民治政治的两大条件是：（一）一个社会的利益须由这个社会的分子共同享受；（二）个人与个人，团体与团体之间，须有圆满的自由的交互影响。根据这两大条件，杜威主张民治主义的教育须有两大条件：（甲）须养成智能的个性（Intellectual individuality），（乙）须养成共同活动的观念和习惯（Cooperation inactivity），"智能与个性"就是独立思想，独立观察，独立判断的能力。民治主义的教育的第一个条件，就是要使少年人能自己用他的思想力，把经验得来的意思和观念一个个实地证验，对于一切制度习俗都能存一个疑问的态度，不要把耳朵当眼睛，不要把人家的思想糊里糊涂认作自己的思想。"共同活动"就是对于社会事业和群众关系的兴趣。民治主义的社会是一种股份公司，所以民治主义的教育的第二个条件就是要使人人都有一种通力合作的天性，对于社会的生活和社会的主持都有浓挚的兴趣。

怎样才可以做到这两个条件？他又说：

要做到这两大条件，向来的"文字教育""记诵教育""书房教育"绝不够用。几十年来的教育改良，只注意数量的增加（教育普及），却不曾注意根本上的方法改革。杜威底教育哲学底大贡献，只是要把阶级社会遗传下来的教育理论和教育制度一齐改革，要使教育出来的人才真能应民治主义的社会之用。……对于实行的教育制度上，杜威的两大主张是：（1）学校自身须是一种社会的生活，须有社会生活所应有的种种条件；（2）学校的学业，须要和学校外的生活连贯一气。

杜威在中国讲学两年，足迹遍十一省，所讲者既以教育为主，其在北京之长期讲演录，在两年之间发行十余版，杜威两字在当时几于妇孺皆知，而由其主张演成之"教育即生活，学校即社会"的标语，也成为教育界最普遍的口头禅。

但因为中国教育界的知识贫乏而又缺乏求知的习惯，往往将名词误解，而发生种种问题，杜威在中国时即已启其端，而有人引以为忧。姜琦于《新教育》1卷4期中发表《教育上德谟克拉西之研究》一文，一面说明民治主义教育的意义，一面提醒他人底误解说：

教育上之"德谟克拉西"者，无论在全般文化上或教育本身上，从个人方面而论，当尊重各个人之权利（Right）、平等（Equality）、自由（Liberty）。详言之：即尊重各个人之人格，与十分应享之权利，使实行其义务也。从社会方面而论，当依门户开放机会均等之原则，不许有何等之社会的秘密，社会的独占。夫社会须为各个人而开放，推而广之，及于世界，在正义人道的理想之下，组织所谓"国际的国民同盟"以保持世界之和平，促进文化之进步也。易言之：吾人在公正、平等、自由之下，各自独立，以营个人之生活；而在共同利害之下，互相扶助，以营社会之生活者，即"德谟克拉西"之真相也。

这是述民治主义教育之真义。又说：

苟明乎此，方可与言新教育。否则徒美"德谟克拉西"之虚名，而失其真相，偶尔误用，必贻大患。从来学校之骚动，多出于"威权主义""压迫主义"之教育，盖因威压而激成反抗也。然今后学校之生徒，万一不解教育上"德谟克拉西"之真义，辄根据政治学上之狭义的"德谟克拉西"所包含之"主权在人民"一语，下一种类比之推论，曰："主权在生徒。"谓学校内一切事务，悉当由生徒自行主持，愚恐今后教育之弊害，更有甚于前者。愿有青年教育之责者，慎勿以"德谟克拉西！德谟克拉西！"为一种时髦套而利用之，以取悦人之心目。须常向一般青年子弟解说"德谟克拉西"精神之所在，俾免误入歧途以归正道。

这是述误解民治主义之弊害的。九年，此思想在实施上更有具体的方案。全国教育联合会议决《民治教育设施标准》案，原文说：

> 战后教育思潮，大都趋重民治，吾国教育家近已竭力提倡向此轨道进行，但在教育行政官厅及学校尚与真民治精神相差甚远。兹本公正、博爱、互助主义，谨拟三项办法如左：
>
> （甲）教育行政方面：
>
> 一、用人行政，尊重舆论；二、关于行政上重要事项，须革除长官独裁之旧习；三、推广各种补习学校及工读学校；四、普及平民教育。
>
> （乙）教职员方面：
>
> 一、校务之兴革，须取决于校务会议；二、学生成绩，凡关于学级升降等项，须由校务会议定之；三、教职员与学生共同作业；四、指导学生自治；五、兼施各种补习教育及假期讲演；六、学校得组织通俗图书馆，俾一般人民得有阅书之机会。
>
> （丙）学生方面：
>
> 一、注重自动自学；二、练习公民自治；三、发展实际生活之知能；四、练习服务社会；五、注重体育；六、研究学术，扩充创造本能。

在这三项标准之中，有一种最特殊的精神为从前所无者，即以会议制替代独裁制。

自此而后，教育会联合会每届关于学制系统的议案，都有这种思想的表现；十一年议决之新学制系统其标准七条，固完全民治主义的精神也。原文说：

1. 适应社会进化之需要；2. 发挥平民教育精神；3. 谋个性之发展；4. 注意国民经济能力；5. 注意生活教育；6. 使教育易于普及；7. 多留各地方伸缩余地。

自新学制公布而后，此思想已达圆满时期，虽其影响至今犹在发展，其进行的历程，已自此而逐渐异灭了。

影　响

民治主义的教育思想虽然呈突起状，历时不长，但论影响之广而大，在近代中国各种教育思想中，要称首屈一指。兹举实事以证之。

此思想对于中国教育上第一种影响，是中央集权制之破坏。五四以前，教育上中央的权力很大，法令由教育部颁布，而且必须遵守，否则教育部可行使其权力干涉之。五四而后，教育部虽设置如故，但其权力逐渐减少；消极方面既不事事干涉，积极方面亦不曾发布通行全国的教育政策，甚至最关重要的学制系统，也由各省教育会联合会议决后，始以会议形式略为改订而明令公布之。其他如课程、教学等，则更一听各地学校之自由实验。在此情形之下，亦曾有几种有进步的活动：第一，是各地学校的课程可以按照地方而斟酌规定。教育部既无统一的课程限制各校，就是教育会联合会所议决的标准，也只是一个大纲而不强制各校之遵行。第二，是选科制的采用在初中即行选科制，虽有人嫌其太早，但高中以上之采用选科制则对于教育效率，学生个性均优于年级制。第三，是教学方法之自由实验。五四以前，各学校教授要旨，都由教育部规定，各校有不遵行者，常以"违反部令"之罪相加；自民治教育思想盛倡而后，学者可各本其见解，自由实验新方法，如测验、设计教学法、道尔顿制等方法之实施，均由教育者自动倡行，即其明证。

民治主义的第二种影响，是女子在教育上与男子有同等的机会。民国元年的新学制，虽然不曾规定女子不准受高等教育，但男女同学只以小学为限，而女子中学不发达，女子大学更绝无，实际上女子只有很少数能受中等教育，而无法受高等教育（最少数之留学生与教会女子大学除外）。民治主义的教育对于国民的待遇，只问"人"不问"性"，所以因此种教育思想之激动，而女子解放的声浪日高。九年北京大学与南京高师同时开放女禁。自此而后，中等学校亦渐男女同学，高等学校更完全不问性别。十一年之新学制系统案，也全无两性差别的规定。这实是近代中国教育史上值得大书的一件事。

第三，是平民教育之发展。平民教育最初发展于国外。当民国三年，欧洲大战，三年未决，英法各国壮丁都加入战线，国内缺乏工人，乃在我国招募华工二千余人担任后防工事及国内工作。因为出国的工人大半都不曾受过教育，每有作奸犯科的事情发生，基督教青年会特为之设法施以教育，于是民国七八年间，在法国的华工始有一种识字运动的平民教育。九年而后，国内之平民教育运动亦相继滋长，中华教育改进社及全国教育联合会常有关于平民教育的议案。这种运动在国内所以能产生发展的原因，完全是民治主义教育思想的力量。汤茂如说：

> ……欧战发生，我国人民底思想大为变动。全国学生和有知识的人对于本国的文化思想，大大怀疑；对于本国内政外交，群起参加。甚么新文化运动、学生运动、公开学术讲演，都在这个时候前后发生。最可注意的就是此时国内平民主义的鼓吹和白话文学的提倡，正与晏阳初等在法国办苦力教育的思想不谋而合。……民八以后，共计三年，有美国教育哲学家杜威博士在全国各大学校讲演《平民主义与教育》，又有国立北京高等师范教育研究科的教授和学生在民国九年创办《平民教育周刊》，鼓吹教育平民主义化。国内这一切的运动和理论上的鼓吹，好像是按照一个预定的计划先在全国制造空气，然后由晏阳初等返国提倡从平民生活里产生出来的平民教育。

这是民治教育思想促进平民教育的实证。

第四，是政治与教育的关系接近。在中国历史上政教原来是不分的，但清末改行新教育制度，一面虽然以谋国家之强盛为目的，一面又怕"革命""变政"等思想，所以学生干政悬为厉禁。自民治主义的教育思想大倡，教育界常本"国家兴亡，匹夫有责"之义，对于政治上种种问题固要与闻，而经过"五四""六三"两次的实际活动，执政之黠者每利用教育界以为其政争的工具，教育界之黠者亦利用政治势力以排斥异己。流风所及，初尚因政潮之影响而致教育界不安；继则教育界利用政潮自相争持或更自造党派，用鼓荡政潮的手段自相残杀。政治上的种种卑劣方法，固然传染到教育界，教育界对于政治上的一切问题，也无不干涉。卒至政治与教育形成两种敌对的机体，两方人物，无时不在作战状态之中。这种现象之构成，完全由于新旧思想之冲突：即教育界对于民治主义的思想尽量为无选择的吸收，而执政者则犹保持其传统观念，虽因利害关系有时不得不敷衍，但其真正的思想则唯恐此种于己有妨的教育，不立即停止。所以五四而后，自中央至于各县之执政者，对于教育绝无维持诚意，有时并摧残无所不至，政学冲突的消息，几于无时不有。这种现象在积极方面，固然能唤起人民关心政治的意识，而使执政者对于民意有所忌惮；在消极方面，则造成青年弃学从政的恶影响，使当时社会秩序紊乱，把后代负国家重责的青年戕贼。虽然现在国民党的国民革命，也很受这种思想之赐，但利害相权，实属得不偿失！

第五，是学生底权力增长。"教育即生活。学校即社会"，原是民治主义教育思想中标语。但所谓教育即生活，是教育的实施即寓于实际生活之中，不是离开实在的生活而施教育，故教育要与受教育者之实际生活的需要相应；所谓学校即社会，是"学校自身须是一种社会的生活，须有社会的生活所应有的种种条件"，不是学校的一切设施，师生底一切活动都要模仿着实际的社会。所以为着"欲期全国学生人人有共和国民之资格"而有学生自治的提倡，其用意在发展青年天赋之本能，养成其负责与互助之习惯，其方法在练习团体组织，其宗旨在发挥民治精神。故学生自治系以"公民教育的精神为教育陶冶，与实施政治有别，其权限须视学校之性质及学生之年龄与程度由校长酌定，由教职员指导"。换句话说：教育之责任在指导，对于社会生活除适应外，并要负改革的责任，所以学校生活不能照抄社会生活；学生自治须由教职员指导。但因为教育者之误解（如九年易培基之"校长民选"——即由学生选举——论），与不健全的舆论之鼓吹（如民国九、十年之间，上海《民国日报》力倡学校犹政府，学生犹国民之说），及学生运动之成功的种种原因。学生在学校不独自治而已；并要治校，对于社会则一切问题均要干涉，而尤注重于政治运动。学生持着群众底势力，在消极方面很替国家做了几件事——如拒签《凡尔赛和约》，及五四运动——社会上当初对于他们很有好感，就是孙中山十三年十月《北上宣言》主张召集国民会议解决国是也，将各省学生联合会列会议团体之一。学生团体在社会上的势力真是炙手可热！可是群众运动最重要而最不可轻用的武器，如罢课、游行等用得太多，对于社会已失其刺激力，效力也就逐渐减去。五四而后，各种学生运动，除关于外交的事情得着社会同情而有相当的成功，对于国内的政治运动很少有结果，而因为学术界思想的紊乱，全国无资景仰的学者指导青年，青年误用其权力以治学校治教职员，更误解共产党阶级斗争之说，遇事与教职员为敌，无时无地不有学潮，甚至小学校亦有驱逐教职员之宣言与罢课请愿的举动。弄到"做教员的情愿生生世世不再投胎做教员"，而学生底势力遂为无限制地增加；结果在学生自身养成虚骄的习气——既不治学，也无力治事；在社会则侧目而视，敢怒不敢言。最近则国民政府亦有严禁学生运动的明文（如云南、贵州），而学生牺牲于"赤化"与"反革命"名词之下者，更不知若干。由学生自治的误解而产生这种恶果，原非提倡民治主义教育思想的人所料及，也不是民治主义教育思想所应有。——然而事实竟如此，教育界的先驱者应得深深地反省！

上面所述五事，不过是民治主义教育思想在中国实际教育所发生较大的影响。详细说来自然不只于此——如青年底文学热、恋爱热，都与此种教育思想有关系——但就是这些已足以表示此种教育思想的势力之大了。各种实际的效果有好的也有坏的。这些好的坏的，在现在都还是种子，将来发育的结果如何，此时无从预断。但就已往的事实看来，我们却不可不注意下列的几件事。

民治教育的思想本是现在的时代思潮，它底本身并无何种坏处，在中国不能得到应得的结果，并不是"橘逾淮而化为枳"的土性关系，乃是培植无方的人工问题。中国在现在本是一个过渡时代，旧有的思想习惯经不起世界潮流，自然要被洗涤而去，新的也一时不能建筑如磐石之安。在此时期只靠所谓先觉者看清方向，示民众以可由之路。摆在我们的前途康庄，只有两条：第一是科学精神的培养，第二是物质文明的提倡。

这两条道路并不是现在的新发现，五四以来即常常有人说及——吴稚晖讲得尤多——然而教育界却始终无人领导民众向这两条路上走——第二条路连说也没有人说。——"做教员的情愿生生世世不再投胎做教员"，实是五四而后，迫于生活而从事教育的人底共鸣之感。这种共相之构成，自然是由于学生不受指导，不事学问；再问学生何以不受指导，不事学问？我们便不能不归根到科学精神与物质文明问题上去。青年底天性是好动的，他们要向社会活动并不足责，而且当提倡；他们之所以乱动，是由于他们一面为物质生活所逼，不得不谋生路；一面是看得"治国平天下"的事情太容易，故不注重研究专门的学问。换句话说，他们在物质上常感生活之不安，在精神上以为无独立创造之必要。倘使教育者能时时注意青年底科学精神的培养，而养成其创造能力，坚毅习惯，远大眼光，则他们知政治之不可业，成功之不可幸致。——这是现在最大多数从政的青年所未想到的问题——而按部就班地在学业上用功夫，现在社会上的混乱现象当可以减去大部分。但是专讲唯心是无用的，必得竭力提倡物质文明；就是要极力鼓吹开发实业，使青年都向这条路上走，而提高国人底生产能力，做到家给人足的地步，然后尽量享受由生产力所得之物质供养——绝不是如现在中国专讲享用不讲生产的物质文明——青年在物质生活上能安妥过去，再有科学精神充满了他们底内心；有饭吃，有事做，他们自然不感"生之烦闷"而去做不应做的事了。

引导走两条路的力量自然以政府的教育政策为最大，然而教育家的个人也未尝无力量，只不知教育家对于此事之见解如何耳！

第十四章　独立教育思想

背　　景

人类为着生活上的需要不能不要教育，又因为教育是达到人生目的之一种工具，所以什么人都要运用这工具去达他预期的目的。在个人方面，长者之教育幼者，是要使幼者能造成他们所视为正当的继承者；在社会方面，各事业家之教育学徒，是要使徒弟们可以继续发展各种事业；在国家方面，它用全力去教育国民，是要借国民底力量达它生存发育的目的。教育的本质既然是一种工具，所以它底效用，全看使用它的人底摆布而定；而使用者各人有各人底见解，故教育底型式也至不齐一：一人底模样，大则跟踪国家政体的变化而变化，小则追随个人见解的移转而移转；就在教育学的历史上，也找不着如物理、化学、数学等公共原则来，更何能说到独立。而况在政治上，教育为内政之一，照理也不能脱离政治而独立。在历史上教育也不曾有过宗教般的势力支配过政治。严格讲来，教育独立四字联成一个名词，实不大合理。可是在中国近代教育史上，竟有教育独立的一种思潮，在时间上绵延近十年，在空间上并充溢乎全国！

中国自清同治以来，即逐渐注意于新式教育制度之当采用，庚子而后，全国之号称明达者，更急急于此，以为非此不足以强国。然而在清末大家都把它视为新政之一，绝未闻有人以之排斥于政治范围之外。清社覆亡，虽然新教育制度不无相当的功用，但民国初元的执政者，却不因其有推翻现政府的可能而有所歧视，更不曾敌视。无论什么内阁发表大政方针时候，总要抓着教育作段文章。

民国四年而后，因为欧战发生，世界思潮有种种激剧的变动，政府对内对外的设施，又不足以满足国人的期望，政府与人民已逐渐分离。只因政府的威信尚未尽失，人民尚不为强烈的反抗。及八年为着山东交涉问题，政府的措置过于与国人的期望相反，于是有"五四运动"、"六三"冲突。"五四""六三"的意识虽为全国人民所构成，但发端则由于教育界人士。政府对于教育界自然要以祸首相许，于是政府与教育界竟立于敌对地位，从前以教育为内政之一而竭力进行者，自此而后，则唯恐其或有起色，以与政府为难。适北京中国、交通两行停止兑现，至十二月价格不及兑折，京中公立学校教职员所得薪俸，多为纸币，致生活大感困难，屡次要求发现而不得，乃于十二月十五日起一致罢课。但因财政困难与政府对教育无意维持的两重原因，卒无圆满解决；以后在经费上固然愈欠愈多，而政学的冲突亦日演日剧。教育界觉得政府之不可靠，于是有"教育经费独立"的要求。后来因宗教及政党问题在教育上引起种种纠纷，于是乃由教育经费独立，推广及于教育离政治宗教而在立法上行政上完全独立。

总括说来，教育独立的思想是由于"政教冲突"而产生。

变　迁

五四而后，教育经费积欠日多，教育界感着生存上的需要，常以罢课停职种种方法对待政府，但事实上并无何种满意的结果，于是乃进一步而谋教育经费之独立，北京教育界提倡于前，各省教育界附和于后。九年全国教育联合会开会，有教育经费独立的议决案。原案分关于教育经费及教育基金两项，甲项第三款为划清教育经费使之独立，他项经费不得侵用，他们底理由与方法如下：

> 教育为立国根本，而经费为教育命脉。对于该省区学校经费，各省区主管财政者，往往任意推延，多不按期核放，稍有事故，借口停发，致办理多年之学校，无法维持，甚至停辍，良可慨叹。自应由中央先行划清教育经费，并令行各省区长官督饬财政教育主管机关妥筹办法，统计每年该省区教育费共需若干，于最短期内妥为区处专款存储，按时发放。无论遇何紧要事件发生，均不准挪用，以示限制。庶经费确定，教育可期进步。

由此可见当时教育经费所以不能如期发放，并非国家财政真正困难，乃是各省执政者之不把教育为事。就此案甲项第二款所述国家预算军费占二分之一以上，教育经费只及七十五分之一；宜乎教育界对于军政界之不满而常常发生风波也。

十年政府积欠教育部直辖八校的经费更多，八校教职员乃于四月十二、十三两日开联席会议，决定暂时停止职务向政府交涉，请指关余盐余或交通邮电等项收入为教育基金，政府无切实答复，北京中等学校亦起而罢课援助，但政府仍无办法。迁延三月，至六月三日，教育界全体向总统府请愿，至新华门为卫兵殴伤数十人。学潮更波及全国。自此而后，政府与教育界更如水火之不相容，而极谋自立的观念更为教育界的普遍意识。教育独立的思潮亦自此勃发而不可遏。

十一年一月李石岑主编上海商务印书馆发行的《教育杂志》，极力提倡教育独立，于二月发表《教育独立议》一文，于教育经费独立而外，并主张教育立法教育行政独立。他首述建议的理由说：

> 年来吾国教育，因经费支绌，濒于破产之境；忧时人士，欲图补救，大倡教育经费独立之说。全国教育联合会深韪其言，屡提议案。不佞心窃忧之：教育经费独立，固属要务；但徒经费独立，教育机关隶诸政府管辖之下，结果仍等于零。鄙意在今日研究此问题，首在教育行政机关根本改造。改造之法，在中央废除教育部，在地方废除教育厅，而省县城市镇乡教育会之职权与组织，另行创造；别创立一省县市城镇乡教育行政委员会，其职权尽举教育行政之职权而有之，而其组织出自选举，更采合议制之精神：盖今日国情需要，在联邦，不在单一；教育尤在因地制宜，不可执一以范全国。

在教育立法方面，他主张以城镇乡、县市、省教育会，以合议式议定其范围内之特殊规程、教育预算，并选同级的教育行政委员与高级的教育会代表。在行政方面，他主张由各级教育会选举之委员及地方自治团体所派之委员，共同组织各组教育行政委员会，处理其范围内之教育行政事务。

此后该志在十一年、十二年内，不时有关于教育独立的论文，或与李氏商榷，或另提意见，但大抵无甚出入。十二年十一月，周太玄在该志上发表《我国教育之集中统一与独立》一文，以集中、统一与独立三者并重，对于教育立法、教育行政、学术之最高机关及教育经费四项均有论列，比较符合事理。在行政上他以为教育与司法相同，应有相当独立之价值，故对于教育部与教育总长之产生有下列之规定：

> 教育部在国家政务之中，虽仍可包括在内阁以内，但其位置性质，至少应与现行政体中之参谋部相等；即教育部总长应由大总统特任，其去留应以教育行政本身为标准，不当与其他之国务员连带负责。

> 由最高教育会议推荐，由大总统任命，或由大总统提出于最高教育会议，得其同意，然后任命之。

对于地方教育行政，则主张将全国划为十学区，"每区择适中及重要地点，设一区学院、一国立大学及一区教育会议，综理一切高等教育、中级教育、国民教育、社会教育、平民教育及其他特种教育等等。各区学院及大学，均统属于教育部；但其内部组织及更改，则应有最高教育会议将其议定之条例，交教育部颁布执行之"。

在教育立法上，他以为教育之根本大纲可由国会厘定，至属于教育制度组织及一切专门事务等，则由最高教育会处理之。此最高教育会底性质及组织如下：

> 此为一国教育之常设最高立法机关，与教育部及教育总长为教育行政首长者处于对等地位。其组织法，应由国会议决公布之。其职权除制定关于教育之一切成文法外，又有推荐教育总长及同意总统所提出之教育总长之权。
>
> 其本身组织，应有确实代表与有关系之各方面之权力。其会员中之最不可少者为：教育部总次长各一人，众议院议员代表三人，国家学会代表四人或六人，十国立大学校长，十区学院长，全国中小学校校长代表若干人，全国学术团体联合会代表若干人。此外教育界名宿而未居职位者，得由会中议决加聘为会员。此会每年至少开两次。有必要时，教育总长得召集之。但会员有若干人以上之认可，亦可自由集合。此外应设职员如秘书、编辑等若干人。每次开会之后，应制定详细报告书，颁布全国；或平时办一定期出版物亦可。

在各学区则由各学区教育会议处理之。他说：

> 其次，在各学区中，亦应有一每区之最高集议机关，以为一学区中各种教育机关交换意见、解决问题之地。故

每区应设一"第□区教育会议"。

其组织法，由最高教育会议制定。其会员应为本区学院院长、本区大学校长、本区大学各科学长、本区视学员全体、本学区中小学教职员代表若干人、本学区中小学校长代表若干人、本学区学术团体联合会代表若干人；并得延聘本学区教育界名宿若干人为会员。亦应举办定期之书面报告。

又说：

最高教育会议与区教育会，得于每次大会开会时，组织一委员会常川驻留；或为特种问题，亦可组织委员会继续研究。

属于学术之最高机关者，则主张设国家学会处理之：盖"一国专门学术之代表，学术上问题之判定，以及一切关于学术上之制作、发明、发现之鉴定与奖励等，既不能属于教育立法机关，又为教育行政机关所不能举，于是不能不另有一最高之学术机关，收集全国绩学专门之士，分门设位以专司之"。

国家学会之组织及性质如下：

国家学会之组织大纲如下：（一）国家学会由众参两院组织委员会建设之；（二）国家学会应区分为理学、文学、哲学、艺术四大门，各门分为若干类；（三）每类设会员定额若干席；（四）每类设总书记一人，由会员任之，另聘雇书记事务员若干人；（五）国家学会设外国名誉会员若干席；（六）国家学会设中外通信员若干席；（七）国家学会各门自订办事细则；（八）大会主席临时选出，不设会长；（九）国家学会会员，名誉会员与通信会员皆系终身职；（十）会员通信员有年俸，聘雇人员有薪修；（十一）每门自订会员名誉会员及通信员之徽章。

国家学会这地位，与教育部及全国最高教育会平行。国家学会常设于首都地方，中央政府每年应支与以定额之经费，不受一切政治外交之影响。

在教育经费方面，他分为"教育行政经费、普通教育经费、特别教育经费三项。即指广义的教育行政，包括教育部各区学院、最高教育会议、区教育会议之经费而言，又可名曰间接教育经费，盖属于教育之事务者。至于普通教育经费，则指学校经费而言，即直接用于学校者。除私立学校不计外，凡国立、区立、市立、乡立之各级学校经费皆属之。此种经费，可以为共同之统计，而不可为共同之预算决算，尤不能挹彼注此、盈虚相补，亦不可时丰时瘠、随国家及行政区域之预算为转移。简言之，即应绝对的含有永久性与独立性。特别教育经费，即指临时教育经费及国立、区立、市立、乡立之一切学术与其他教育事业，如博物馆、图书馆、公共实验室、平民教育设备、社会教育设备以及定期讲演会、特种补助教育机关、教育学术展览会、奖励金、救济金等；既不能归入教育行政经费，亦不能附于普通教育经费者而言，亦宜有相当之独立及可靠之来源"。

三项教育经费之来源及保证之原则如下：

（一）属于教育行政经费者，仍算为国家行政经费之一部分，列入于预算决算案中，政府有伸缩权，但此种伸缩以不摇动教育行政之组织为限度。

（二）普通教育经费应由国会或中央政府、地方政府分别指定恒定之税收，国产、公产或官营事业之恒定收入为其基本金及常年经费，既与教育行政经费了不相涉，更与国家财政盈绌无关；一经指定、划归某校之后，所有权即完全转移，使其基金或常年经费成为永久的、独立的。

（三）属于特别教育经费者，应分为两种：一为临时的，如博览会、调查团、研究会之类，当然为政府预算中之一种特别支出。二为经常的，其中分为二种：一种系开办费，一种系常年费。前者系一时的，或作为国家临时支出之一宗，或预先规定于本年之教育行政经费以内；后者为经常的，若能与普通教育经费相同，得有确实之指定收入固佳，否则，由教育行政经费中按年拨给亦可。但此项款项，因系属于特别教育经费，不得缩减，不得挪移。

周氏这种建议，完全以事实上之需要为主，虽系荦荦大端，但都可施之实际，实为提倡教育独立者之一种较完备的方策。

以上所述教育独立思想均由从事实上立言，其主要目的，在使教育能脱离政潮的风波，除大政方针须受政治的支配外，凡属于教育事务之进行，均可由教育界自为处理。这里所谓教育独立，是指教育事务能独立进行，不是不受政治势力的支配也。

十一二年间教育思想正盛之时，有从理论上主张教育应脱离政党与宗教而独立者，以蔡元培为最彻底。他于读过李石岑《教育独立议》之后，草《教育独立案》一文，发表于《新教育》第4卷第3期。这文底后部固是一种实施的方案，其前半并是一段有价值的教育哲学的议论，其立脚点与其在民国元年发表《新教育意见》时无异。兹录其全文如下：

教育是帮助被教育的人，给他能发展自己的能力，完成他的人格，于人类文化上能尽一分子的责任；不是把被教育的人，造成一种特别器具，给抱有他种目的的人去应用的。所以教育事业，当完全交与教育家，保有独立的资格，毫不受各派政党或各派教会的影响。

教育是要个性与群性平均发达的。政党是要制造一种特别的群性，抹杀个性。例如鼓励人民亲善某国，仇视某国；或用甲民族的文化，去同化乙民族；今日的政党，往往有此等政策，若参入教育，便是大害。教育是求远效的，政党的政策，是求近功的。中国古书说："一年之计树谷；十年之计树木；百年之计树人。"可见教育的成效，不是一时能达到的。政党不能常握政权，往往不出数年，便要更迭。若把教育权也交与政党，两党更迭的时候，教育方针，也要跟着改变；教育就没有成效力。所以教育事业不可不超然于各派政党以外。

教育是进步的：凡有学术，总是后胜于前；因为后人凭着前人的成绩，更加一番功夫，自然更进一步。教会是保守的：无论什么样尊重科学，一到《圣经》的成说，便绝对不许批评；便是加了一个限制。教育是共同的：英国的学生，可以读阿拉伯人所作的文学，印度的学生，可以用德国人所造的仪器；都没有什么界限。教会是差别的：基督教与回教不同；回教又与佛教不同。不但这样，基督教里面，天主教与耶稣教又不同。不但这样，耶稣教里面，又有长老会、浸礼会、美以美会等等派别的不同。彼此谁真谁伪，永远没有定论。只好让成年的人，自由选择；所以各国宪法中，都有信仰自由一条。若是把教育权交与教会，便恐不能绝对自由。所以教育事业，不可不超然于各派教会以外。

但是怎么样可以实行超然的教育呢？鄙人拟一个办法如下：分全国为若干大学区；每区立一大学；凡中等以上各种专门学术，都可以设在大学里面，一区以内的中小学校教育，与学校以外的社会教育，如通信教授、演讲团、体育会、图书馆、博物院、音乐、演剧、影戏……与其他成年教育、盲哑教育等等，都由大学办理。大学的事务，都由大学教授所组织的教育委员会主持。大学校长，也由委员会举出。由各大学校长，组织高等教育会议，办理各大学区互相关系的事务。

教育部专办理高等教育会议所议决事务之有关系于中央政府者，及其他全国教育统计与报告等事，不得干涉各

大学区事务。教育总长必经高等教育会议承认，不受政党
内阁更迭的影响。

大学中不必设神学科，但于哲学科中设宗教史、比较
宗教学等。

各学校中，均不得有宣传教义的课程；不得举行祈祷式。

以传教为业的人，不必参与教育事业。

各区教育经费，都从本区中抽税充用。较为贫乏的
区，经高等教育议会决后，得由中央政府拨国家税补助。

他这种建议不是他底独创，是融合各国现行教育制度之长而
来。故他底原注说：

分大学区与大学兼办中小学校的事，用法国制。大学
可包括各种专门学术，不必如法、德等国，别设高等专门
学校，用英国制。大学兼任社会教育，用美国制。大学校
长，由教授公举，用德国制。大学不设神学科，学校不得
宣传教义，与教士不得参与教育，均用法国制，瑞士亦已
提议。抽教育税，用美国制。

这文对于教育应当脱离政党与宗教的理由，说得最为详尽，数
年来倡教育独立的，在理论上尤有出其范围者。但因内乱不已，教
育为政治所支配。教育界虽日日想教育独立，日日唱教育独立，但
实际上不独教育不能离政治而独立，并且经费也日形亏竭，即"教
育经费独立"六字亦不曾办到。自十一年后，教育独立的声浪，亦

暂时消沉下去。至十三年国民党改组，其政纲中有增加教育经费并保障其独立的规定，而该党主张以党治国，以党指挥一切。十三年在广东设国民政府，国家一切设施均欲党化，故有"党化教育"之名。但党内（如邹鲁）党外之教育界，对此均有疑问，于是教育独立问题又成为教育界讨论之中心。十四年中华教育改进社会议决宪法中教育专章十条，其第四条即规定"教育事业应超然于宗教及政党争议之外，并不得于上课时间内，教授宗教或党纲，亦不得举行宗教仪式"。于是教育独立之含义，乃为教育离政党及宗教而独立，不仅是教育之事务之独立而已。十四五年之间，教育刊物之讨论此问题以《国家与教育》及《新教育评论》两周刊为最多，但在理论上大体不出蔡元培教育独立议的范围以外，在实施方案上，大体不出周太玄《我国教育之集中统一与独立》的范围。

在谋全部教育独立的思想中还有一种从教育界本身上以谋部分独立的思想：即在高等教育中，以教育者个人的学识，创为讲学制，以谋自由发展其学问，而不受任何方面的干涉与拘束，可以梁启超十年在《改造》杂志所发表的《自由讲座制之教育》一文为代表。他系由不满于学校教育而然。他说：

近世所谓学校教育者，缺点有二。第一：其形式若军队然，军队之进也。怯者固毋得独怯，勇者亦毋得独勇，千万人若一机之动也。今之学校，科目求备；而各科皆悬一程准，课其中程不中程，虽勇力体力较劣下者，非勉及于程焉不可；其优异者亦及程而止，程以上弗授也。夫其程既通于全社会以求彻上彻下，不得不以中材为鹄，劣下者勉而就，或勤苦伤生，而终浅尝无所获也。优异者精力有余于所课，而旅进旅退焉，则或以仅中程而自满；虽不自满，而其少年最适于求学之光阴，已有一部分焉，未尽其用。此种"水平线式"的教育，实国家主义之产物，国家若大匠然，需樀则斲材为樀，需桷则斲材为桷，樀桷大小若一，所斯就矣，而材之戕贼亦已多矣。故此种教育法，适于群众教育，而不适于天才教育。

第二：其学业之相授受，若以市道交也。学校若百货之廛，教师佣于廛，以司售货者也。学生则挟资适市而有所求者也。交易而退，不复相闻问。学生之与教师，若陌路之偶值；甚者教师视学校如亭舍也。

因而他主张创自由讲座制以救济之，即用少数之有专门学术堪任教授者组织讲师团体，自由设科，招收学生听讲，其理由如下：

此种组织采用前代讲学之遗意而变通之。使学校教师学生三者之间，皆为人的关系，而非物的关系。讲师之于讲座，自为主体，而非雇佣的。讲师之与学生，实共学之友；不过以先辈之资格为之指导，学生所得于讲师者，非记忆其讲义以资一度之考试，乃在受取讲师之研究精神及研究方法。质言之：其获益最重要之点，则学者的人格之感化也。讲师之熏陶学生，除讲堂授课之外，更大有事焉。则可以察其性之所近，因势而利导，而学生之自发的研究，乃可以日进也。则天才瑰特之士，不至为课程所局，可以奔轶绝尘尽其才矣。如此则教育不至为"机械化"，不至为"凡庸化"，社会上真面目之人才或可以养成也。

十四年陈衡哲、任鸿隽在《现代评论》2卷39期上发表《一个改良大学教育的提议》亦即此意。他们说：

> 我们以为当参合中国书院的精神和西方导师的制度，成一种新的学校组织。中国书院的组织，是以人为中心的，往往一个大师以讲学行谊相号召，就有四方学者翕然从风，不但学问上有相当的研究，就是风气上也有无形的转移，如朱文公的白鹿洞、胡安定的湖州，都是一例。但是书院的组织太简单了，现在的时代，不但没有一个人可以博通众学，满足几百千人的希望，而现在求学的方法，也没有一人而贯注几百人的可能。要补救这个缺点，我们可兼采西方的导师制。就是一个书院以少数教者及少数学者为主体；这个书院的先生，都有旧时山长的资格，学问品行都为学生所敬服，而这些先生也对于学生的求学、品行两方面，直接负其指导陶熔的责任。

十六年国民政府定都南京，设大学院为统辖全国教育行政及学术之机关，各省并采大学区别，将教育行政统属于大学之下。在教育事务上颇呈独立之象；因国民党党纲有保障教育经费独立之规定，亦有谋教育经费独立者；但教育独立四字，已不复有人再提倡了。

就上面可述的事实看来，教育独立思想的变迁凡四：最初因经费之拖欠而有教育经费独立之思想；后则因为欲经费独立，非使教育脱离政潮不能办到，于是乃进而倡教育事务独立；更进则为教育脱离政党与宗教而独立；此为教育独立思想进展的系统。旁出此系统之外而自成一气者，为就教师人格学业上谋高等教育之部分的独立。

影　　响

就数年来教育独立的思想分析起来，已得前节末段所述的四款。第一款，所谓教育经费独立，自民八而后日趋日下，北京政府统治之下的教育经费，固然积欠屡屡，就是国民政府统治下的省份，亦未必见得有何种起色。惟国民党有保障教育经费独立的党纲，也许从党的立场上可以办到教育经费独立；然而与教育独立的思想无关。第二款，教育事务独立，国民政府设大学院为全国教育学术的最高机关，各省区并设大学区管理区内教育行政事务，与大学院自成系统，不如旧日之受普通行政的支配，比较算是一种成效。第三款，脱离政党与宗教而独立，在中国历史上宗教原不曾与教育混合，只因清末为国际不平等条约的拘束与国人不知教育权之可贵，无形听外国教徒在中国设学教授中国国民，虽然其势甚盛，但根基究不稳固，加以国人自觉的意识发达，故教育离宗教而独立的思想略一传播，教会学校即逐渐发生动摇。至于离政党而独立，则事实上适得其反。第四款，从教师人格与学业上谋高等教育之部分的独立，则为学术研究的性质，虽然足以补现在高等教育制度的缺陷，但全部教育制度未改革以前，亦不能望其有效。

总括说来，教育独立思想在实际上的影响很少。

就经过的事实上看来，教育独立的含义共有五种：一为教育经费独立；二为教育事务独立；三为教育离政治而独立；四为教育离宗教而独立；五为高等教育之学术独立。凡真正可称为教育独立，必得具备此五种条件。然而在事实上，第三款绝办不到：因为教育是国家行政之一部，无论国家采政党政治，或非政党政治，凡握得政权者，自然要发表其政治之主张（政策），教育当然要为其政策所支配。所谓教育离政治而独立实是不通之论，所以蔡元培在《教育独立议》中对此未尝不说得剀切详明，但在国民政府下做大学院长，却不得不实施国民党之教育。故严格讲来，教育独立四字实不能联成一个名辞，必得于其下加种种限制词以限制之，此则望提倡教育独立的教育家深长思也。

附注：此外尚有师范教育独立，以其为局部的，将于《近代中国教育史》中论及，故不列于此。

第十五章　科学教育思想

背　景

科学两字是从日文翻译而来，在新教育制度未采行以前，只有洋务之名，惟不尽指科学。及西艺教育思想（参阅该章）发达，始以西艺概括现在的自然科学与应用科学。至民国十年因美国孟禄应实际教育调查社之聘来华调查教育，力言中国科学教育之不行，而于翌年由教育改进社聘美人推士来华指导科学教育。科学教育四字始通行于教育界。科学教育思想虽然自有西艺教育思想以来，即已不断地发展，但其背景则为截然不同之二事。张凖说：

> 道、咸以后，吾国屡挫于外，举国人士，以旧之不足恃，群思变法，汲汲以输入西学为务……其目的不在科学本体，而在制铁船造火器，以制胜强敌，谋富强救国之策。

这是清代科学教育思想产生的由来；换言之，当时的科学教育思想是外侮的反映。至于民国十一年的科学教育思想则为新教育不切实际的反映。盖清代虽因图强之故，大倡西学，但科举的传统思想固少有改变，学校虽有数理博物的科目，仍是一种变相的八股。孟禄说：

> 中国中学科学教育之不良有二因：一个原因，就是令学生背名词，重分类。殊不知科学的目的在于使学生应用，科学的教学最重要的就是实验。中国中学之科学教学，不给学生实验的机会。……第二个原因，就是中国对于科学的概念不明了，即视科学为名词与分类的事体。

这是外国人的话，但事实却是如此，他这几句话，实是"科学八股"的好注脚。当时的教育家有感于这种现象之不当，于是照孟禄的话，向美国请来一位长于科学教育的推士，指导科学教育。这是十一年以后，科学教育流行一时的原因。

变　　迁

中国的科学教育思想原与西艺教育思想同源。我们不将这两种教育思想混合叙列者，是因为前者专以科学直接应用为目的；后者则以科学的一般应用为目的。真正的科学教育在培养一般人民底科学思想，普及科学方法于民众，西艺教育虽亦曾重科学的直接应用而不能称科学教育思想者以此。

近数十年以受过科学的训练而首倡科学教育的人，要推严复。他生于清咸丰三年（1853），死于民国十一年（1922），于光绪二年（1876）由福建船政厂派赴英国海军学校，习战术及炮台诸学，最长数学，兼治论理、社会、法律、经济诸科。他于甲午而后，深以中国之危亡为虑，戊戌召对，曾著上《皇帝万言书》，力言自强之道；斯年主天津《国闻报》笔政，并译斯宾塞尔《劝学篇》，著《原强》《救亡决论》等文鼓吹兴学救国。《劝学篇》重在群学，《原强》后二篇则特重科学教育之提倡。他说：

> ……凡其耕凿陶冶织纴牧畜，上而至于官府刑政战守转输邮置交通之事，与凡所以和众保民者精密广大，较吾中国之所有倍蓰有加焉。其为事也，一一皆本诸学术，其为学也，一一皆本于即物实测，层累阶级，以造于至精至大之涂故，蔑一事焉可坐论而不足起行者也。

这是说西洋各国的刑政农商，皆以实验的学术为事，所以其国强盛，至于中国虽自同治而后有译西书、设船厂、开学堂种种新政，但其崇尚空文的思想固未曾改变，所以仍是无效。故他主张用西洋实事求是的科学方法教儿童说：

> 夫西洋之于学，自明以前，与中土亦相埒耳。至于晚近言学，则先物理而后文词，重达用而薄藻饰。且其教子弟也，尤必使自竭其耳目，自致其心思，贵自得而贱因人，喜善疑而慎信古。其名数诸学，则借以教致思穷理之术，其力质诸学，则假以导观物察变之方，而其本事则筌蹄之于鱼兔而已矣。故赫胥黎曰："读书得智是第二

手事，唯能以宇宙为我简编，民物为我文字者，斯真学耳。"此西洋教民要术也。而回观中国则何如？夫朱子以即物穷理释格物致知是也；至于读书穷理言之，风斯在下矣。且中土之学，必求古训，古人之非，既不能明，即古人之是，亦不知其所以是；记诵词章既已误，训诂注疏又甚拘，江河日下，以至于今日之经义八股，则适足以破坏人才，复何民智之开之与有耶？且也六、七龄童子入学，脑气未坚，即教穷玄极渺之文字，事资强记，何裨灵襟，其中所恃以开瀹神明者，不外区区对偶已耳。所审覈物理辨析是非者，胥无有焉。以是为学，又何怪制科人十九鹘突于人情物理，转不若农工商贾之有时而当也。今之蒿目时事者，每致叹于中国读书人少，自我观之，如是教人，无宁学者少耳。

前段论西洋教育注重科学的优点，后论则论中国教育徒尚空疏的弊端。欲救中国，非力将实事求是的治学精神普及于社会，推行于政刑不可。故说：

西学格致则其道与是适相反：一理之明，一法之立，必验之物物事事而皆然，而后定之为不易。其所验也贵多，故博大，其收效也必恒，故悠久，其究极也必道通为一，左右逢源，故高明。方其治之也，成见必不可居，饰词必不可用，不敢丝毫主张，不得稍行武断，必勤必耐，必公必虚，而后有以造其至精之域，践其至实之途。

迨夫施之民生日用之间，则据理行术，操必然之券，责未

然之效，先天不违，如土委地而已矣。且西士有言，凡学

之事，不仅求知未知，求能不能已也。学测算者，不终身

以窥天行也，学化学者，不随在而验实物也，讲植物者，

不必耕桑，讲动物者，不必牧畜；其绝大妙用，在于有以

练智虑而操心思，使习于沉者不至为学，习于诚者不能为

妄。是故一理前来，当机立剖，昭昭白黑莫使听荧。……

西学格致非迂途也。一言救亡则将舍是而不可。

这是要人应用科学方法于事事物物，实为科学教育之极致。

在当时科学两字尚未通行于中国，故严氏不曾提出科学教育四

字，但他论中国教育的弊端以及"东海可以回流，吾言必不易"的

坚决态度，主张"痛除八股而大讲西学科学"，其识见固不可及；

而竭力申述科学态度在于善疑慎言，科学方法在于直接观察，科学

效用在于辨是非，尤非当时之空言西学者所能望其项背。

自此而后，新教育制度在中国立定了根基，各级学校中也有

所谓理科之类的科学的科目，但都是为着仿照外国学校的办法而然

的，并非科学教育思想的产物。直到民国三年留美学生，在美国发

起中国科学社，于四年一月起发刊《科学》月刊，鼓吹科学方法，

研究各种科学。该志第1卷12期任鸿隽发表《科学与教育》一文，

论科学与教育关系，主张应用科学方法于教育上，科学教育始联成

一词。他说：

……科学实力之所亭毒，潮流之所趋赴，虽欲否认

之而不能。科学于教育之重要，久已确立不移矣。其在今日，科学之范围愈广，其教育上之领域亦日增。……教育之事业论自何方面言之，皆不能离科学以从事。若夫智育之事，自科学本域，言教育者当莫能外，无容吾人之重赞一词。今当进论吾之第二问题；即导行审美之事，唯文学能之乎。如曰能之，当如何而后可。文学者，又统泛之名词也。泛言之，凡事理之笔之于书者皆得谓之文学。故论辩、辞赋、小说、戏曲之属文学也，而历史、哲学、科学、记载之作亦文学。乃今所言，对科学以为说，则当指其纯乎文章之作，而科学历史之属不与焉。大抵文学之有当于教育宗旨者，不外二端。一、文法。文法者，依历久之习惯而著为遣词置字之规律也。及既成，则不可背。习之者辨其字句之关系，与几何之证形体盖相类。故西学者皆谓文法属于科学，不属于文学。吾人则谓其文词字不中律令者，其人心中必无条理。故文法之不可不讲，亦正以其为思想训练上之一事耳。二、文意。文意者，人生之意而文字之所达者也。科学能影响人生，变易人生，而不能达人生之意于此领域中，惟文字为有权。然吾人当知文字之有关于人生者，必自观察实际，抽绎现象而得之，而非钻研故纸，与玩弄词章所能为功。吾国周秦之际，学术蔚然，以言文章，亦称极盛。以是时学者皆注意社会事实也。汉唐以后，文主注释。宋明以后，则注释与记事之文而已：不复参以思想，亦不复稽之事实。故日日以文为教，而文乃每况愈下。思想既窒，方法既绝，学术自无由发达。即文学之本域，所谓以释人生之本意，亦几几不可复见；独审美性质，犹未全失耳。呜乎，自唐以来，文人学士，日嚣嚣然以古文辞号于众者，皆于审美一方面致力耳。至所谓"道"与"学"者，彼辈固不知为何物，亦不借彼以传也。是故今日于教育上言文学，亦当灌以新知识，入以新理想，令文学为今人之注释，而不徒为古书之象胥，而后于教育上乃有价值可言。至于一切古书，亦宜以此意读之，乃不落欧洲中世纪人徒读希腊拉丁之故步矣。

他对于文学亦主张以科学方法训练思想灌输新知，而打破旧时文以载道的玄谈，实为前此文人所未言及者。他所以如此主张，是因为他注重在科学之提倡。故他底结论说：

要之，科学之于教育上之重要，不在于物质上之知识，而在其研究事物之方法：尤不在研究事物之方法，而在其所与心能之训练。科学方法者，首分别事类，次乃辨明其关系，以发现其通律。习于是者，其心尝注重事实，执因求果，而不为感情所蔽，私见所移。所谓科学的心能者，此之谓也。此等心能，凡从事三数年自然物理科学之研究，能知科学之真精神，而不徒事记忆模仿者，皆能习得之。以此心能求学，而学术乃有进步之望。以此心能处世，而社会乃立稳固之基。此岂不胜于物质知识万万哉。吾甚望言教育者加之意也。

民国四年至八年之间《科学》杂志发表科学与各种事业之关系的文章甚多，除教育外，德行、农业、林业、工业、商业与科学的关系均曾论及，而尤注意于科学方法的提倡。但在八年以前所得的反应很少。

五四而后，民治教育思想大倡，所谓新文化运动，科学教育的提倡亦其重要目标之一。及十年五月孟禄来华调查教育，批评中国科学教育之不良，科学教育思想乃大倡。教育者并知从前提倡教育之不当，与学校有仅关于理科的科目不能算作科学教育，必得有研究科学之人，用科学方法，解决困难问题才可算科学教育。持此议论者可以张準为代表。他于十年五月在南京高等师范教育研究会讲演《近五十年来之中国科学教育》说：

近数年来，大家始知畴昔所主张提倡之教育，均属未中肯綮，不着边际。欲言教育，必从科学的方法上着手，凡各种科学不可全恃他人已得之结果，必自己加以研究试验；此盖真正的教育科学开端之时也。然从事科学的教育，有两大要点，不可不注意者：

（一）要有研究科学之人——传播科学之时期，业已过去，研究科学，今正其时。年来如中国科学社、北京地质调查所、中央观象台等或调查，或观察，或就研究所得，发为文章，著录专书，成绩斐然，深可称道。……将前人所未研究者，从而研究之，此皆一时之创举。如能群起继续，于科学教育前途，必有莫大之禅补；盖就本地风光，讲述科学。最足引起学生研究之兴趣也。

（二）要用科学方能解决困难问题——欲使科学教育发达，一方固宜研究科学，一方亦宜运用科学方法，解决实际上之困难问题，以坚普通一般人对于科学之信仰。余尝谓西学输入，日本较中国为后，而其进步则较速者，即西学输入日本者，首为医药，研究是学者，随即能解决疾病问题，故彼邦人民，咸信西学之功用；厥后派遣学生，游学外洋，由医学而逐渐及于其他之科学。若中国最初所学习之科学，属于军官制造方面，甲午一败，人遂以科学为不可靠矣；进步迟缓，宁非由此乎？本校（南高）与江苏所设之昆虫局，现以除扑蚊蝇为职志，结果所至，社会信仰；则不但应用科学因而昌明，纯粹科学亦将从此发达矣。

十一年推士来华指导学校教育，虽然在实际曾做了一些事，但因为他是一个实际的科学教育家，在教育思想上不曾发生什么影响（他在 *Science and Education in China* 书中关于教育制度的建议很有特见，惟不在科学教育范围之内，也无人注意及之）。当推士在中国竭力调查中国科学教育状况，切实指导科学教育方法的时候，国内学术界为着张君劢一篇讲演词，而发生科学与玄学的论战，参加者数十人，论文达三十余万言。这次的论战，虽然不曾直接讨论科学教育，但是三十年来潜伏在一般人心中之"怀疑科学"的意识，至此全部宣泄出来；而重视科学，主张科学教育底意见也无挂碍地明白公布于世：科学教育思想便也无形受了很大的帮助而普及于社会。这两方面的人物要以张君劢与吴稚晖为代表。张君劢说：

吾以为教育有五方面：曰形上，曰艺术，曰意志，曰理智，曰体质。科学教育偏于理智与体质，而忽略其他三者……

又说：

教育家为应付社会中之生计制度计，常以现时生计制度为标准，而养育人才。于是学一艺而终身于一艺，为无产者谋生之不二法门。若夫变更社会之贫富阶级，使凡为人类，各得为全人格之活动，皆得享全人格之发展，则为适应环境之科学的教育家所不敢道。

因之他以为教育方针应改良者有下列三事：

（1）学科中应加超官觉超自然（Supernatural）之条目，使学生知宇宙之大，庶几减少其物质欲望，算账心思，而发达其舍己为人，为全体努力之精神。

（2）学科中应增加艺术上之训练。就享受言之，使有悠悠自得之乐；就创作言之，使人类精神生活益趋于丰富。

（3）学科中应发扬人类自由意志之大义，以鼓其社会改造之勇气。

他并举德俄革命以证人事进化无公例可寻（即超科学的），而谓其为科学教育明著之反证。故最后警告国人说：

若固守科学的教育而不变，其最好之结果，则发明耳，工商致富耳；再进也，则为阶级战争，为社会革命。此皆欧洲已往之覆辙，吾何循之而不变乎？国中之教育家乎！勿以学校中加了若干种自然科学之科目为已了事也。欧洲之明效大验既已如是。公等而诚有惩前毖后之思，必知所以改弦易辙矣。

他虽然反对科学的教育，但他所举的三条方针，就是主张科学教育的人也一样重视；他说："享全人格之发展则为适应环境之科学的教育家所不敢道"，亦足示其不明教育的真义，并无何种特殊的见解。但国人数十年来误解科学教育的真义的情形，却由他全部表现出米。当时赞成其说者，自然很有，但力量远不如提倡科学教育者吴稚晖底大。吴素重视科学，重视物质文明，平日的言论无处不表示此种意见。他在这次论战中发表一篇长七万余言的文章，题曰《一个新信仰的宇宙观及人生观》，虽然不明白说他在主张科学教育，但主张科学教育的意思却无时不流露于文字之间。他以宇宙是由具有质力的物体自然变化而来，人类在宇宙中的目的就是要向真善美走去。因为人类是向上，究竟的目的终不能到，所以便有梁漱溟所谓向前、向后、持中的三条路，以代表西洋、印度、中国的三种生活样法。他是极端相信科学而主张向前进的。所以他说：

我信"宇宙一切"皆可以科学解说。但欲解说一切之"可"，永远不"能"。能解一切之可，无异说能知无始之始，能知无终之终，能知无外之大，能知无内之小，这自然不能。惟能虽不能，而可则自可，向可中求增其能，是之为学。不问其可，自信别有所能，是为美学态度。不信其可而愿姑试其能，是为玄学态度。心知其可，不肯身限其能，是为科学态度。

他既认科学态度是不肯自限其能，故谓覆天载地的大责任，亦可由一己担负。故又说：

> 至此而挟极度之创造冲动，及最高之克己义务，始可自责曰："人生庶几忝为万物之灵。"（若享权利时，自以人为万物之灵，乃绝大错误。）凡覆天载地之大责任，为宇宙间万物之朋友所不能招呼者，一由吾人招呼之。如此岂是"就生活而生活""顺天理而待尽"可以胜彼艰巨？……招呼朋友，实际亦知未能及于宇宙之些许；恃有"科学万能"在，区区覆天载地，正可当仁不让。

这些话都是表示他对于科学的信念，若是要他向人讲教育，他便明白劝用科学提倡物质文明。他说：

> ……学校要有"全套的一副"，本无所谓偏重不偏重，自然各有他相当的数量。但是中国数千年偏重了文的哲想，自无可讳言。最近数百年又被圣功王道的八股思想统一了一阵，至今余毒未清。因此改了洋文学，谈起洋哲

理，插入洋圣功王道的法政学，加入洋经世文编的商科理
财，结以洋周秦诸子的各种洋九流三教（什么主义，什么
主义），逐渐成了洋八股的伟观。所以若再听凭他百千大
学开设了，使他休明出来，结果是：有饭吃便把官僚、政
客、土豪、游民，做他们的尾闾去排泄罢了。那种博学鸿
词科式的泰戈尔也必定盛极一时，过他们高尚亡国奴的生
活，因此欲矫枉而过其正，非鼓吹一个干燥无味的物质文
明出来。不足以淡此瘴气（谓洋八股）。干燥无味的物质
文明，是止有偏重了科学工艺，才鼓吹得出，不是远靠理
想所能鼓吹得出的呀。

他底文章总是嬉笑怒骂诙谐百出。他这段话对于中国现教育的
弊端，可谓批评痛快淋漓：他看得这种洋八股的现象气愤不过，所
以到处谩骂（他底全集中底文章讲到中国教育问题便有这种言语）
而极力提倡科学教育。他自然不是专门的教育家，但对于"洋八
股"思想之破坏力与对于科学教育的暗示力都不小。胡适称他为近
世大思想家之一，他实在足以当之。

影　　响

科学教育思想虽然在近代中国教育史绵延三十余年，但其对
于实际教育的影响却很少。清末与民国的各级学校课程中虽有所谓
理科之类的学科，但并不是科学教育思想的产物，而是模仿西洋新
教育制度的结果。五四而后因民治主义教育思想的激荡，十一年推

士来华，在华两年走遍十行省，经历24城市，248学校，演讲276次（见 *Science and Education in China* 第一章），并于十二年暑假在东南大学暑校讲授科学教授原理，十三年暑假在清华学校主讲科学教员暑期研究会；在两处均特别注意于科学教师之养成，前后从学者二百余人。此外中华文化基金会，得美国退还庚子赔款，对于中国科学教育拟订七年计划，年供15万元，设立科学教习，分物理、化学、动物学、植物学、教育心理学五种科目，分配于北京、东南、武昌、成都、广东、奉天各大学。此为五四运动后中国科学教育之具体设施，与科学教育思想有相当关系者也。

中国科学会社据张资珙于十五年调查所及，计由国人自组者十四，中外合组者一，外人所组织中国人得加入者四，关于自然科之出版物54；全国科学教育设备，据吴承洛调查，大学、高等师范、专门学校设备以纯粹理科（化学、物理、博物）为主者28校，以医科为主者18校，以工科（矿冶、土木、机械、电机、应化）为主者18校，以农科（农林、水产）为主者12校。此种组织与设施虽然大半不是科学教育思想的结果，但由此亦可见中国科学与科学教育的现状。

科学教育的目的，消极方面在于破除迷信，积极方面在于普及科学方法于民众而培养其创造能力。据此以衡量中国科学教育思想底效果，所得的答案完全是一个否定，兴学三十余年来，不独所谓愚夫愚妇还在望"真命天子"出世，即号称受过学校教育的达官伟人乃至于留学东西洋的留学生，亦每有设案求雨，焚香扶乩的事情；而近年同善社、悟善社、灵学会之发达，更有匪夷所思的现象。这些现象之所以构成，自然有许多是经济的原因（如兵匪横行，人民无安身立命之地），而科学教育之无效却是原因中之最大的。科学教育在中国所以无效有两个最主要的因子：第一是民族的习性，第二是科举的余毒。

迷醉东方文化的学者都赞美东方的精神文明，所谓精神文明，是专重内省的自满的文明；持盈保泰、优游自得，在足衣足食之后自然有许多用处，但把这种精神推而广之，应用到一切事物上面，便是不敢与自然作战，事事听从自然摆布。愿受自然摆布的民族，忽然要转过头面来讲制驭自然的科学，弄到有名无实，自然是"事有必至，理有固然"了。

科举余毒足以阻碍科学教育之发达，张準讲得最详细，我们可拿他底话代为说明。他说：

> ……曾（国藩）李（鸿章）左（宗棠）三公之创设学校，翻译西书，派遣子弟出洋留学，固在五十年前，何以科学上卒未得良好影响，吾敢一言以蔽之曰，是科举之过也。彼时选派出洋之学生，固望其洞澈西人格致之源，归而"触类引伸""精益求精""视其所学为身心性命之学也"。孰知学成既少，归而投身社会，则以出身不由科举，为世所轻，其或致身通显，则又与其学无与。所谓"延入书院分科传教"者，尤未见实行。故其所学自西人者，归不数年，渐非己有矣。清末考验出洋毕业生，群起而赴之，贤者亦不免自贬，盖科举势力有以迫之也。及至学校创办，仍不离科举之习，朝廷固明谓："学校之制，其奖励出身，与科举无异。"故其教者习者，悉以是

为的，科学课目，与五经四子书同为记诵之学，备毕业等第之考核而已。彼制造局所译各书，其读之而通晓科学者，世不多见，然市侩之徒，改换其面目。变而为《富强丛书》《西学时务通考》《西学大成》等书供士子场屋之用，盖不知销行几千万部；而士子之刺取一二，生吞活剥，逗凑铺张，博得学通中西之名，如《格致书院课艺》《南菁书院课艺》所载者，则其直接受此译籍之赐也，是科举之过也。

民国以来，科第奖励制虽然取消，但记讲义以求文凭，凭头衔以谋差事的情形仍然如故。吴稚晖之所谓洋八股，实非过刻之论。

中国当提倡科学教育，恐怕除了讴歌东方精神文明如泰戈尔一流人物是不会发生问题的。我们不能在此讨论实施的具体方案，其进行的方针有二：一、在积极方面极力鼓吹国人努力创造物质文明引起其科学研究的要求；二、在消极方面极力打破现在彩票性的官吏恶习，使人民不得自食其力以从事生产的建设，而间接发展科学。（第二项在职业教育思想中曾经详说过，第一项本书结论中还得再说，故不赘。）

第十六章　非宗教教育思想

背　景

中国社会上虽然有佛教、回教、道教、孔教的名称，但道、孔两教实在不能算作宗教；回教虽为一种纯粹的宗教，但聚族而居，不与汉人混合，即散居在汉人中者亦不向外传教；佛教虽通行全国，但其教义经过儒家的诠释，人民对于它的信仰亦哲学化了，而不全属宗教。故中国历史上无十字军的宗教问题，宗教与教育更两不相涉。十一年北京非宗教大同盟谓中国是无教之国，实很近似。

自前清鸦片战争而后，列强强迫我订立不平等条约，于条约中取得内地传教权，更因传教而在内地自由设立学校教育中国国民。及光绪二十九年改行新教育制度，教会学校愈加发达，然他们因为条约上无根据，原拟向官厅立案，而当时执政者不知"教育权"之可贵，对于教会学校，不从根本上取缔，惟以不给奖励为限制的手段，于是教会学校与教堂同时进展。民国而后，因内乱绵延不断，教育经费长久拖欠，教育事业亦每为军阀政客所操纵所干涉，致固有之学校尚不能维持，更说不到发展，而教会学校因不受国内政治影响乃更乘机推广。

中国人民在历史上既少真正的宗教信仰，耶教之在中国传播又以国际的强权为背景，其仪式既与国人的习惯不合（尤其是不敬祖先），其以强凌弱的态度更足以引起反感（光绪十六年，深州、饶阳、武强、安平各州县廪生不许教民应试童生，即其显例）。教会学校不过因国势与内乱的种种机会而得特别发达。但其设立学校的目的，不在为世界造"人"，也不是为中国造"国民"，而在为耶稣造"教民"，故对于幼年儿童教以荒诞神话的《教会三字经》，中等以上学校则特别重视外国语言文字而不注意中国文化。教会学校底内容既与中国的国情民习不合，其能在中国存在数十年者，全靠国际上及中国内政上的特殊机会；国人一旦醒觉，其机会自会消灭，而反对这种教会教育的非宗教教育思想也自然而然要发展的。——非宗教教育的本义原是"非"一切宗教教育的，不过中国真正施行宗教教育的机关只有基督教的教会学校，故非宗教教育也以基督教教会教育为唯一的对象。

学校的宗教教育原建筑在宗教势力之上，中国教会学校的宗教教育，则建筑在不平等条约之上。欧战而后，这两种基础为理性主义与民族运动破坏了，所以中国宣传宗教教育的教会教育也不得不倾倒。关于此问题胡适在《今日教会教育的难关》中说得很详明，他说：

> 二十五年前，传教事业的敌人是愚昧的迷信。二十五年后，传教事业的难关是开明的理性主义。我们现在不怕

基督教士挖眼珠子去做药了；我们现在对于基督教的教义与信条也渐渐明白了。但我们有人要进一步疑问基督教的根本教义能不能成立；我们有人要问上帝究竟有没有，灵魂究竟有没有。西洋近代科学思想，输入中国以后，中国固有的自然主义的哲学逐渐回来，这两种东西的结合就产生了今日自然主义的运动。这种自然主义对于宗教的态度是：

（1）宇宙及其中一切万物的运行变化皆是自然的，自己如此的，用不着什么超自然的主宰或造物者。

（2）生物界的生存竞争的残酷与浪费，使我们明白那仁爱慈祥的主宰是不会有的。

（3）人不过是动物的一种，死后是要腐烂朽灭的；朽灭是自然的现象，不足使我们烦心。我们则应该努力，故我们能做的事业，建造我们人世的乐国，不必去谋死后的净土天堂。

这种新的理性主义的根本态度是怀疑：他要人疑而后信，他的武器是"拿证据来"。在这个"拿证据来"的旗帜之下，就是基督教的教义与信条也不免受他的评判与攻击。

这是宗教教育根本动摇的原因。在中国还更有一种可以使它动摇的势力就是新起的民族主义的反动。他又说：

这几十年来，中国受西洋人的欺侮总算很够了；好几次的反抗，都归失败。最后一次的反抗是庚子年的拳匪运动。自从那回之后，中国人知道这种盲目的、无知识的反动是无用了。所以二十世纪头上的十多年可算是中国人对外不反抗的时期；外国人处处占优胜，处处占便宜；中国人怕"干涉"，怕"瓜分"，只好含羞忍辱，敢怒而不敢反抗。但是这十几年来，可不同了。辛亥革命与民国成立鼓起了中国人的勇气，唤起了民族的自觉心，干涉与瓜分的噩梦渐渐远了。到了欧战发生，欧洲残破，真正"戳穿了西洋镜"，中国人对于西洋列强的真相渐渐有点明白了，怕惧的心理渐渐减低，自觉心理渐渐发展。欧战期内，国际贸易的大变迁，国内产业的发达，列强在远东的压迫力的暂时弛缓，欧战国际形势的大变迁，俄国的革命，德国奥国的衰败，这些事实都够使中国民族——自觉地或不自觉地——心理起许多大反动。结果就是一种新的民族主义的大反动。……

　　他们为什么不许外人在中国传教办学呢？因为他们相信凡帝国主义文化侵略的唯一方法是布宗教，开学校。宗教一方面是帝国主义昏迷殖民地民众之一种催眠术，另一方面，又是帝国主义侵略殖民地之探险队，先锋军。

（《向导》八十一期）

此外还有两种原因：第一是德国、土耳其于欧战后不使宗教混入教育之中，使国内非宗教教育思想获得实证，而增进其滋长的势力；第二是十一年而后，共产主义与国家主义，同时发达：此两种主义在他方面虽互相冲突，但对于反对教会教育方面则主张相同；他们各就其主脚点鼓吹非宗教教育，且努力于实际活动；故非宗教教育思想，于十三四年间普及一般国民，且在实际上发生许多效果。

宣传宗教教育的教会学校数十年来在中国自由发展不生问题，五四以后发生动摇，十三年后几至于不能存在，其原因在此。非宗教教育产生与滋长的原因也在此。

变　迁

因为中国在历史上可以称为"无教之国"，所以对于宗教素不重视；甲午而后，号称识时务者虽竞言洋务，但决不言西教。而学校中宣传宗教尤悬为厉禁。光绪二十九年张之洞、张百熙、荣庆奏订学堂章程，即明白规定外国教员不得讲宗教。原文说：

> ……所聘西师即教师出身，须于合同内订明：凡讲授科学，不得借词宣讲涉及宗教之语；违者应即辞退。

这种明令的限制虽然很严，但因当时对于教会学校取放任主义，除公立学校须受政府监督外，教会学校仍然无所忌惮地宣传宗教。民国初元虽然蔡元培于《新教育意见》论到宗教与教育的区别，对于宗教略有不满之词，但未明言教育应分离而独立。其时有刘以钟者论《民国教育宜采相对的国家主义》，力主教育与宗教分离。他说：

> 宗教与教育，应有何等关系，久为学者所争，最近则

分离说大占优势。所谓伦理教化运动者，发起于英伦，遍及全世界，据其所主张与实验，则脱离宗教之道德教育，伦理正确而收效显著，现该运动之势力，日益膨胀，将使十数年之后，学校教育全脱宗教之范围，是世界之趋势也。况道德教育，既以国家为中心，所采德目，不能与国定要旨相背驰，故不容宗教混入学校教育，使国民道德，失其中心，而根本为所动摇也。本此旨得二种要件如左：

（一）无论法人私人，或宗教团体所设立之学校，均须受国家之监督，遵照学校规程，不得施宗教教育及其仪式。

（二）凡学校内，（除大学哲学科）不得行违反国定道德要旨之宗教讲演。

此段为他所主张之国家主义的教育必要条件之一，实为倡言教育与宗教应分离之最早者。

六年蔡元培在北京神州学会讲演《以美育代宗教》极力攻击宗教，谓其侈言阴骘，攻击异派，无补人心，而主张以无人我的纯粹美育以替代之。实为正式倡言非宗教教育之始，但所得的反应甚少。

五四而后，国民的思想大为解放，对于社会的一切都以怀疑的态度，重新估定其价值。八年七月一日国内青年之有志向上者，组织少年中国学会，方标明其宗旨为"本科学的精神，为社会的活动以创造少年中国"；在思想方面每为国人的先驱。九年该会第二年评议部会议，因巴黎会员的提议议决"以后同人不得介绍任何宗教信仰者为本会会员，并请已入会而有宗教信仰者尊重此条议决案自请出会"。这个议决案其拘束力本只以该会会员为限，惟他们有专学文艺者，虽然不一定信仰某宗教，但感情很盛，而以此种议案为不当（如田汉）而发生异议。于是会中执行者乃于九、十年之间，在南北两京举行宗教讲演问题大会，请国内名教授王星拱、屠孝实、梁漱溟、李石曾、周作人、刘伯明、陆志韦及英国哲学家罗素等讲演，于该会机关刊物《少年中国》月刊第2卷8号、11号，第3卷1号连出《宗教问题》专号三期，讲演者对于宗教者虽有赞否两派，但该会会员所发表之文字除田汉外（亦系泛神论，与宗教徒有别），其余大概否定宗教。北京大学哲学研究社亦于九年十二月宗教问题讲演会请名人讲演。国内学术家在思想上受了这种很广大精深的激荡，无论平日有无宗教信仰，都把宗教问题当作一个重大的问题看待。非宗教教育的思想至此已植立了很深的根基，只待春风到来，便自然而然要特别滋长了。

十一年三月催非宗教教育思想滋长的春风果然到了，这就是世界基督教学生同盟要在北京清华学校开会，其预备提出的问题有"如何宣传基督教于现代之学生""学校生活之基督化""学生在教会中之责任"等，更明白向学校及学生宣传基督教。于是南北两京有非基督教大同盟之组织（少年中国学会会员参加者不少），极力攻击宗教及基督徒煽惑中国青年。北京同盟非宗教的理由说：

> 人类本是进化的，宗教偏说人与万物是天造地设。
> 人类本是自由平等的，宗教偏要束缚思想，摧残个性，崇拜偶像，主乎一尊。人类本是酷好和平的，宗教偏要伐异党同，引起战争；反以博爱为假面具骗人。人类本是好生

乐善的，宗教偏要诱之以天堂，惧之以地狱，利用非人的威权道德。宗教本是没有的，他们偏要无中生有，人造迷信。宗教本是假设的，他们偏要装假成真，害人到底。

他们反对基督教徒煽惑青年学生的理由说：

中国在世界，比较起来，是一片干净土，算是无教之国。无奈近数十年来，基督教等一天一天的向中国注射传染。最近几月，气焰更张，又有什么基督教学生同盟，于光天化日之下，公然要到中国首都的北京来举行。回想我们人类所受过基督教的毒害，比其他诸教都重大些。他们传教的方法，比起他教，尤算无微不入。他们最可痛恨的毒计，就是倾全力煽惑青年学生。青年学生原是很纯洁的，不易煽惑，他们便使用他们不知怎样得来的金钱，建筑高大华丽的房屋，叫做什么基督教青年会。他们始而对青年学生说入会的不必信教，其实既入彀中，一步一步的引人入胜，卒至基督教青年会就是基督教预备学校，就是基督徒养成所。

其时大同盟的宣言遍登京沪各报。北京大学校长蔡元培原系反对宗教者，于斯年四月九日在北京非基督教大同盟讲演大会发表其对于宗教及非宗教教育的意见说：

我曾经把复杂的宗教分析过，求得他最后的要素，不

过一种信仰心，就是各人对于一种哲学主义的信仰心。各
人的哲学程度不同，信仰当然不一样，一人的哲学思想有
进步，信仰当然可以改变，这全是个人精神上的自由，断
不容受外界的干涉。我愿意称他为哲学的信仰，不愿意叫
做宗教信仰：因为现今各种宗教，都是拘泥着陈腐主义，
用诡诞的仪式，夸张的宣传，引起无知识人盲从的信仰，
来维持传教人的生活。这完全是用外力侵入个人的精神
界，可算是侵犯人权的。我所尤反对的，是那些教会的学
校同青年会，用种种暗示，来诱惑未成年的学生，去信仰
他们的基督教。我的意见，曾屡次发表过了，最近在《教
育独立议》（著者按：原文见《教育独立思想》章，可参
阅）中详说教育事业，不可不超然于各派教会以外的理
由……我的意思是绝对的不愿以宗教参入教育的。

此时非宗教教育思想，在国内固已风动一时，在法国留学之周
太玄等更极力反对宗教及宗教教育。他们曾在法集合非宗教的论文
十二篇，印成一册题曰《无所谓宗教》，四处传播。其中张宗文之
《教育与宗教》一文，则完全从教育上非难宗教。他说：

教育是一种艺术，是实行理想以适合于真理；所以
极自由，极开放，任个人的自动，达个性的本能；以自己
的判断，定真伪的从违；决不容外界的干涉，受形式的
裁判。试问基督教会办的学校，他们是采用这种教育的真
旨么？允许学生从科学上寻出论证来推定或反对基督教的

谬断么？废除读神秘的圣经和跪十字架前祈祷的形式么？
学生的思想不受基督主义裁制么？但在含有基督教会的学
校总不超出基督主义的范围，他们教学生总不离圣经和祈
祷，无非维持宗教所欲达的目的和所采的方针，这是可断
言的。所以教会学校为的是宣传宗教，不是教育。世人若
以教会学校是教育，那么和尚尼姑教他们的徒弟念佛经，
也是教育了！

他更为总括的结论说：

> 总而言之：教育是由研究启发人类精神的工具；宗教
> 是强迫信仰壅塞人类智慧的桎梏！教育要脱离宗教方能表
> 现他自由发展的真精神，所以教育与宗教决不能相合。

在国内则有斯年七月中华教育改进社在济南开第一届年会，胡
适、丁文江、陶孟和底《凡初等学校（包括幼稚园）概不得有宗教
的教育（包括理论与仪式）》的提案。他们底理由是：

> 儿童当此时期，受感力最强，而判断力最弱。教育家
> 不应该利用这个机会，灌输"宇宙中有神主宰""上帝创
> 造世界""鬼神自有的，并且能赏善罚恶的"等等不能证
> 实或未曾证实的传说；也不应该利用这个机会，用祈祷、
> 礼节、静坐、咒诵等等仪式来做传教的工具。总之，学校
> 不是传教的地方，初等学校尤不是传教的地方。利用儿童

的幼弱无知为传教的机会，是一种罪恶。

十二年余家菊、李璜两人将其散见于《中华教育界》专论国家主义教育的论文，集印为《国家主义的教育》四处散布，并有《醒狮》周报不时登载非宗教教育的文字鼓吹反对教会学校，而共产党的机关报如《向导》《中国青年》等更常有攻击教会教育的文字，于是十三、十四、十五年之间，非宗教教育与收回教育权运动竟蔚成一种全国风动的强有力的舆论。全国教育界人士集合的教育团体如全国教育联合会、中华教育改进社开会时无不有关于反对教会教育的议案，少年中国学会、全国学生联合会有反对教会教育的决议（十三年），《中华教育界》并出《收回教育权运动》专号（14卷8期），各学者以论文发表非宗教教育的理由更多。总括之可分为下列各项：

1. 政治的理由　十三年全国教育联合会议决之《取缔外人在国内办理教育事业案》说：

外人在我国办理教育事业，流弊甚多，隐患甚大。综其著者，约有四端：教育为一国最要之内政，外人自由设学，既不呈报我国政府注册，复不受我国政府之考核，此侵犯我国教育主权者其一。各国教育各有其应具之本义，外人之民族性质及国家情势，与我国不同，办理我国教育，自必扞格难合；此违反我国教育本义者其二。况外人之在我国办理教育事业，情同市侩，迹近殖民；潜移默化，将至受甲国之教育者爱甲，受乙国之教育者爱乙，于丙、于丁、于戊等亦然，独立精神全被澌灭。此危害我国学生之国家思想者其三。试更就外人在国内所设教育事业之内容考究之，主办人员非多为宗教之宣传；即系有意于政治上之侵略，教育事业，其附属品耳。即如学校编制，大抵任意配置，科学课程，未能切符我国应具之标准，此忽视我国学生应有之学科者其四。

2. 社会的理由　周太玄说：

　　教育是为社会多方的训练与预备，故对于社会的均衡上，它有一种实现的普遍性。至于宗教虽系社会的产物，但其倾向乃是在要求社会之一致化。它与教育底目的既恰相反，所以在它底一致化实现的时候，社会立刻失其均衡，而入于一种沉闷黑暗的境地，如果这种环境的条件战胜社会，则社会将渐由衰败以至于死亡……所以凡是名实相符的教育是决不利于宗教的宣传，而能同时尽宣传宗教的职责的教育，必不是真的教育。所以从社会方面看来，宗教与教育也是不能相得益彰，相辅为用的。

3. 伦理的理由　李璜说：

　　第一，近今的伦理教育可以从自然说入手，而宗教的伦理教育可以说从超自然说入手。……第二，近今的伦理教育根本是学校式的。……第三，近今的伦理是含有社会的相对性的。……宗教教育在近今伦理教育上无立脚之余地，如果让教士们还在学校里混，以为有补于伦理教育，那就错了。结果不但无益，而且有害。

4. 文化的理由　余家菊说：

教育本是一种文化事业，其职责在启发受教育者，使之能够领受已有的文化，此为教育之保守机能。更以固有的文化为基础，使受教育者能够利用之以创造新文化，而对于文化上为多少的贡献，此为教育之促进机能。必能尽此两种职责，才可叫做真教育。……宗教之要素为信仰，凡经典上之所叙述，皆属天经地义，不可怀疑。……居二十世纪之中，而信怪道为圣经，既不是愚昧未启之民，只得说是理智之麻木了！文化之进步，全赖理智活动之敏锐，故教育以启发理智为一大目的；宗教之结果即使理智归于麻木，其与教育不能两立，就无待多言。

5. 宗教的理由　胡适说：

为基督徒计，与其得许多幼稚可欺的教徒，还不如得少数晚年入教的信徒。早年受劝诱入教的人，中年知识开发之后，往往要起反感。天才高的也许变为福尔泰（Voltaire）一类的革命；中下的也许放姿流荡，打破一切教义的拘束。倒是那些中年以后信教的人，信心不易减退，宗旨不易变迁。给他自由思想的机会；他若从经验中感觉宗教的需要，从经验里体合得基督教的意义，那种信徒才是真信徒，一个可抵千百个。圣奥古斯便是一个有名的先例。

因为中国在实际上是一个"无教之国"，所以始终不曾有人提倡过宗教教育，并且在改行新教育制度的时候，就有外国教师不得宣传宗教的规定。只因当时执政者不明教育权的重要，对于教会学校不加限制，听其自然发展，遂致二十年后酿成尾大不掉的现象。在此二十余年中，非宗教教育思想与教会学校为正比例的发达，其演化的情形可分为三大时期：第一是潜伏时期，即从光绪二十九年至民国六年。在此时限之中，教育者虽不曾发表关于非宗教教育的言论，但《学务纲要》所规定的外国教师不得宣传宗教之精神，却泛存于教育者心意之中，故时机一到，即发为思潮。第二为理论时期，自民国元年至十一年。在此期内，首有蔡元培及少年中国学会倡议否定宗教，后有非宗教大同盟之产生，但均在理论上反对宗教及宗教教育，而不及于实际的取缔方法。第三为实行时期，从十一年至今。在此期内，各学者一面以言论反对学校宣传宗教教育，一面在教育团体中提议取缔教会学校的实际方法；政府与社会受其影响，在十五六年之间照案实行者亦不少。

影　响

非宗教教育的思想既由政治上新民族主义及思想上的新理性主

义为背景，又有世界潮流与国内政团激荡推阐之，所以它在实际上所发生的影响很大。在政府方面，北方有教育部十四年一月十六日公布的外人捐资设立学校《请求认可办法》。其后四条（全文共六条）原文说：

（三）学校之校长，须为中国人，如校长原系外国人者，必须以中国人充任副校长，即为请求认可时之代表人。（四）学校设有董事会者，中国人应占董事名额之过半数。（五）学校不得以传布宗教为宗旨。（六）学校课程，须遵照部定标准，不得以宗教科目列入必修科。

此项法令一面注意教育权之收回（如三、四条），一面注意于教育离宗教而独立。南方国民政府方面，十五年十月由教育行政委员会发布《取缔私立学校》通令，其第八、十、十一三条之用意与上文正同。原文说：

第八条：私立学校，不得以外国人为校长，如有特别情形者，得另聘外国人为顾问。第十条：私立学校，一律不得以宗教科目为必修科，亦不得在课内作宗教宣传。第十一条：私立学校如有宗教仪式，不得强迫学生参加。

在社会方面，中华教育改进社及全国教育联合会自十一年后，均有关于取缔教会学校的决议案，出版物方面的《少年中国》《中华教育界》《醒狮周报》《中国青年》《向导周报》等均常有关于非宗教教育的文字。在教会学校方面，曾于十四年议决采用新学制课程，十五年议决注重中文等议案。而自十三年五月至十四年九月间，教会学校之发生风潮而学生退学者五十余校。

就过去的事实看来，非宗教教育思想在实际上发生的影响最大。其所以能有这大的影响，是因为宗教教育在中国民族思想上没能根深蒂固的基础，它的发展，全凭着外力的压迫与内政的紊乱，其性质原是一片无根的浮萍，所以遇着民族运动与理性主义的暴风，加以世界思潮与国内政团的推波助澜，便不得不风流云散了！

第十七章　国家主义教育思想

背　景

国家主义教育思想是从政治上的国家主义产生的。政治上的国家主义发轫于斯巴达，复兴于18世纪，盛倡于19世纪。近世政治上之倡国家主义者前有德意志，后有土耳其、意大利。各国倡此种主义虽然很复杂，但有一种共同的背景，就是外侮的压迫。

中国因为自昔几完全是大一统的国家，虽也有为他种民族征服的时候，但征服者于握得政权之后，便同化于被征服者，故处敌国外患者的时期很少；加以社会组织又是小农制度，国民惟求个人底安舒而不问政治上的争端。所以中国民族性素日富于大同思想，在政治上亦无所谓国家主义的设施。

自清代与欧美交通以来，外交无不失败，甲午而后，受创尤巨，谋国者莫不以谋国家之自强为事，虽然不明标国家主义的政纲，但一切设施固从这条路上走。不过因为大同思想的根基远深于国家主义，所以于欧战后国际和平的思想传到中国之后，便发生根本动摇。但巴黎和会的事实不足以满足我国人的期望，山东问题不得直，不平等条约不能取消，事事仍须受外人的宰制，而国内军阀土匪的横行日甚一日，人民的困苦也日甚一日。苏俄遂乘此机会竭力在中国宣传共产主义，以谋消灭中国。因此种种政治上的国家主义乃于十一年后而大倡。国家主义的教育思想亦随之而盛。余家菊、李璜叙其提倡国家主义的教育原因说：

> 我国底国势，眼见得愈趋愈下，虽其原因有在内在外两种，而结果则不外受外人宰割。考我国废科举兴学校之唯一动机，无非求所以摆脱外人之支配。故当时救国救种之论，忠君尚武之说，如春笋怒发，振作人心之功颇不为小。及至民国纪元，确定教育宗旨；尤斤斤以军国民主义垂示国人，发愤图强之念，盖未稍衰。元二年以后，内讧迭起，共和之基础未固；欧战骤兴，杀伐之惨相大暴。于是有识之士，内感国体之飘摇，外应和平之趋势，遂有废弃原定教育宗旨，而提议新教育旨趣之事。新教育旨趣为："养成健全人格，发展共和精神。"至此而教育思想为内乱所左右，致忘却吾国在国际上之地位，已昭然若揭。用教育确定国体，是教育中固有之义。然而教育之功用，有更重要于此者，则是用教育以绵延国命。我们审顾内外，惧国民之将斩，特重提十年来国人因内乱，而遗忘之教育救国论。先后作文以明此义。……

从上文看来，可知国家主义教育思想是以内忧外患为背景，以自立自强为目的。

变　迁

国家主义教育思想之盛倡，虽然是民国十一年以后的事情，但因为清末变法自迫于外患而然，所以此思想之发源在学制系统建立以前。光绪二十八年（壬寅），梁启超论《教育当定宗旨》说：

> 一国之有公教育也，所以养成一种特色之国民，使之结为团体，以自立竞存于优胜劣败之场也。然欲建此目的，绝非可以东涂西抹，今日学一种语言，明日设一门学科，苟且敷衍，杂乱无章，而遂可以收其功也。故有志于教育之业者，先不可不认清教育二字之界说，知其为制造国民之具。

又说：

> 凡一国之能立于天地，必有其固有之特性，感之于地理，受之于历史，胎之于思想，播之于风俗，此等特性，有良者焉，有否者焉。良者务保存之，不徒保存之而已，而必采他人之可以补助我者吸为已有而增殖之；否者务刮去之，不徒刮去之而已，而必求他人之可以匡救我者，勇猛自克，而代易之。以故今日各国之教育宗旨，无或有学人者，亦无有不学人者；不学人然后国乃立，学人然后国乃强。要之使其民备有人格，享有人权，能自动而非木偶，能自主而非傀儡，能自治而非土蛮，能自立而非

附庸，为本国之民而非他国之民，为现今之民而非陈古之民，为世界之民而非陬谷之民，此则普天下文明国教育宗旨之所同，而吾国亦无以易之者也。

他虽然不以国家主义的教育为言，但所谓教育为制造国民之具，所谓使其民备有人格，享有人权，能自动、自立、自治、自立，固国家主义的精神也。

光绪三十二年学部奏定之教育宗旨，其忠君一项亦言教育要旨在使人人有急公义洗国耻之志，不过因国体关系而以忠君笼罩一切而已。民国改元，教育宗旨有军国民教育一项，其目的亦在捍卫国家。惟刘以钟则于其时明白提倡国家主义的教育。他曾著一论文题曰《论民国教育宜采相对的国家主义》（原文初发表于何处，现无可考，惟就其最初"近者民国成立，国体变更"二语推断其发表时期在民国元年；又就其讨论之内容，推知其发表在蔡元培《新教育意见》以后），他所谓相对的国家主义，义为调和的，与绝对的国家主义相对待。其要点在不背世界进化原则及不妨个性之发展。他举学理历史及国势、国民性、国体上四种理由述其所以主张民国教育应采相对的国家主义原因。其第三、第四两项理由则完全就中国国情上立言，原文说：

三、国民性之观察　我国国民素乏国家思想。其原因虽极复杂，略举数大端如下：国家组织，向未完全，政府对于人民，常取放任态度，其原因一。拒绝世界之交通，接触他族之日甚少，其原因二。国家为一人所有物，与人民关系浅薄，其原因三。革命结果，不外政权之授受与社会组织国民精神无绝大之影响，其原因四。伦理趋向，常偏重个人道德，其原因五。有此五因，遂使我国国民薄于国家观念，此国民性之大缺点也。夫国民乏国家观念，则国本易于动摇，我国有史以来，国家基础之薄弱，正坐此病。民国成立伊始，欲组织完全国家，非使国民富有国家思想不可，此又主张国家主义之一理由也。

四、国体上之研究　民国合五种人族而成，五族宗教言语风俗习惯，各有异点，当使同化于一文教之中心，企图精神之统一，然非施以强固严肃之国家教育，则万不足收同化之功，而获统一之效也。

他更述国家主义教育必要条件有五：第一，教育方针当视国家行政方针为转移；因为当时财力单薄，生计困难，政府行政方针以振兴实业为要图，故教育方针应注重实利主义；又因国家陀危，军备缺乏，政府施政以整军为要图，惟军国民教育与人道主义相背驰，故在教育上主张采其形式方面，即采军事训练之精神养成信守规律。第二，国民道德以国家为中心，其道德德目为爱国爱群，信守规律，勇往进取。第三，教育行政权集于中央，其要项：（1）高等专门及大学由教育部设立管理；（2）省立中等及地方立之中等以下学校由教育部巡视监督而辅助之；（3）外国留学生概由教育部派遣；（4）法定教育机关之组织及权限，悉由教育部规定。第四，小学教育为国民共同基础，故主张采用单一制，统一教授要旨。第五，教育与宗教分离，一切学校均须受国家监督。不得施宗教及宗教仪式，除大学哲学科外不得有违反国定道德要旨的宗教讲演。

自此而后实用主义教育与职业教育思想当位，欧战而后，国际和平之声浪，充满于国内教育界人士底言论中，国家主义无复有人提倡。及巴黎和会结果，打破国人国际和平的迷梦，于是教育界又渐注意于国家主义。十年十一月徐则陵在南京高师教育研究会讲演《教育上之国家主义》，谓15世纪以来的战争，大抵因国性——包括公共思想、遗训、习惯、风俗以及希望诸端的文化——问题而起，"至18世纪国性自觉心大起，各民族群起争国性"，遂产生下列的两大原则：

（1）一国文化，即国性之所寄托，欲保存国性，须将"文化"由少数贵族传于一般平民。（2）"文化"由民族陶铸而成，初以"文化"定现存的国性，即可根据现存的国性改铸"文化"，为将来国性所寄托。

他以为现实国性的方法惟有教育，并历举德、法、美三国提倡国性教育的情形，而主张中国提倡国性教育说：

中国兴学二十余年矣，有人人能唱之国歌否乎？除国语外，有提倡联络国内感情之工具否乎？课程上有特别注意公共思想企望之养成者否乎？有提倡大同主义者乎？二十年来办学无广大的宗旨，无通盘计划，枝枝节节，故有今日之教育现状。教育无宗旨，故教材教法，都无根据。欲教育改良，须即定宗旨，以养成吾国"文化"，为国性之寄托。同时并提倡大同主义，以救其偏。宗旨定，则选择教材，遂有标准，如历史资料之取孔子之大统一主义、岳飞之激昂报国等事实，国文资料取文天祥之《正气歌》、郑所南之《心史》、史可法之《答清睿亲王书》等。以地理言，则在可以搜集此类资料，中国自胜清以来，所有赔款、割地、租港、开商埠等，无不可纳之史地范围，以唤起国民之国性自觉心。但根据此等事施教，有激起学者怀恨之心之流弊，故教者须提倡超出人上之心，以矫正之。工业上、商业上、学术上，如能超出人上，则国势自强，不必处心积虑，以复仇为事也。此则提倡国性教育者所应三致意者也。

他所讲的虽以国性为总纲，其内涵则重在发扬本国文化，故以国家主义为题。惟于发扬本国文化之中并主张同时提倡大同主义以救济之，用意与刘以钟同。此后有郑宗海，于十三年六月在《教育汇刊》上发表《教育上应有之国家主义》一文，其主张亦与此相类。他说：

……假使教育制度务期尽合国情，教育宗旨与教育教法，务与吾国固有之经验相联络，且期有以养成浸润于同性之公民因以引起其爱国之心，而同时复示以吾国所处之地位与世界之大势，则可以成良好之公民，而终得有对世

界之相当态度。换言之，可以得国家主义之良好要素而复
不悖于世界主义，苟以"主义"二字为足资误解，则弃其
名而存其意，亦未为不可，既当使其成为中国式的教育，
亦当使其成为世界内之中国式的教育，戋戋之愚，谓必如
是而后可也。

上述之人，虽曾倡言国家主义的教育，但并不作为一种唯一
的信仰竭力宣传。对此为系统的研究与宣传的，要首推余家菊与
李璜。

自十一年而后，他们曾在《中华教育界》《少年中国》《教育
杂志》等处发表关于国家主义教育的论文多篇，但最初不称为国家
主义教育，而曰民族教育、国民教育。十一年法、比退还庚子赔款
之议起，国内教育界只注意于款项的瓜分而不顾国家的根本大计。
余氏恐因庚款而受各国教育侵略，乃于九月在《中华教育界》（12
卷2期）发表《民族性的教育与退款兴学问题》一文，力言民族性
教育之必要；谓民族性的教育，有消极积极两种意义：在消极方
面，教育要根据固有的民族特性，在积极方面，要养成显著民族的
意识。李氏于十二年七月、九月、十一月在同杂志发表《国民教育
与国民道德》一文，初仅提出国民教育，谓国民教育的重要目的，
在沟通一国人的感情，在实施上应当使学生知道国民的责任，更当
使之愿意去尽国民的天职。次论国民教育要养成祖国观念，提高国
民人格，最后则提出国家主义的教育数字以为标帜，谓家族主义与
世界主义都不合乎时代环境的要求。中国人此时"正离家的生活而
初入国的生活的时候……应当讲国家主义的教育"。并下国家主义

的定义说："国家主义便是主张国民个人的意识要与国家社会的意识沟通而打成一片。"不过他所注重的，仍在初等教育，所以本文的结论说：

> 现在总结一句话：国民道德的养成大半靠国民学校历史地理教师的训练。我们前头所谓新精神的训练，一大半是靠历史地理的知识以沟通国民情感而实现精神上的统一，以共当此日和来日的国家大难。

他们这两篇论文中的名词虽然不同，但其内容均在发挥国家主义的教育，故斯年他们将此两文与其他五文集为单行本而题曰《国家主义的教育》，并于序中申明说：

> 再书中所用名词如民族教育、国民教育等彼此时有出入，但其所表现的主要精神则完全一致。主要精神为何？就是国家主义之教育而已，我们各此集为《国家主义的教育》亦以此故。

此书列为《少年中国学会丛书》之一，由该会散发各处宣传。而该会会员底个性极强，各有其自信的思想和事业，在学术上固然各科都有，在政治思想上亦各不相同：有信国家主义者，有信共产主义者，有信三民主义者，有信无政府主义者。此书发布之后，即引起会员之讨论，持反对论调者以恽代英为代表。他以为：

（一）国家主义的教育，不应当从中国民族特性，或东方文化上立说。

（二）教育方针，宜明定在用以救国，不应仍游移于和谐的或专门化的教育。

（三）但自同情或自受的教育，不足以救国。

但他赞成反对教会教育，但主张从经济独立上着眼，所以他结论的前两条说：

一、基督教挟经济优势以传教，非中国经济独立，不能将基督教根本打倒。

二、要用教育救中国，须先知中国究竟如何才能得着经济独立——才能得救。

恽氏是相信共产主义的，所以他注重经济独立问题。但自此而后，辩论极多，中国共产党则以政见之不同而反对之，教会教育界则以利害关系而反对之。提倡此种教育者则更竭尽全力以宣传之。十三、十四年间之教育出版物如《中华教育界》《教育杂志》《新教育》《教育与人生周刊》《新教育评论》《江苏小学教育月刊》《国家与教育》无不有讨论研究国家主义教育的文章，《中华教育界》并于十四年七、八两月出《国家主义的教育研究》两厚册。《国家与教育》为专研究此种教育之国家教育协会的刊物，中华教育改进社年会并有"请教育部依据国家主义明定教育宗旨的议案"。在此时期，国家主义的教育思想已弥漫全国，虽然因政见问题，不能昂首于国民政府的辖地，但全国教育界无论其为赞成为反对，都把这件事当作一个问题。此种教育思想真可谓盛极一时了。

在十三四年之间，宣传国家主义的教育之最力者当推余家菊、陈启天、李璜三人。陈氏为《中华教育界》编辑，故能影响教育界一部分的舆论，李氏以社会学的见地，从消极方面，说明国家主义的教育与其他主义的教育不同之点，而提醒许多人对于此种教育的趋向，余氏则从教育上建立系统的理论，于十四年辑其十二年以后专论此种教育的论文为《国家主义教育学》一册发挥其整个的主张。故此种教育思想的代表，当推余氏。据他底意见，国家主义的教育的要义如下：

> 简言之，即以国家主义为依归之教育也。其涵义可随时伸缩。就中国目前言之，则莫急于（一）培养自尊精神以确立国格；（二）发展国华以阐扬国光；（三）陶铸国魂以确定国基；（四）拥护国权以维国脉矣。盖自尊精神为国民昂藏之气所由出，失此则濒于奴隶之境矣；国华为数千年历史所鼓铸而成，理宜引伸而发扬之；国魂为全体国民情意之所由融洽，步趋之所由协谐；国权为民命之所由保，行动之所凭藉也。

中国的国家主义的教育既有上述四种急切的需要，故其政策亦与一般言教育者不同。他曾举九事为纲：其一，收回教育权，主张"（一）非中华国民不得于中华民国国土内（1）创立学校（2）管理学校（3）并经营其他一切教育机关。违者得分别封闭并惩戒之；（二）任何教育活动不得有宣传宗教之意味夹杂于其中以确立教育中立三旨。学校而违反此条，则封闭之；教师而违反此条，则惩戒之"。其二，教育宗旨，主张最少须含之事："（一）曰国民之独立性，对外能抗强御暴，不失其大国民之风；（二）曰国民之责任心，对内能奉公守法，克尽其国民之天职；（三）国民之谐和性，彼此相扶相助而发挥其休戚与共之情谊。"而拟定为"养成健全国民，发挥独立精神，培植共和思想"。其三，教育机会均等：谓"国家宜确定奖学制度。使无力求学者能领受国家津贴以维持其生活，并取得受教育之必要的费用。在小学更宜设免费膳食之例，供给家贫子弟以膳食而不取资"。其四，蒙藏教育：谓"蒙古、新疆、西藏，为俄英勾引煽动，必须借教育与宣传之力以通其情意培其同心，特设蒙藏师范学校培养教师，于内地学校酌留蒙藏名额或设专校，并由高等教育机关遣人深入蒙藏，以探讨其人情风俗，于中小史地教科书，尽量采用有关蒙藏之教材"。其五，侨民教育：谓"首当坚固其眷念祖国之心，发强其抗拒西人之念。一面当示以本国文物之伟大，山河之锦绣，土地之饶沃，物产之丰富，以激起其爱护之心。一方又告以西人统治殖民地之毒辣方法，商场战争之倾向策略，以养成其自卫之能力"。其六，国史研究：谓"全国应设立一国史学院，专司历史的研究，自政治学术以迄风俗习尚无不在其研究之列。中小学之历史亦必郑重教授。凡语涉轻薄之教本一律摈除"。其七，学术独立之主张。"择全国适中之地，设立二三研究院，丰富其设备，广延人才，优其待遇，使之专心致志于研究之业。若虑经费不足，则可逐年减少官费留学名额而移拨其经费于研究院，日积月累，久而久之，其图书仪器当可应有尽有矣。"

其八，教育官制：谓"教育随政潮而转移，此最不幸之事也。教育而不超出政潮之外，则各派政党将竞用教育为政争的工具。或则用学校中作宣传机关，或则用学生作攘夺武器，皆足以离散国民之凝结心而戕贼国家之精英也。欲救济之，则教育行政机关须有独立之组织。依英国例，教育部设永久次长一人综理全部事务，不随总长为进退。又依法国例，设全国教育会议一，议决教育方针与教育政策，不以总长一人之好恶而牵动全国教育。至一般教育官吏，则限定以有教育专门知识者充之，更加以法律之保障，不得无故更调。各省区教育厅之组织亦仿此"。其九，确立教育周：谓"于全年中指定一周间为教育周。一则以使全国人民皆晓然于教育之重要；二则以使全国教育界皆有若干相同的教育旨趣，如设立爱国日则全国教育界当然一致提倡爱国；三则可以提醒教育界研究实施某种教育之方法，如设立国防日，至是日则教育行政人员与教育实际人员皆当讲求国防的教育方法；四则可以提醒教育界实施某种教育，如设立蒙藏教育日，至是日则各教师皆当以开发蒙藏之义训示学生。……教育周各日间所应宣传、讲论、实施之事项而分别定其日名如下：第一日爱国日，第二日教育普及日，第三日教育权收回日，第四日蒙藏教育日，第五日侨民教育日，第六日体育日，第七日国防教育日"。

在训育方面，他提出四大方针：

一曰以理性指导情意，使学生有整肃之气，精进之心；二曰以他律补助自律，使学生有忌惮之情，自爱之心；三曰以纪律范围自由，使学生于活泼之中恪守秩序；四曰以理想提持习惯，使学生脚踏实地而又知所趋向。

此四种方针均向爱国方面进行（即以爱国为目的），故拟定理想体系图如下：

理想的体系概略
（以爱国为脊柱）

对于课程他主张自然科学与人本科学并重，在编制上主张均衡原理，以使国民人格之圆满与国民情意之协和为目的。而视身体之发育与精神之发育有同等之重要。

此外还有两事，为一般教育学者在教育体系所不讲的，就是军事教育与师资培养。他以战争为人类生活中一大事项，历史上未尝止息，而中国国势衰弱，外侮相逼至，非整军武未足以自立，故主张学校实施军事教育，而谓军事教育之目的有八：1. 御外侮；2. 勘内乱；3. 守纪律；4. 严组织；5. 壮胆气；6. 强筋骨；7. 讲军学；8. 习武艺。自后期小学起即施行相当的军事训练。对于师资训练，他定方针六条，主张：1. 全国师范方针宜统一；2. 使师范生于本国文化有较深的涵润；3. 使教师明了教育的价值与教育者在国家中之地位以唤起其责任心；4. 培养师范生之精心忍毅诸性格，使其有爱人之品格，治人之能力；5. 教师之发育应为多方面的；6. 师范生应有成熟的导学（教授）技能与治事习惯。本此六项方针，而主张师范教育政策应：（1）师范教育应由国家经营；（2）师范学校应当独立；（3）师范生宜享受公费。

国家主义教育思想到他始有系统的建设。《国家主义教育学》一书共12篇。原序说：

> 第一释义篇，示国家之精神的性质，兼明国家主义之基本主张。第二国魂篇，示国于大地。必有与立，而明国民精神之当褒扬也。第三溯源篇，示国家主义之源流，可由是而知其与帝国主义有别。第四五六七皆为释疑篇，示国家主义并不摈弃任何健全的主张，惟于偏宕之说如唯物史观等，则亦不惮驳斥之。第八政策篇，明国家所应采行之教育方策也。第九训育篇，第十课程篇，第十一尚武篇，皆所以示实施的途径也。第十二师资篇，示师资训练之准绳兼以明师范学校与师范大学之理应独立。

他底基本思想在利用教育建设国家，其用意固与清末改行新教育时的教育者无多出入，惟其为系统的组织，以自成一家言之教育学说，则非他们所能想象。就中国现代教育学术史上看来，此书实有其特殊的价值，不仅代表国家主义的教育思想而已。

影　响

国家主义的教育思想自壬寅至今为时将及三十年，除民国二年至八年之间因实用教育与国际和平的思想当位而被抑伏外，其余的时间都继续不断地显现于教育界，时间上不可谓短。而中国之改行新教育制度，原在谋国家的独立自强，此种教育思想在需要上亦不可谓不切。以长久的时间与迫切的需要为根基，照理当可于实际上发生很大的影响。但事实上却不尽如此！

在民国二年以前，主持教育者，虽人人都知道中国教育的目的，在谋国家的自强与独立，于无意之间竟成一种国家主义的教育思想，然而大家都无深切的研究，只于皮毛上看到日本之强盛由于变法，于是模仿着变法，究竟中国的缺点何在，外国的优点何在，却不曾加以考虑，惟本一时爱国的冲动而大声疾呼说："'中国旧东西是不够的，外国许多好处是要学的'，至于外国学问是什么，应该怎样学法"（梁启超语，见《申报》"最近五十年"），却不去管。所以在实际上不独不能达独立自强的目的，甚至本国文化既不曾发扬，外国优点亦不曾学得，而造成中国教育日本化、美国化，反使社会上扰攘不安，青年无所适从。切实说来，此种思想虽然来源甚长，但在民国二年以前，实际上不曾发生什么好结果，反因"为目的不择手段"（即极要自强而不知所以自强的方法）之故，而使教育日趋于亡国化。

十一年而后国家主义的教育复兴，倡议者比较有深切的研究，理论亦较完备，虽因教育思想与政治主张混在一起，而受实际政治力的支配不能得充分的发展，但在消极方面却有两种很显著的事实，足以表现其实际教育上的影响：即收回教育权与军事训练（此两事自然还有他种原因，如共产党政纲之类，但此种教育思想要算主因），在积极方面却也唤起国人的国家观念不少。不过复兴的时间甚暂，尚不能断定其究竟的影响如何而已。

国家主义的教育思想何以不能生重大的影响？我底试答有下列几种原因：第一，中国人在历史上是富于大同思想的，对于国家的观念素为薄弱，对于本国文化更不重视，所以千余年来相传的书院制与考试制，可以无条件以工业社会的班级推翻之，本国历史材料可以用外国事迹替代之（民国来的小学教科书，大半外国材料多于本国材料）。所谓富国强兵，也不过口头说说而已，实际上并无人去设法实行。第二，是教会教育的反映：外国教会到中国办学校，原以传教为目的，也以便利外国传教者为目的，他们当然不知中国文化，更无研究中国文化之必要，所以教会学校都不注重中国文化。但因为有国际的优势与经济侵略为后盾，毕业于教会学校者反有相当的出路（邮务、海关、洋行、教堂），国人亦无形受其影响而模仿之，都市中小学校之采用外国教科书即其明证。第三，为留学教育之失策，留学之本义，原在研究学术，而中国留学政策则误将受教育替代研究学术（详见拙著《近代中国留学史》末章），遂致操全国教育命脉的东西留学生不明中国国情，极力以其留学国之教育施之中国，而不独立创造适合国情的中国教育。国内教界化之，于是群以模仿外国的制度方法为能事。第四，是教育主义与政治主张混为一起（这只属十一年后的复兴期），教育本是不能离政治而独立的，教育主张与政治主张混合本没有什么坏处。不过实际的政治，其排他性很强，某政党在握得政权以前，政治主张既不能实现，缘此主张而生的教育主义，当然不能容于政见相异的政府，所以此种教育思想在十一年后，不能如职业教育与平民教育之可以通行南北而在实际上发生效果。

在此四种原因之中，第四种是暂时的，因为政党之政策可以随时变更，前三种则系永久的，要实现教育建国的思想，对于前三者的原因还得更为努力地祛除也。

第十八章　公民教育思想

背　　景

　　国人对于国家政治素日是持着"邦有道则庶人不议""邦无道危行言孙"的态度，对于社会问题则以"各人自扫门前雪，休问他人瓦上霜"的精神应付之。于是"日出而作，日入而息，耕田而食，凿井而饮，优哉游哉，帝力与我何有哉！"的思想，便充满了人民底脑筋之中，所以民国改换招牌17年了，乡里人还在望真命天子出现，军阀官僚剥尽人民的脂膏以自肥，人民还是"恂恂如也"惟求免祸。所以伍廷芳常说："民国无民，国民无国。"

　　这种"吃饭不管闲事"的生活，自然是数千年历史上遗传下来的，在闭关时代，就这样也不难自存。海通而后，政治既因世界潮流的激荡而有所更张，执政者知非培养国民能力不足言图强，故清光绪三十二年学部奏请宣布教育宗旨即以尚公为言，且谓此为中国民性之所最缺者。及民国成立，主权在民，已列入《临时约法》之中，国人对于国政应当参与，但因历史上传统观念的势力太大，一般人民之有公权者还不知道怎样行使，更说不到公民担负政治责任。于是国政日紊，国事日非，外有列强的压迫，内有军阀土匪的横行。人民底苦痛日深，所谓教育家亦弄到不能生存。教育界推溯原因，以为中国之所以如此，国民之无公民常识当为重要原因。加以欧战终了，民治主义大倡，其流波远到中国，而美国教育哲学家杜威于斯年来中国讲演，又极力鼓吹教育的民治主义，留美之习教育者又根据美国教育情形而极力提倡，于是公民教育的思想遂一日千里地发展，中小学校的修身科已改为公民科。至十五年则更以上海基督教青年会与江苏教育会底提倡，《新教育评论》之鼓吹而普及全国教育界，推广到学校以外了。

总括说来，公民教育的思想是中国的政治紊乱与世界的民治主义混合激荡而产生的。

变　　迁

公民教育四字虽然十二年始由中华基督教青年会协会在广州提出，但公民教育思想的发源却远在二十年前。清光绪三十二年学部奏订之教育宗旨尚公篇说：

> 所谓尚公者何也？列强竞起，人第见其船坚炮利，财富兵雄，以为悉由英雄豪杰主持之，故国以强盛。而不知英雄豪杰，间世一出，不可常恃也，所恃以立国者，乃全国民之心力如潮如海如雷霆而不可遏，相亲相恤相扶助不可解耳；其所以能致此者，皆在上者教育为之也。其学堂所诱迪皆尚信义，重亲睦，如修身、伦理、历史、地理等

科无不启合校生徒之感情，以养其协同一致之性质。故爱国合群之理，早植基于蒙养之初，是即孔子之教弟子孝弟忠信而进之以泛爱亲仁也。惟我国学风日变，古意浸失，修身齐家之事，尚多阙焉不讲。至于聚民而成国，聚人而成众，所以尽忠义亲爱之实者，则更不暇过问群情隔阂，各为其私。通国之中，不但此省人与彼省人意存畛域，即一州一县乃至一乡一里一家一族之中，亦各分畛域。今欲举支离涣散者而凝结之，尽自私自利者而涤除之，则必于各种教科之中，于公德之旨、团体之效，条分缕析，辑为成书，总以尚公为一定不移之标准，务使人人皆能视人犹己，爱国如家；盖道德教育莫切于此矣。

这段虽不曾提出公民两字，但欲"于教科书中将公德之旨、团体之效，条分缕析，以提倡爱国合群之理，使人人皆能视人为己，爱国如家"，则明明公民教育之标的也。

民国元年教育部公布之教育有道德教育一纲，主之者为教育部总长蔡元培，他于《新教育意见》一文中曾详公民道德的内容。原文说：

何为公民道德？曰法兰西人革命也，所标揭者曰自由、平等、亲爱，道德之要旨，尽于是矣。孔子曰："匹夫不可夺志"，孟子曰："大丈夫者，富贵不能淫，贫贱不能移，威武不能屈"，自由之谓也；古者盖谓之"义"。孔子曰："己所不欲，勿施于人"；子贡曰：

"我不欲人之加诸我也，吾亦欲毋加诸人"；《礼记》
《大学》曰："所毋于前，恶以先后，所恶于后，毋以从
前，所恶于右，毋以交于左，所恶于左，毋以交于右"；
平等之谓也；古者盖谓之"恕"。自由者，就主观而言之
也；然我欲自由，则亦当尊人之自由，故通于客观。平等
者就客观而言之也，然我以平等遇人，则亦不容人之以不
平等遇我，故通于主观。二者相对而实相成，要皆由消极
一方面言之。苟不进之以积极之道德，则夫吾同胞中固有
因生禀之不齐，境遇之所迫，企自由而不遂，求与人平等
而人能者，将一切恝置之，而所谓自由若平等之量，仍不
能无缺陷。孟子曰："鳏、寡、孤、独，天下之穷民而无
告者也"；张子曰："凡天下疲、癃、残、疾、茕、独、
鳏、寡，皆吾兄弟之颠连而无告者也"，禹谓天下有溺
者，由己溺之，稷谓天下有饥者，由己饥之；伊尹思天下
之人，匹夫匹妇，有人与被尧舜之泽者，若己推而纳之沟
中，孔子曰："己欲立而立人，己欲达而达人"，亲爱之
谓也，古者盖之"仁"。三者诚一切道德之根源，而公民
道德教育之所有事者也。

他不独提倡公民两字，并规定公民道德的内容为自由平等亲
爱，公民教育思想至此已经确定范围。他虽然主张公民道德，但在
学校科目中尚未有公民的名目。五年十月修改《国民学校令施行细
则》修身要旨中始有"自第三年起兼授公民须知，示以民国之组织
及立法司法行政之大要"的规定，但亦未实行。八年全国教育联合

会以"值此世界人势日趋改进，平民主义澎湃五洲，苟非于公民知识、教养有素，势必盲从轻举，易入歧途，关系国家实非浅鲜"之理由，议决编订公民教材案，主张由各省区教育会聘请教育专家精选教材，按其程度，分别编制专为中小学校授公民科之资料，对于通俗教育方面，则由教育会搜集材料，分别门类，制成表解，以为任讲演者之参考资料。江、浙两省教育会即本此意编定公民教育专册，分为卫生、道德、法制、经济四编。

自八年杜威由美国来中国讲演，极力发挥其民治主义的教育学说而后，教育社会化的思潮特盛；而因五四运动成功，在政治运动上，学生竟成为社会上中坚分子，在学生方面固然需要政法各方的知识，教育者也以为公民教育为训练学生参与政治的要件，于是由公民科的教材问题而扩充及于公民教育问题。公民教育之内涵亦有人详为讨论。程湘帆在《公民教育之宗旨与目标》中说：

> 欧美学者对于此端（公民教育之意义）大概有两种主张：一是狭义的，以公民在政治上不可少之知识、习惯、技能、欣赏、观念、思想、精神为准。二是广义的，除造就政治上的资格外，并及社会、家庭、人类、职业与夫个人之修身之类。迩来，主张广义的公民日盛。比如，杜威曾谓："向之训公民资格者多以狭义，如适当选举能力和奉行法律之习惯之类。其实儿童将来除为选举投票人及服从法律外，亦为家属中之一人……将操行有益社会之职业以维持其独立和尊严者；亦将为所处社会中之一分子，对于所处社会文化之进步，将有所贡献"，艾施雷（Roscal

L. Ashicy）亦谓："公民资格系社会性质的，非政治性质的；系普通的，非有限制的；系本自然权利的，非人意赐予的"；我国亦有公民国民之分。公民为享受法律上公权之国民。其实团体既系共和，平民政治之潮流既日见澎湃，自应无公民国民之分。惟当此过渡时代以种种关系不得不略有此阶级之制。然教育普及虽未能一时办到，却已为一般人士所注意。平民思想又日渐输入人心。故教育宜抱"德谟克拉西"主义，造就广义的公民。

他既主张取广义的公民教育，故规定教育宗旨如下：

……公民教育之宗旨可概括之曰：以"德谟克拉西"的原则，造就为家庭、为社会、为国家、为世界人类忠勇服务的明达公民。

他并根据此宗旨定公民教育目标40条，以养成能实现上述之宗旨的习惯、技能、欣赏、兴趣、知识、精神、思想、态度为主。

公民教育思想自八年而后，既已盛行一时，故十一年新学制公布后，全国教育联合会拟定中小学课程标准，即将从前的修身取消而代以公民。改革的理由斯年七月中华教育改进社在济南开第一届年会中有《修身科宜改称公民科》的议案。说得很详：

修身范围太狭，仅斤斤于个人之修养，务使个人适应社会；公民学则改良社会以适应个人。故修身不适用于共和的社会，此应改之理由一。修身注意道德之涵养，缺乏法律的观念。法治国之人民，以富有法治精神为最要。其能培养法治精神，巩固法律观念者，莫公民学若。本是而言，则修身不适用于法治的国家，此应改之理由二。修身之标准太旧，多从消极方面立言，与公民积极图谋团体幸福适相反。修身不适用于合作团体，此应改之理由三。

就全国教育会新学制课程标准所规定的，公民科的内容及目的如下：

甲、小学公民课程目的：

使学生了解自己和社会（家庭、学校、社团、地方、国家、国际）的关系，启发改良社会的思想，养成适于现代生活的习惯。

其内容即总括于毕业最低限度的标准之中：

初级：（1）明了个人与学校、职业的关系和服务的责任；（2）明了市、乡、县、省的组织，和公共事业性质的大概；（3）有投票、选举、集会、提案等及关于他方面自治的常识。

高级：（1）明了国家的组织、经济、地位以及国际的情势；（2）明了公民对于国家、国际的重要责任。

乙、初中公民学的目的：

    1. 研究人类社会的生活；2. 了解宪政的精神；3. 培养法律的常识；4. 略知经济学原理；5. 略明国际的关系；6. 养成公民的道德。

其内容分六段：

    1. 社会生活及其组织；2. 宪政原则；3. 中华民国的组织；4. 经济问题；5. 社会问题；6. 国际问题。

这种课程纲要虽曾规定公民科的目的和内容，但公民学的性质尚无说明。十三年中华教育改进社年会各组宣读论文，冯顺伯、金崇如、王仲和三人底《初中公民学教本的说明》曾辨明公民学异于政治常识，经济常识等之所在，他们说：

    有人谓政法常识是公民学，又有人谓卫生、道德、政治、经济是公民学，又有人谓公民学即新式的修身。我们觉得果真公民学即是上指的种种东西，学校中何不即设立那些东西的科目，又何必巧立名目标出公民学呢？公民学既经特别设立，自有特殊的性质、特殊的范围、特殊的目的，遂有独立成一科目的价值了。公民学可以收集政治常识的材料，却不是政治常识。因为不是仅仅造成一种公议投票的公民。公民学可以收集卫生、道德、政治、经济的智识，却不是把这四种材料照样分部提出纲要灌给学生的。公民学教员又何苦替应用生理学、社会学、政治学、经济学教员，费心血教四部缩影的科学呢？公民学更不是新式的修身：因为单讲个人道德，不涉及社会生活，不了解人生知识，公民还是一种不完全的公民。所以我们觉得公民学所要养成的公民；狭义言之，是中国的理想的国民；广义言之，是社会的标准人物。公民学为达到这个目的起见，在初级中学应该采取众社会科学的健全的结论，以解释做理想国民、做标准人物的事实及方法。可以算是实际应用的人生哲学。这样，公民学乃今日所需要的公民学。又因为初级中学学生抽象力正在发达时期，不得不从具体的事体，切近经验的现象入手训练，所以初中公民学特别要包括学校训育了。

总括一句：初中公民学是社会科学、人生哲学、学校训育的结晶品，是这三种元素所构成的东西。

中小学校的公民科原由旧有之修身改进而来，修身以德性之修养为主，公民则兼括有公权之国民所应具的常识，范围后者较前者为广，但在修养方面则不甚注意。故十四年改进社第四届年会公民教育组刘鹍书提议《中等学校宜及时提倡孔道培养国民品性以遏乱源而巩国基》，由该组议决介绍全国学校作为公民之参考，刘氏以为中国现在之所以混乱，皆由于孔道不倡所致，故列举五种学校师生倡明孔道之方法，而尤不满意于以公民代修身，其办法之第五条说：

修身为我国实行道德之一科，其名词复见于经传。告朔饩羊，本不应废，今既代之以舶来品之公民科，似亦不可抛弃私人道德。偏重公民知识，以致流弊潜滋，不可穷诘。古来之兼善天下者，皆始于独善其身，今则自身未修，即倡言服务；不能自治，竟狂言治人，是皆未奉教于孔子也。而暗受偏激教科书之害，亦复不浅。有教人之责者，宜共思所以匡救之。

他这议论在事实与理论两方面都无充分的实证，当然难以发生实效，但教育者对于公民科及公民教育的不满的思想却可于此见之。

斯年国庆日江苏省教育会、中华职业教育社与上海家庭日新会在上海职工教育馆举行公民教育运动，基督教青年会并于斯日发起全国公民教育大运动，于学校公民教育之外，并扩充及于社会方面。十五年五月江苏教育会组织委员会制定公民信条，分拨各学校及教育机关，其条如下：

1. 发展自治能力；2. 养成互助精神；3. 崇尚公平竞胜；4. 遵守公共秩序；5. 履行法定义务；6. 尊重公有财产；7. 注意公众卫生；8. 培养国际同情。

他们并组织公民教育讲习会，聘请专员担任讲师，召集各县教育机关人员听讲；复议决每年五月三日至九日为公民教育运动周，全省各学校于此期内朝会或其他集会时按照上列信条分日讲演。他们对于公民教育底意义及实施方法有如下文：

> 至公民教育之意义，则有广狭二义：狭义者专指选举、纳税等项而言；广义者则范围扩大，不仅止于政治，而兼及职业、家庭、社会、国家诸大端矣。就吾国现状立论，似无需效法欧美，亦不必模仿东瀛，要以能养成适合现时中国国情，对于家庭、社会、国家能忠勇服务之公民为目标；而以能自实践狭义的公民义务，次第及于职业、社交、健康及休闲时间之注意为范围。括而言之，则第一，当灌输丰富之公民知识；第二，当养成良好公民之习惯；第三，当锻炼健全之公民精神。而实施时，则宜先从家庭入手，次推之于学校。最后乃行之于社会。其处于教育当局者，则应时时注意，勤加倡导，俾国人尽知自小学以至大学，自幼孩以至老死，一以公民修养为进德之基；并组织《公民研究团》《公民养成团》《公民宣讲队》等，普及于一般民众，实下"知行合一"之功夫；定每年5月3日至9日为公民教育运动周，俾民众知所警悟，群趋于正轨，而使社会日有进步，呈活动之现象。

由中华教育改进社主持之《新教育评论》，亦于1卷20期发刊"公民教育专号"，按照江苏教育会所提之公项条目，由高仁山等分条各系短文以宣传之。

十四年之间，中国政党上国家主义与共产主义的争执甚烈，其时国民党又在实行容共时期，在国民政府之下，言国家者常不幸而列入反革命派中，教育界亦每因倡国家主义者之一部分有政团的组织，而常在"说国家即会陷入国家主义的政团里"的"小心"中过生活，所以江苏省教育会底八条公民教育信条，无论在条文或每条的说明中完全不提"国家"两字。而主张国家主义的教育者则以这样的公民教育不是中国所需要，一面批评上述八条之不当，一面提出其积极的主张。李璜谓："（一）公民乃善承先人之业而自爱者；（二）公民自安于一身而必时虑其群；（三）公民能以爱国为当务而不惜为国牺牲。公民教育应当是（一）历史教育的发挥；（二）连带负责的说明；（三）国家观念的养成。"余家菊则谓："公民为人民之有公权者……公民教育者所以使人民有享用公法上的权利并履行公法上的义务者也。"他更"根据国势、政情、民习之三者拟定公民教育目标七条：……1. 发扬民权；2. 拥护国权；3. 奉公服役；4. 竭忱守法；5. 普及教育；6. 进步思想；7. 科学思想"。

自此而后，北方既忙于复古，南方又忙于实施党化教育，公民教育四字已不常见于教育刊物，而江苏省教育会在十六年因国民革命军底势力达到上海时，其本身且不能存在，所倡导的公民教育周更无从实行了。

从上述的变迁看来：我们可以将公民教育思想分为数期。自清光绪三十二年学部奏请宣示教育宗旨提出尚公的条文至民国元年为萌芽期，其时只言爱国爱群的公德而不明言公民。自民国元年改定教育宗旨由蔡元培说明公民道德的内容起至八年为第二期，以自由平等亲爱为德目，以政治知识为学此科底内容。自八年至十四年为第三期，因民治主义教育思潮的输入，公民教育四字连成一词而为人所重视，中小学校的修身亦改用公民科，其内容则由卫生、道德、法制、经济而扩充及于社会问题、人生哲学、学校训育，惟其间有不以公民科为然，而主张中学宣扬孔道以培养品性者。第四期为十四年至十五年，此期已由学校公民教育进而及于社会公民教育，在实际上亦曾有广大的运动。惟理论上颇有冲突，但亦无长时间的争执，至十六年则完全消沉下去了。

影　响

公民教育思想绵延二十余年，在实际教育上最明显的影响，第一是十一年新学制的中小学修身课程，一律改用公民科，第二是十四、十五两年基督教青年会、江苏省教育会的公民教育运动周。

公民教育的含义虽因时代及学者的见解而不尽一致，但大概均以养成奉公守法爱国爱人的德性为目的。故我们要问公民教育的真正效用，首当比较民众此种德性因公民教育思想而增高若干。必民德增高，始可言公民教育思想在实际上的影响，否则课程之改变，社会运动之发起，亦只是形式而已。

民德的比较本不是一件很容易的事情，一二人观察的结果也不足以为判断一切的资料。但就二十余年来社会的情形看来，我们虽不当效学究先生之唱"世风日下，人心不古"，可是也寻不着足以令人欢忻的实证。民国十七年来政治的扰攘，军阀的专横，士风之偷惰无不日甚一日。民德所以不能提高，有三种重大的原因：第一是内乱与外力（资本主义的侵略）相通，国内产业不发达，以致人民生计日蹙。在种种压迫之下，生活极其困难，故凡遇可以谋生的机会，不惜牺牲一切以赴之；望一般人民于救死不暇的生活中去讲道德，未免过于迂阔。第二是中国历史上不重公民道德，传统思想阻止民德提高，如与生计无关的旅馆通宵达旦，不顾他人安宁的吵闹，就是实例。第三是政治的恶影响，民国以来政务人员之取舍全无标准，事务官以至事务员乃至工厂常以政务官的进退为进退；职守既无保障，政府亦无官规，从政者为自求保障其失职后的生活计，自不能不掠取分外之财。而掠取以后，又因其得之甚易而无谓用去，结果生活之穷蹙如故。于是陈陈相因，循环相转，无论在职去职，莫不以取得意外之财为目的。所谓人民表率的官吏既如此，小民之习而化之自不待言。就是主持学校教育的人竭力想培植学生底公民道德（现在的学校行政人员系由官厅委任，在性质上与官吏无异，在行为上亦常与官吏相似，所谓校长吞款也是常有之事，不过不如行政界——尤其是财政界——之普遍耳），在学校纵有相当的成绩，到社会上也敌不住环境底陶铸；所以公民教育思想发生数十年，在实际上竟毫无结果。

公民教育运动是否再产生，我不能预断；即使再发生而不在上述的三种原因上求根本解决的方法，也只是徒劳而已。

第十九章　党化教育思想

背　　景

党化教育是中国国民党于民国十三年后握中国政权的一种名词。此名词根据国民党"以党治国"的口号而来。故欲明党化教育思想的背景，不可不略述国民党以党治国的由来。

中国国民党最初为兴中会，创于清光绪二十年（1894）至三十一年（1905）而改为同盟会，民国元年（1912）改为国民党。三年（1914）改为中华革命党，十二年（1923）改为中国国民党，该党创立已三十余年，虽然常以革命为言，但在十二年以前并不倡言一党专政，完全为一议会政治下的一个政党，对于教育亦不甚重视。民国六年（1917）俄国十月革命成功，其总理孙文因中国屡次革命不成而大感于俄国革命成功的迅速，乃派蒋中正去俄研究赤卫军的军事学，苏俄亦派代表马林来见，十一年又派廖仲恺去日本与苏俄代表越飞会商，于是俄国共产党的经验与其一党专政的理论乃渐侵入国民党。孙氏鉴于苏俄共产党有严密的组织和铁的纪律而成功，乃于十二年在广东召集该党全国代表大会，于十三年一月改组而采用苏俄"以党治国"的方法，首建党政府（即国民政府）。政府既受党的指导，政治上的一切设施均以党纲为前提。党教育四字即由此推衍而出。

孙氏在日固不曾明言党化教育，即国民党政纲及其第一、二次代表大会宣言亦无党化教育字样。此名词底由来，十六年十一月上海特别市市政府教育局发刊之《党化教育》运动特刊，有署名研者，撰《党化教育的由来》一文，曾略述其来源，兹录于下：

> 我国从事政治活动的人，非到"吾道不行""退老西河"时，都不很注意教育。因为大家总图近功，以为教育是很迂远的。革命领袖孙先生，从前亦只在政治上活动，对于教育不很注意。
>
> 革命屡次失败，大家考察革命所以失败的缘故，实在因为民众太漠视革命了，所以发生"唤起民众"的口号，定下"扶助农工"的政策。同时在教育方面，也很活动。广州不必说；上海除上海大学由党经办外，其余的中等以上学校，也秘密施以党的指导，军阀辇毂下的北京各大学，党的活动，也常在幕后隐现。——这是党和教育发生关系的起头。
>
> 可是那时东南大学，因为一部分教职员，站在养尊处优的特殊地位的缘故和党的势力不很调和，常为革命党人所不满。曹锟、吴佩孚倒败后，国民党的势力，居然发展到北方；东南大学易长的风潮，也因之而起。当时拥郭拥胡，显然分成两派。虽然不无党的作用在里面，但也并非

纯粹是党的作用。可是拥郭的却就藉口于"教育应该独立党争之外"的一句话，以相抵制。因此这方面有人著论以党化教育为恶名，那方面便有人说明教育党化的必需，而"党化教育"也就成了一个流行的新名词。

变　迁

自十四年一月东南大学教授因免郭风潮于其通告全国教育界书提出"传闻此次郭校长免职之举，确为所谓'党化教育'之一幕"而后，党化教育四字即盛行于南北教育界之论坛，国民政府对于其治下的学校教职员之取用，虽以党员为必备的资格，但并不以党化教育为言。十五年二月广东组织教育行政委员会，其会员许崇清发表之《教育方针草案》一文，亦止说本生活教育的原理与革命的一般教育政策而拟定今后的教育方针，应当注意于产业教育的提倡和政治教育的发展。但国民政府之系统的教育方针，要以此义为始；亦可谓为党化教育一种内涵。他论产业教育问题说：

> 今后的教育方针，当面第一个紧急问题应该就是产业教育问题，这当然不是单独学校的设置，教法上的讲义所能奏效。必定要革命的实际政策，现行经济秩序里面展开了新经济秩序的诸要素，学校教育同时又与这些进步的要素相协动，然后才能成功。即使工场农场不能与学校并合。亦当在学校内设置类似的境遇，使生徒在日常学校生活内，能得充分实际活动的机会。然后各学科所养成心的

反应，才能确为实际社会所要求的反应。这样在实际环境里面所施的教育，才能获收彻底的效果。

这个学校的社会化，当然要将现行学校组织，及教育的实际大加变更。至少要将现在的小学校和中学校，加以适当的改造。在小学六年间，至少亦要采用类似实际活动的设备和方法，以教授日常生活所必需的普通学科。在中学校则从第一年起，六学年间依产业教育的见地，逐渐分化其课程。课程分化的程度，一视地方生产事业情形而定，更由援用类似实际活动的设备和方法，渐进而与地方实际事业相联络。以半日从事实际工作，半日研究其所事工作的理论，总求在这样的学校毕业后，人人都成为一个具有实用常识，而且兼备科学知识的生产者。在生产组织底下，都是有机的全体内一个自觉的分子，至于其他学理，则任以实际活动的余暇，在国家所设极完备的大学或研究所里面自由研究，一切事业，均须负供给学者研究资料的义务。

这些设备及方法的变更，必定所费甚巨。农业、工业等学科，课程所应备机械、装置、说明、材料，及优秀教师等所需费用，必定比现在所支出的更多。教育费用定比现在增加数十百倍。但我们的目的既然是在增加教育的效果，发挥其经济的价值，以协助革命的速成，则费用虽多，亦不应畏缩。

或者有人会疑惑说："这是偏重生产而忽略道德文化。"但我们对于这些人现在只说一句话，道德文化都是

立在经济的基础上面者，我们所以注重生产业，并非忽略
了道德文化，正是要建筑道德文化的基础。

这种议论是以民生主义为出发点，与民国元年蔡元培《新教育
意见》之以世界观为出发点者截然不同。论理想后者自较前者为高
远，但实际上之效用则前者远胜于后者。清末改行新教育制度，动
机虽在图强，方法则在使科学八股化，所以三十年来新教育了无成
绩。所谓"在这样的学校毕业后，人人都成为一个具有实用常识，
而且兼备科学知识的生产者"。实是现在中国教育当务之急。他论
政治教育问题说：

　　其次，就是政治教育问题。这个要求当然不是要将治
者的政治意识硬灌注到一般民众去。我们所主张的学校教
育，既然是要与社会的实际事业相结合，以实际活动来长
养生徒的创造力。则这个政治教育问题，当然亦应在实际
活动里面求解决。

　　本来所谓政治，即是对社会生活的统制，不过在阶级
对立的社会，政治成了阶级支配的用具。中间生出种种传
统、种种势力关系，遂成了一种特殊的机械耳。政治进化
淘汰了这些阶级支配的历史的要素，必然仍是对一个社会
生活的统制，而一般民权的设定，其目的亦不外是。要将
从来的政治组织化为一个纯粹的社会统制，使民众得在社
会里面自由发挥其统制力，以期获收政治上美满的效果；
所以今后的政治教育，必定要是长养这个社会统制力，方

足以符革命的要求。然而这个社会统制力的长养，仍是要以社会的经济的实际活动做基础，才能得彻底的成效。我们试看看许多治者，政治所不及的社会单位，民众自身在这些单位的统制里面，因应其实际生活条件而发挥的创造力，不特于教育为无功，反而有害。又次，就是军事训练问题。这种训练，在平时所要求的原不外是绝对地服从命令，和敏捷的履行职务两事。他的基础立在权威上面，只是一种机械方法，在教育上价值是极少的，但在目下世界上一切殖民地及半殖民地，都已蓄存着许多发火材料，战争革命的爆发，已具有充分的可能性。即在资本主义极发达的列强，本国革命的气势，亦已逐渐紧张。而中国处在如今的形势底下，为谋革命事业的发展，对于帝国主义什么时候要起军事上的斗争，亦是未可逆料。战斗的准备，当为我民族目下所不容稍懈的一个重大任务。在这样时势有了这个民族的动机，军事训练在教育上的价值，当比平时更大。

这段也自然是以民权主义为根据，然而他知道"社会的经济的实际活动，在政治教育上确有莫大的功能"，而主张"以实际活动来长养生徒的创造力"。不主张"以治者的政治意识强加灌注，以窒息民众的创造力"，同时主张"学校实施军事训练，以谋与世界帝国主义反抗"；也较后来之以党教育（后详）为党化教育者之见解高超若干倍。

十六年四月国民政府建都南京，国民党一面在行动上分共，一面在理论上自求独立，于是"党化教育"四字乃见国民政府治下负有指导教育重责的教育行政委员。韦悫者委员之一，于七月一日起在报纸上发表国民政府教育方针草案，明白提出党化教育的名词而确定其意义，这草案虽然不曾由政府公布，但"曾经教育行政委员会大致通过"，所以也可视为法人底大体的意见。他说：

> 我现在想把党化教育的意义再为确定一下：党化教育是革命化和民众化的教育，这是大家都公认的。什么是革命化的教育呢？我以为革命化的教育有两个意义：从前的教育是因袭的教育，这种教育以继承传统的思想为主要的目的，以演绎法为无上的法门，以灌注观念为教育唯一的方法，以记忆为教育最重要的功能。革命化的教育是反因袭的教育，而以最进步的自然科学和社会科学做基础的。这是革命化的教育的第一个意义。
>
> 教育是社会和国家的事实，因此教育往往根据社会和国家的组织而转移，在不平等的社会教育是统治阶级维持其统治权和压迫民众的工具。易而言之：这种教育是压迫阶级的保育政策，而专以保存他们的利益为前提的；革命化的教育是推翻一切社会不平等的组织，而建设一个真正自由的平等的博爱的社会的原动力。换句话说，革命化的教育是完成政治革命和社会革命的工具。这是革命化的教育的第二个意义。
>
> 什么是民众化的教育呢？方才我说：不平等的社会教育是压迫阶级的保育政策而专以保存他们的利益为前提

的，民众化的教育当然不是这样。民众在被压迫的地位不能完全享受教育的利益，即使得些少教育，也不过是压迫阶级的思想。这是何等可怜呵！民众化的教育是民众所有的教育，而且是民众人人皆能享受的教育。

因袭的教育养成特殊利益的阶级，所制造的人材不过做压迫阶级的工具。试看从前科举时代的教育，所录取人材，无非做朝廷奴仆。民国成立后，教育还是制造自私自利的特殊阶级，讨好于帝国主义者及军阀以求活。民众化教育一方面使民众人人皆能享受教育的利益，另一方面可以养成为民众谋幸福的人材。

民众的教育还有一个重要的意义，就是我们研究科学是以民众的利益为中心的。这一点关于社会科学，较为重要：因为社会科学往往为压迫阶级所利用，将是非颠倒，事实曲解，以辩护他们在社会上的位置。所以资产阶级的经济学都是讲资本主义是好的，帝国主义的地理和历史都是为帝国主义者歌功颂德的。在民众教育里面，科学自然以事实为根据，不容有什么曲解，而且科学的应用，完全是为民众谋幸福的。

我以为党化教育不但要革命化和民众化，而且要科学化和社会化才行。党化教育和科学的关系我在前段已经说过，但是我所讲的只关于科学的内容和科学的应用。以我来看，我们要照科学的方法来实施党化教育，并且要拿最进步的自然科学和社会科学做基础。这就是党化教育要科学化的意义。

　　教育本来与社会有密切的关系，可惜因袭的教育把教育与社会分离，致教育失却社会的效能。我们的革命策略，是以社会的事实为中心的，因此我们的教育应该以社会的事实为根据，而与社会需要适合。换句话说：教育要变成改革社会建设社会的种种活动，那就学校的设备课程活动都要变成社会化了，这就是党化教育要社会化的意义。

　　他以革命化、民众化为党化教育的内涵，其见解自然较以在学校宣传党义为党化教育者为高，然而亦只是泛泛之谈，不如许氏言论之于党、于中国社会需要均适应也。

　　自此而后，党化教育的声浪，笼罩了长江、珠江两大流域，并及黄河流域之一部分。教育界所讨论者大半为党化教育（江、浙各县在暑假中都有党化教育讲习会），出版界亦争出党化教育书籍以应国人需要；此时而有人不明党化教育之用意何在，只能"腹疑"，若将其所疑的理由发为言论文字，反革命的罪名，大概是可以博得的。这自然革命时代所不得不然，但由此可见政治对于教育思想的势力。可是这种思想在此时期达到最高点以后，其含义亦至分歧。

　　王克仁说：

　　党化教育积极的意义，是教育要革命化、人格化、民众化、社会化、科学化，不是这样的教育，就不能救国。不能救国的教育，便不是中国国民党主张的党化教育。……在民族主义方面，我们教育最重要的目标是：养成民族的精神，厚结民族的力量，保存民族的思想，恢复民族的地位。……民权主义的教育目标，是在养成国民有夺争民权的意志，有善用民权的智能。并且能切实了解民权的要素。……民生主义方面的教育目标是：一、在教育民众，了解产业的演进；二、在了解实际生活的元素；三、在信仰力行解决民生问题的要策。

陈德征说：

党化教育就是把中国的教育来国民党化，变为一种特殊的教育，国民党的教育，以求贯彻我们总理以党治国的主张，以为达到本党以党治国的目的之预备。

上海党化教育委员会说：

党化教育当以培养青年为目的。……革命须先具牺牲精神，然后免权利竞争而能为民众谋利益。

上海特别市教育局说：

党化教育就是融化中国国民党主义和精神的教育……党化教育的设施离不了新教育；……新教育是以儿童生活为中心，以社会生活为目的，意在发展个性，造就人格健全的公民，以服务于社会，同时增进社会效率，使社会造

• 成新的政治和经济的组织，以福利人群，达到"公天下"的目的。

周雍能说：

> 党化教育即训政工作之别名；则党化教育运动实即训政工作之运动。

保君建说：

> 党化教育已成为今日教育上最重要最急切之一问题。今我国家以"党治"号召，意在使全国民众，胥为党化，咸明了党之主义及政策，然后鼓舞精神，努力建设，以期由训政而宪政，达于革命成功之时期。故党化教育之意义，不仅在口头之宣传，而在实际之设施。不仅及少数学校之学生，而须普及最大多数之民众。

鲁继曾说：

> 党化教育就是教我们怎样做人的教育。……就是把中国国民党的根本政策，或《三民主义》《建国方略》《建国大纲》，和历次全国代表大会的宣言和议决案作为方针的教育，因为只有这种教育，才能够使我们对于个人切身的问题、社会的问题、民族的问题、国际的问题，来作极

正当极公平的解决。这样说来，我在上文说"党化教育就是教我们怎样做人的教育"那句话的意思，到此者也就可以明白了。

杨宙康说：

> 国民党之所信奉者三民主义，国民党所致力者国民革命，然则党化教育之目的其在斯！……国家之于教育各国自有其主张。教育学上之教育，乃对普遍之人类。而国家政治中之教育，实为训练其国民之教化行为，安能超出政治环境？历观近世各国之政史，各大政治家，莫不各有教育政策，以为立国御民之根基。至于大思想家之因时列议，挽救时代者，其意见一经民众之赞许，即生出绝大势力，而化及于教育矣。国民党所致者为国民革命，革命之成功，必须民众了解其目的。况三民主义之实现，全赖于民众。"故不欲主义之成功"，革命之实现则已；若期其然，则党化教育乃为必然之现象也。

以上议论除两法人外，王著经中央执行委员会宣传部审定者，陈为上海特别市党部宣传部主任，周、保、鲁、杨诸人均为上海特别市教育局重要职员，同时在该局主持之《党化教育运动特刊》（十六年十一月），所发表，均系有权威之言论，而各人意见差别甚大，党化教育四字的含义也分歧异常；大之视为做人的教育，小之视为训政的工作。至设施上的主张更不一致，有以灌输党义为重者，以有党员任教职员为重者，有以每周举行党的仪式为重者，有以学生参加政治运动为重者。各种具体的主张，虽亦为思想之产物，但非正流，故不具论。

党化教育虽然为国民党之教育者所盛倡，但在国民党之理论中并无根据，所以歧义百出，而且党化两字为通名，可适用于一切政党，党化教育在论理上更不能专指国民党之教育。所以到十七年，国民党之先觉者觉得这名词不妥，而议改为三民主义之教育。首倡者为吴稚晖，他于十七年二月二十三日在南京《民生报》上发表谈话说：

> 党化教育四字，说来太觉广泛，共产党也是党，国民党也是党，未免弄不清此党化之党，应为共产党或为国民党也。依余之意，最好改为"三民教育"乃能妥切明显，而不致为人所假借利用。

这是说党化教育四字含义过于广泛者。大学委员会及政治教育委员会所提之《维持教育救济青年案》则明指此四字无来源，而主张改为三民主义教育，原文说：

> 党化教育之一名词，不知从何而起。吾党主张以党建国以三民主义化民，故吾党之教育方针，为"三民主义之国民教育"，似无疑义。党化二字，内容既不确定，出处亦不明了，总理著作，大会决议，均无此名，其为世俗习用无疑，正名定义，宜直称三民主义教育。在正式公用名

词，不采世俗用语，以杜流弊。

自此而后，倘使国民政府不再采用"世俗用语"，则党化教育四字将成为历史上的名词，党化教育思想亦自此而告一结束了。

影　　响

党化教育四字虽然是因有国民党而产生的，但在国民党的经典并无根据，不过因"世俗用语"而演成一种思潮。因其为世俗用语而非出于先觉者之系统的提倡，所以内容不确定，民众易误解。此三四年来，因为政治势力的驱策，混沌的党化教育思想，竟发生许多恶果。这种现象，提倡党化教育的人也深感到。上海特别市教育局十七年二月发刊之《上海教育》第一卷第一期，有署名研者，其《党教育》一文说得很明白，兹摘述如下：

我们看见许多学校，尤其是小学校，实施他们所谓的"党化教育"。

他们的方法是：

（一）课程中尽量采用党的教材，不但要想把全部的三民主义，灌输给学生，叫他们生吞活剥。并且国语文中充满了革命伟人的伟大史传，常识课中尽装着国民党里的一切政纲，音乐必唱"革命之歌"，形艺也学"革命画报"……真把党的一切，当做日常功课了。

（二）仪式上竭力摹仿党的形式，纪念周不消说，就是寻常集会，也一定瞻谒总理遗像，恭读总理遗嘱。总理的遗嘱差不多和清朝八股时代童生们临考时恭默的"圣谕广训"一般。

（三）墙壁间满黏着党的标语，什么"打倒帝国主义""打倒残余军阀""铲除土豪劣绅""杀尽共产党徒"……无话不有；甚至临时标语，例如"讨伐唐生智""通缉汪精卫""欢迎五委员"……也鹦鹉学语似的写着。血淋淋，恶狠狠，杀人放火的挂图，也常常悬挂在校舍之内。

（四）学生们奔命于党的运动，今天什么游行，明天什么集会，后天什么演讲，凡是党的运动，不单中等以上学校的学生参加，有时小学生亦要参加。并且往往不是志愿的，是以罚钱为强迫的。学生们真觉有"疲于奔命"之感。

我们仔细推想，这是党化教育吗？或者不过是"党"而未"化"，并且不合教育意义的"党的传习"吧？我们姑且迁就一点，叫它也是教育，但只是"党教育"，决不可称为"党化教育"。

这种教育的弊端如何。他又说：

党化教育，谁也不能反对。但是"党教育"，却就有研究的余地了。

党治下的教育，当然不能离党而独立。但是既称教育，总要合乎教育的意义；决不可把党的一切传给学生，化也没有化，就自以为是"党化教育"了。冒名还是小事，因此枉费了学生们的光阴，斫丧了学生们的心力，并且反易使学生们视党的一切为具文，把党义玩忽得和酒肉和尚玩忽佛旨一般，结果或者造成了借党糊口的党学究，靠党吃饭的党棍，这样不但害学生，并且害党，那才是大罪过哩。

我们且不要高谈什么革命化、社会化、民众化、科学化的一切设施，单就事论事的把各学校所施的"党教育"改变一下，那也就可以算近是党化教育吧。

他这些慨乎言之的话，自然不是提倡党化教育的人所能料及而愿料及，然而实际上却真有害学生害党的事情了。

平心说来，中国国民党既采用苏俄共产党的精神，主张以党治国，本其党中的三民主义提出中国教育政策以实施之，论理上固极合理，而且是世界上任何政党执政时所常有的事情。就过去的事实讲，许崇清所提出的实业教育政治教育的方针，既不背国民党的三民主义，也很适合中国现实社会的要求。只因该党当初对于教育无确定的政纲，遂致其意见不生效果，反使"世俗用语"演成思潮；在理论上既引起许多反对，在实际上则更因误解发生所谓"党教育"的现象。虽然现在大学委员会有所纠正，然对于儿童及民众所遗的恶影响，已非短时间所能补救。斯则我们治史的人所深为叹惜的！

第二十章　近代中国女子教育思想变迁史

贤母良妻主义

若说中国在女学未列入学制系统以前没有女子教育谁也不肯承认：因为有《内则》与《女诫》等书作反证。可是《内则》《女诫》上所说的种种，都是些社会遗规，由所谓富贵之家在家庭对女子施以训导，并非如现在一样公开地遣女子入学校求学。所以严格讲来，在那时以前实在无所谓女子教育——最少当是无女子的学校教育。

自鸦片战争而后，国人渐知国之不竞由于无学，乃渐言变法自强；及甲午而后，此种思想乃大倡。但谋国者从不言及女子应负何种责任，更不曾言及女子教育。张之洞在清末号称识时务者，其《劝学篇》在当时的教育上很发生些影响，外篇论教育制度亦很广博：农、工、商、矿、兵等学均有专篇，独无女学；即《兴学》与《学制》两篇详述外国制度本国办法，亦不言及女学。他不讲女学并不讲他对于女子有何宿怨，存而不论，乃是男尊女卑数千年来的社会习尚使他不认识女子是有人格的人所致。

然而当时之在野的闻人却因教会在中国创办女学与日本因教育发达而强的种种刺激，而竭力提倡女学。梁启超于光绪二十三年在其主办之《时务报》发表《变法通议》三之六《女学》章（详见《时务报》汇编第二十三册）力主兴女学说：

> 居今日之中国而与人言妇学，闻者必曰天下之事，其更急于是者不知凡几。百举未兴而汲汲论此，非知本之言也。然吾推极天下积弱之本，则必自妇人不学始。

他并举四种理由以证明非兴女学不可。第一为分利之害：谓"女子二万万全属分利，而无生利者。惟其不能自养而待养于他人也，故男子以犬马奴隶畜之，于是妇人极苦；惟妇人待养，而男子不能不养之也，故终岁勤动之所入，不足以赡其妻孥，故男子亦极苦"。妇人男子之所以极苦是由于妇人无业，妇人无业，是因其无学，兴女学即所以富民强国。此为他对于兴女学之经济的见解。第二义论妇女无才之累，意在养成良妻。他说：

> "妇人无才即是德"，此誓言也。世之瞀儒执此言也，务欲天下女子不识一字，不读一书，然后为贞淑之正宗，此实祸天下之道也。……海内之大，为人数万万，为户数千万，求其家庭内外，相处熙睦，形迹言语，终身无间然者万不得一焉。……家庭之间终日不安，入室则愀，静居斯叹，此其损人灵魂，短人志气，有非可以常率

推者，故虽有豪杰倜傥之士，苟终日引而置之床第筐箧之侧，更历数岁，则必志量局琐，才气消磨，若是乎妇人之果为鸩而不可近也。夫与其饮鸩而甘之，则盍于疗鸩之术，少留意矣。

其第三义论母教，第四义论胎教，均为贤母的条件，其论母教说：

> 西人分教学童之事为百课，而由母教者居七十焉。孩提之童，母亲于父，其性情嗜好，惟妇人能因势而利导之，以故母教善者，其子之成立也易，不善者，其子之成立也难。……故治天下之大本，一曰正人心，广人才，而二者之本，必自蒙养始，蒙养之本，必自母教始，母教之本，必自妇学始，故妇学实天下存亡强弱之大原也。

论胎教说：

> ……今之前识之士，忧天下者则有三大事；曰保国、曰保种、曰保教；国乌乎保？必使其国强而后能保也；种乌乎保？必使其种进而后能保也；进诈而为忠，进私而为公，进涣而为群，进愚而为智，进野而为文，此其道也。教男子居其半，教妇人居其半，而男子之半，其导原亦出于妇人，故妇学为保种之权舆也。

在近代中国教育史中正式提出贤母良妻为女子教育目的者要以他为始。惟他之提倡女学，系为外侮所激，所以以强国保种为女学最后的目的。他于同年作《倡设女学堂》启，更明示他所以提倡女学之原因说：

泰西女学，骈阗都鄙，业医课蒙，专于女师，虽在绝域之俗，邈若先王之遗，女学之功，于时盛矣。彼士来游，悯吾窘溺，倡建义学，求我童蒙。教会所至，女塾接轨。夫他人方拯我之窘溺，而吾人乃自加其桎压，譬犹有子弗鞠，乃仰哺于邻室；有田弗芸，乃偝手于比耦。匪惟先民之恫，抑亦中国之羞也！

甲午受创，渐知兴学。学校之议，腾于朝庑，学堂之趾，踵于都会，然中朝大议，弗及庶媛；衿缨良规，靡逮巾帼，非曰力有不逮，未遑暇此琐屑之事邪？无亦守扶阳抑阴之旧习，昧育才善种之远图也。

夫男女平权，美国斯盛。女学布濩，日本以强，兴国智民，靡不始此。三代女学之盛，宁必逊于美日哉？遗制绵绵，流风未沫，复前代之遗规，采泰西之美制，仪先圣之明训，急保种之远谋。海内魁桀，岂无恫游民土番之害者欤？傀傀窘溺宁忍瞠目坐视而不一援手欤？仁而种族，私而子孙，其亦人人之所乐为有事者也！天下兴亡，匹夫有责；昌而明之！推而广之！乌乎！是在吾党也矣！

其女学堂试办章程立学大意条说：

学堂之设，悉遵吾儒圣教，堂中亦供奉至圣先师神位。办理宗旨，欲复三代妇学宏规，为大开民智张本；必使妇人各得其自有之权，然后风气可开，各实相副，故堂中一切捐助创始，及提调教习，皆取材于闺阁之中，借除内言外梱之戒。

梁氏在当时号称新党领袖，一面以言论鼓吹兴女学，一面与康广仁（戊戌六君子之一）在上海创女学堂为言。他虽曾言及男女平权，但以风气未开，办学仍不能不以借除内言外梱之戒为言，学生仍不收奴婢娼妓。又因缠足为女子恶习，非解放无从得其自有之权，除初期外，亦不收缠足女子。其时各地闻风响应者很不少。林纾在福建作《闽中新乐府》，中有《兴女学》一首赞此道：

兴女学，兴女学，群贤海上真先觉。华人轻女患识字，家常但责油盐事。夹幕重帘院落深，长年禁锢昏神智。神智昏来足又缠，生男却望全先天。父气母气本齐一，母苟蠢顽灵气失。胎教之言人不知，儿成无怪为书痴，陶母欧母世何有，千世一二挂人口。果立女学相观摩，中西文字同切磋；学成即勿与外事，相夫教子得已多。西官以才领右职，典签多出夫人力；不似吾华爱牝鸡，内人牵制成贪墨。华人数金便从师，师因常无在馆时，丈夫岂能课幼子，母心静细疏条理，父母恩齐教亦齐，成材容易骎骎起。母明大义念国仇，朝暮语儿怀心头，儿成便蓄报国志，四万万人同作气。女学之兴系匪轻，兴亚之事当其成。兴女学，兴女学，群贤海上真先觉。

乐府所说，除放足外，关于女子教育均以良妻贤母为目的。贤母良妻的女子教育可称为戊戌以前社会先觉者的共同思想。

戊戌政变，新党失败，所谓新思潮亦随着沉没下去。及庚子之变，外患逼迫更甚，非变法几不能自存。于是兴学之议，洋溢国中。但却无人注意女学问题，光绪二十八年张百熙奏定学章，对于各级学堂的章程均详为拟订，但无一字提及女子教育。二十九年张之洞、荣庆、张百熙改订学堂章程亦无女学专章。只因为要女人帮着教小孩子（男子）以强国，所以有《蒙养家教合一》一篇，他们说：

> 三代以来，女子亦皆有教，备见经典。所谓教者，教以为女、为妇、为母之道也。惟中国男女之辨甚谨，少年女子断不宜今其结队入学，游行街市，且不宜多读西书，误学外国习俗，致开自行择配之渐，长蔑视父母夫婿之风。故女子只可于家庭教之，或受母教，或受保姆之教，令其能识应用之文字，通解家庭应用之书算物理，及妇职应尽之道，女工应为之事，足以持家教子而已。其无益文词，概不必教。其干预外事，妄发关系重大之议论，更不可教。故女学之无弊者，惟有家庭教育。女学原不仅保育幼儿一事，而此一事为尤要，使全国女子无学，则母教必不能善，幼儿身体断不能强，气质习染断不能美。蒙养通

乎圣功，实为国民教育之第一基址。

这自然比前次学堂章程完全不提女子教育者高超许多；但是这样的教育与女子本身根本无关系，只是"国民教育第一基址"的工具而已。至此，女子教育乃更由贤母良妻思想而转到贤母思想。

这种为母教的女子教育，不仅是在朝者底一种抱残守缺的见解，实是社会上很流行的思想。光绪二十一年上海科学书局，发行一种《初等小学女子官话修身教科》，其第一课论女学原因说：

> 女子为国民的母，所以读书识字，比男子更觉要紧；因为要预备将来的母教，必要有了好母，方有好子。这等说起来，女学岂不是第一件要紧的事吗！

在读者或以为这几句话是为着迎合"在朝者"底心理而写的，实则此书出版时，学部的女子小学章程还没公布，教科书也还没有审定的规制；不过江浙交通地方，有些父兄采用新法为女子设立学校，这种教科书是供那些学校用的，其言论的内容固为社会的俗尚所构成，并不受执政者底限制。

此外还有最有力的实例，就是留日女学生对于女子教育也是这种思想。光绪三十二年留日学生在东京发刊《中国新女界杂志》，其第二期孙清如女士有《论女学》一文，从体质、德性、家、国、种族五方面引述中国历代学者论学之要点，而归根于"兴吾女学以端天下之母范"说：

体质何以强，得其养而已，何以弱，失其养而已。夫养之之豫，孰有踰于母哉，欲母之能豫养其子，舍学奚由。

语云少成若天性，习惯成自然。又云教子婴孩，德行之贤否，断断乎于胎教及家庭教育为始基也。女学不兴，将何以教。

善觇家之盛衰者，于其和与不和卜之，而其和与不和，则由于学与不学，未有不学而能相夫教子，和以成家以至于昌祥者，是故之为贵。

女学莫备于诗，豳风陈稼穑之艰难，而必详及妇功者何哉？盖男子力耕，而妇人坐食，不徒风俗薄恶，且必不免于贪匮；故古人言农必及桑，言耕必及织，春则养蚕以为丝，秋则绩麻以为布，皆妇人之职，而莫不勤也。后世失学废业，或以妇女为玩物、为累赘，而男子困矣。困则衣食不足，而饥寒迫，饥寒迫而盗贼生，大乱之所由起也。书曰：既富方谷。欲锡民以幸福，必先富之，欲富之，莫如兴学以勤其业。图存者其亦知所从事哉！

种族何以有胜败，胜败于优劣而已。处竞争剧烈之场，而无真实能力以与之角，断不能由侥幸以苟全。今夫一女不学，则一家之母无教，一家之母无教，则一家之子失教；积人成家，积家成国，有学无学，受教失教，优劣相形，胜败立判矣。

当时教育行政者因事实的需要（外有女留学生，内有女学校），乃于光绪三十三年正月奏定女子师范及女子小学堂章程，女学在学制系统中始正式占一地位。女子教育思想则由贤母主义进而为贤母良妻主义。原折说：

> 窃维中国女学，本于经训。故《周南》《召南》，首言文王后妃之德，一时诸侯夫人大夫妻，莫不恪秉后妃之教，风化所被，普及民间。《江汉》诸篇，言之尤备。孔子曰：人而不为《周南》《召南》，其犹正墙面而立也与！盖言王化始于正家，倘使女教不立，妇学不修，则是有妻而不能相夫，有母而不能训子，家庭之教不讲，蒙养之本不端，教育所关，实非浅鲜，此先圣先生化民成俗所由，必以妇学为先务也。

因为女子教育的目的在于造成贤母与良妻，所以教育设施均以此为依归。即平日男子奴视女子之弊风亦不主由女子自求解放，而以男子为主动以祛除之。《女子师范学堂教育总要》第一条说：

> 中国女德，历代崇重。凡为女、为妇、为母之道，征诸经典史典，先儒著述，历历可据。今教女子师范生，首宜注重于此，务时勉以贞静、顺良、慈淑、端俭诸美德。总期不背中国向来之礼教，与懿征之风俗，其一切放纵自由之僻说（如不谨男女之辨，及自行择配，或为政治上之集会演说等事）。务须严切屏除以维风化。（中国男子间有视女子太卑贱，或待之失平允者，此亦一弊风。但须于男子教育中注意矫正改良之。至于女子之对父母夫婿，总

以服从为主。）

女子教育既在使其服从父母夫婿为目的，所以修身教材有下列的规定：

> 凡教修身之课本，务根据经训，并荟萃《烈女传》《女诫》《女训》《女孝经》《家范》《内训》《闺范》《温氏母训》《女教经传通纂》《教女遗规》《女学》《妇学》等书及外国女子修身书之不悖中国风教者，撷其精要，融会编成。……

当时之所谓女德，其内涵只在服从父母夫婿，而以对于男子之守贞为尤要，所以修身教材规定为《烈女传》《女诫》等。而李瑞清任江苏提学使时，于宣统三年通饬各女学改星期第五日放假，更足以证明所谓礼教、道德，皆以贞洁为旨归。他说：

> 《江汉》风行，读《周南》而知德化。女师典训，企班媛而颂徽音：盖琴瑟在御，静好先兆于安弦；讼狱无常，夙夜每防其多露。此女学以女教为先，而名誉以道德为本也。查宁省女学之盛，颇称完善。但惊凤为群，或不禁鸱枭之暗逐，芝兰既植，亦难免萧艾之潜滋。故口众可以铄金，虫生多缘腐物，弊宜祛于所忽，法必极于无疏。……今特改宁省女学校星期放假，均限于第五日一律通行……庶杯蛇市虎之疑，自隐消于不觉，秀柏贞松之

节，更相得而益彰。

自梁启超倡女学至李瑞清改女学星期第五日放假，概可以贤母良妻主义统之。此时所谓贤母良妻完全从男子底方便上着眼，并非以女子底天禀为本，故教育主旨重在服从。换句话说：此时教育者对于女子只因其要做男子底妻与母而施以教育，而不认女子本身有与男子对立的人格，只视之为男子底附属物。然而这种思想底势力在实际教育上却很大：光绪三十三年以后之女学固然以此主义为目的，社会上亦无何种反抗的思潮。民国四年九月，陈独秀等在上海发刊《新青年》杂志，极力攻击孔子之妇女观，于二卷六号特辟《女子问题》栏，讨论女子问题。女子之投稿者每以女子教育为言，但其言论则大半为此贤母良妻之传统思想所支配。该杂志3卷1号梁华兰论《女子教育》，一面主张女子教育要与男子教育平等，一面仍主张女子教育应以贤母良妻为主义。她说：

> ……女子者人类之母也。相夫教子，持家处世，其所贡献于国家者既多……吾国女子以数千年之压制，服从既成为第二天性，然正利用其服从之性，奉之以良好教育，终成世界第一女子。

这样的女子教育，不是与男子平等之旨相悖吗？她解释说：

> 或谓贤母良妻主义，其所需之教育，养成贤母耳良妻耳。无与于高深，是不与教育平等之义相违背乎？曰未

也。夫贤母良妻，乃教育之旨归，而教育自身，则为其途术，固未有受高深教育，不能为贤母良妻者也。且正以受高深教育之故，思想高超，见解精确，益以知贤母良妻为人类之所急耳。

她所谓男女教育平等是在形式上受同等的教育（即男子受高等教育女子亦受高等教育），女子教育的内容仍以服从性的贤母良妻为主。这种思想可说是数千年贤母良妻的女子教育的产物，而于此时结束之。

女国民教育思想

民国以前的女子教育，虽然以贤母良妻为唯一的目的，但有不少卓荦的女子，受着当时新出版物的濡染，很注意于国家大事，于民国初元而有参政运动及女子北伐队之组织；男女平等的声浪也充满了社会。民国二年，江苏金一著《女界钟》，极力宣传女子救国的主张，鼓吹女子参政，男女共同统治中国。他痛骂从前的教育为奴隶的教育，"女子者奴隶之奴也，并奴隶之教育亦不闻"，故极不赞成偏枯于男子之教育说：

教育者造国民之器械也。女子与男子，各居国民之半部分，是教育当普及，吾未闻有偏枯之教育而国不受其病者也。身体亦然，其左部不仁，则右部亦随而废。教育者，又精神之库也，无精神之教育，是禁人之食谷麦而杂

堆雀鼠以为粮者也。（原书页三十六）

他以为女子应当受教育，并当以养成有人格有个性的人为宗旨。他提出女子教育八项目的如下：

一、教成高尚纯洁完全天赋之人；二、教成摆脱压制，自由自在之人；三、教成思想发达，具有男性之人；四、教成改造风气，女界先觉之人；五、教成体质强壮诞育健儿之人；六、教成德性纯粹模范国民之人；七、教成热心公益，悲悯众生之人；八、教成坚贞节烈，提倡革命之人。

他这八项目的虽曾说及母性（诞育健儿），但其主旨却在为救国。此种教育思想若要用一简单的名义括之，可称为女国民教育思想——不是贤母良妻的教育，也不纯粹女子的教育，而是偏重于国民义务的女子教育。

此思想至十四年而复昌：

中国国民党十三年改组而后，其对内政纲第十二条有"于法律上、教育上、社会上确认男女平等之原则，助进女权之发展"的规定，国民政府治下之女子，在原则上一切权利均与男子平等，对于国家之义务当亦与男子同样负责。适十四年上海五卅惨案发生，军事教育的声浪盈溢教育界中，国民党中央执行委员会妇女部在广东发刊的《妇女之声》，亦以国民的立场，主张女子军事教育。吴莒兰论女子军事教育之影响说：

现在军事教育的空气，已经弥漫全国；但受训练的只是男子，女子就沉寂无闻。反问我们的女同胞，是否中国国民的一分子？国家兴亡与我们有没有关系？天生我们是否没有战斗的本能？我们体魄是否不及男子？何以不能受军事训练？现在有好多人说，女子性是懦弱慈祥，战斗是奋勇残忍，所以不堪军事训练；但这是习惯所致，不是不可移变的。试看看古今中西的历史，女子从军的事实，昭著简册。唐时木兰，装成一个男子，代父出征，在外十二年，杀尽胡虏，凯旋荣归，随伊出征的伙伴，却不知伊是一个女郎。当英法百年战役时，法兵大失利，加以英太子英勇无敌，将有席卷巴黎之势，后来有一个农间少女应安特克出来鼓励法国兵士，她自己骑一匹马冲向前去，风驰电掣。疲敝的兵士，看见她这样勇敢，也奋不顾身，屡破英兵。欧战时德意志的男子，通通出赴战场，国内的治安，就靠保安警察队，而女子充任保安警察的是极多数，有些并赴战场做警备队。这样看来，我们巾帼英雄的本领，却不下于须眉的好汉，不过我们没有训练罢了。

兵弱才尽，就是我国的现象，我们女子能忍心来看吗？我国有四万万同胞，女子占了一半，这一半女子是没有受军事教育的，岂不是空养了一半残疾无能的国民？

她以为军事教育对于女子还有四种特殊的利益：（1）生育强健国民；（2）改良风化；（3）鼓励民众；（4）御外侮、剿内乱。当时黄埔军官学校曾有顾问俄人密投尼罗夫人，而俄国妇女从事于军事训练者亦有五千之众，流风所及，女子从军的女国民教育思想竟一倡而见诸事实，十五年粤桂湘之北伐军中常有女子服务，十六年南京之中央军事政治学校，对于女子之待遇与男子完全相同。

男女平等教育

由《新青年》于六年讨论女子问题，对于旧日女子道德力加攻击而后，女子底自觉又进一步；对于从前贤母良妻的女子教育乃从理智上加以反抗，而有人主张女子与男子有同等的人格，对于社会国家亦当与男子负同样的责任。七年九月该杂志5卷3号，胡适发表《美国的妇人》一文（北京女子师范演讲稿），以具体的方法说出他对于女子教育"超贤母良妻主义"的意见道：

> 去年冬季，我的朋友陶孟和先生请我吃晚饭，席上的远客，是一位美国女子，代表几家报馆，去到俄国做特别调查员的。同席的是一对英国夫妇，和两对中国夫妇，我在这个"中西男女合璧"的席上，心中发生一个比较的观察。那两位中国妇人和那位英国妇人，比了那位美国女士，学问上、知识上不见得有什么大区别，但我总觉得那位美国女子和她们绝不相同。我便问我自己道：她和她们不相同之处在哪一点呢？依我看来，这个不同之点，在于她们的"人生观"有根本的差别。那三位夫人的"人

生观"是一种"良妻贤母"的人生观；这位美国女子的，是一种"超于良妻贤母"的"人生观"。我在席上估量这位女子，大概不过三十岁上下，却带着一种苍老的状态，健强的精神。她的一言一动，似乎都表示这种"超于良妻贤母"的人生观；似乎都会说道："做一个良妻贤母何尝不好？但我是堂堂地一个人，有许多该尽的责任，有许多可做的事业。何必定须做人家的良妻贤母，才算尽我的天职，才算做我的事业呢？"这就是"超于良妻贤母"的人生观。我看一个女子单身走几万里的路，不怕辛苦，不怕危险，要想到大乱的俄国去调查俄国革命后内乱的实在情形——这种精神，便是那"超于良妻贤母"的人生观的表示；便是美国妇女精神的一种代表。

什么是超贤母良妻的人生观？他解释说：

这种"超于良妻贤母的人生观"，换言之，便是"自立"的观念。我并不说美国妇人个个都不屑做良妻贤母；也并不说他们个个都想去俄国调查革命情形。我但说依我所观察，美国的妇女，无论在何等境遇，无论做何等事业，无论已嫁未嫁，大概都存一个"自立"的心。别国的妇女大概以"良妻贤母"为目的。美国的妇女大概以"自立"为目的。"自立"的意义，只是要发展个人的才性，可以不依赖别人，自己能独立生活，自己能替社会做事。中国古代传下来的心理，以为"妇人主中馈"；"男子治外，女子主内"；妇人称丈夫为"外子"，丈夫称妻子为"内助"。这种区别，是现代美国妇女所绝对不承认的。他们以为男女同是"人类"，都该努力做一个自由独立的"人"，没有什么内外的区别的。……男女同有在社会谋自由独立的生活的天职，这便是美国妇女的一种特别精神。

他从事实上举出美国男女在社会上负同等责任的实例，而以为"这种精神的养成全靠教育"。故最后的结论说：

> 如今所讲美国妇女特别精神，只在他们的自立心，只在他们那种"超于良妻贤母的人生观"。这种观念是我们中国妇女所最缺乏的观念。我们中国的姊妹们若能把这种"自立"的精神来补助我们"依赖"的性质，若能把那种"超于良妻贤母的人生观"来补助我们的"良妻贤母"观念，定可使中国女界有一点"新鲜空气"，定可使中国产出一些真能"自立"的女子。这种"自立"的精神，带有一种传染的性质。女子"自立"的精神，格外带有传染的性质。将来这种"自立"的风气，像那传染鼠疫的微生物一般，越传越远，渐渐的造成无数"自立"的男女，人人都觉得自己是堂堂地一个"人"，有该尽的义务，有可做的事业。有了这些"自立"的男女，自然产生良善的社会，良善的社会绝不是如今这些互相依赖，不能"自立"的男女所能造成的。所以我所说那种"自立"精神，初看去，似乎完全是极端的个人主义，其实是良善社会绝不可

少的条件。这就是我提出这个问题的微意了。

他这篇文章，算是《新青年》对于妇女问题建设的贡献，其影响很大。

五四而后，妇女问题竟成为社会问题的中心，《新青年》《解放与改进》《新潮》等杂志常有关于女子教育的论文，少年中国学会之《少年中国》并于八年十月出《妇女号》，其《少年世界》则于九年七、八两月出《妇女号》两册，讨论女子解放问题，介绍世界关于女子问题的学说，记载国内外男女同学及女子学校的实况，其中各文每每论及女子教育问题，其思想大体倾重于男女教育平等及经济独立诸方面，而主张打破旧日狭隘的贤母良妻主义。

斯时有留日学生冯飞著《女性论》，对于妇女问题为系统之研究，于九年由中华书局出版，销行很广，亦反对昔日的贤母良妻的女子教育，而主张"培植其（女子）宿具之知能，使其必要知识充足，庶与男子立于对等生活之上不致败北"（页136）。不过他不重视普通的或高等的文化教育，以为不独要解放女子职业问题，而主张"立于平等人格上，用启能主义，注重女子职业教育，以为未来百事之基础"（页163）。

十年《妇女杂志》（8卷2号）李光业发表《今后的女子教育》一文亦主张男女平等教育。他说：

> 从前的女子教育，缺乏人格的要素，根本上视为劣弱，即所谓女性劣弱观是。由此观念，而发表奴隶观、方便观、非人格观。妇人非为独立的人格者，而为男子的奴

隶方便，并为其子女的奴隶方便。今后的女子教育，对于此等不合理的观念，当一扫而空，注力于人格的陶冶，图女子人格思想的充分发达；先认自己人格的存在，有独立的价值和权威，更进而把"夫"和"子女"，也视为和自己同等的人格者，自行树立自己的理想，自觉自己的价值。

又说：

历来的女子教育，偏于家庭主义，而于女子同为社会国家的一员的一点，极其蔑视，实为一大缺憾。此后当注意于理知的陶冶，以弥补此中的缺憾，使女子具有男子同样的知识和思想，共同图国家社会的进步发达。

十一年奉直战争后，有所谓"法统恢复"，将由国会制定宪法，其时北京女界有女子参政协进会与女权运动同盟会，前者标明要求参政的三项目的，其第三条即为"专打破专治家政的教育制度以求知识平等"。后者提出七条纲领以为运动进行的目标，其第一条即为"全国教育机关一概为妇女开放"。而高一涵斯年暑假在武昌暑期学校讲演《女子参政问题》，更从参政问题上主张打破贤母良妻的人生观，而极力攻击旧日女子教育偏重家事教育之不合理说：

我国女子教育制度多偏重家事方面，所以国民学校中所用国文读本要加入家事要项。女子中学的课程特设家事、园艺、缝纫各科；女子师范特别加入"以造就蒙养院保姆为目的"一项。再看各省及中央所办的女子职业学校，大概总不外家事、烹调、缝纫、蚕桑、缫丝、编物、刺绣、摘棉、造花等科。这种教育机关，简直可算是"良妻贤母养成所"，所有的职业，大半属于家庭的事业；所学的知识技能，大半是操持家政的知识技能。我们天天说男女知识不平等，请问这种教育制度——女子教育与男子教育不同——又怎能造成男女知识职业平等的结果呢？所以女子要想抱着为社会之一员的人生观，又非打破这种使女子知识不能与男子平等的教育制度不可。

十二年中华教育改进社女子教育委员朱其慧、刘吴卓生、杨袁昌英等则从公民资格上主张男女教育平等。她们说：

在民主国旗之下，男女对于国家，都有应尽之义务、应享之权利。至于义务如何去担负，权利如何去享受，才能致国家于治平，这是要靠着教育慢慢去做成的。义务非学不会尽，权利非学不会享。一国之人，若有一半不会尽义务，不会享权利，这个国家是断断站不稳的。所以要想有一个健全的国家，必先要个个国民——男的、女的——都健全，都有相当之学识、技能、品格、体力，去分挑公共的担子，发挥特殊的贡献。照这样看来，女子教育是建设健全国家的一个要素。我们不谈普及教育则已，要谈普及教育，必须使女子教育同时普及。

但是她们主张普及女子教育还有一层更深的理由，就是：

> 况且教育的功效是继续进行世世代代的努力的结果。
> 我们试看一家之中，如只有受过教育之父亲，子女容或不
> 受教育；但母亲一受过教育，子女是没有不受教育的。只
> 要一代的女子受教育，子子孙孙的教育，都得了保障了。
> 所以女子教育，不但有普及现代教育的功用，并且有保障
> 后代教育的效力。

她们以为女子在教育上所负的责任比男子尤大，女子教育的效
用，除本身具备公民资格外，且能将未来的公民教育好。这实是许
多讲女子教育的人所未见到的。

上述各种思想虽在小节上有些出入，但大体上都以男女受平等
教育为依归，故可总括之为男女平等教育思想。

女子教育

民国以来，还有一种绵延不断的女子教育思想，即可称为"女
子教育的思想"。这就是说：既不把女子当做男子看待，也不专重
她们底国民责任方面，更不视为男子附属品的妻与母，只从女子底
特质及其对社会应负的责任上施以特殊的教育。

这种教育思想起源于民国二年。当民国元年男女平权思想大
盛，女子组织北伐队之时，教育者有主张女子须与男子受同样的教

育，治同样的职务。陆费逵于《中华教育界》发表《论女子教育问题》一文，力辨其非。他说：

> 女子之性质柔弱而优美，限于生理的作用，无可如何。吾岂不欲吾国骤增加倍之政客与军人（意谓女子能之则倍于现有之男子也）而必窒遏之。无如实际不能；犹之牝鸡不能司晨，无可讳饰也。若天下女子，竞为男子事业，则妻之持家，母之育儿，将令孰任，如激烈者所主张，岂果强令男子为之，以泄数千年女子之愤耶！岂果舍吾文明而效西藏之陋俗耶！况就生理而论，激烈之政争，极剧之工作，女子万不能堪，即使能之，而一遇胎产，则一年数月之光阴，消于无形，政争必难持久，工作势必中止，吾知即有女政客、女军人、女工程家，世亦莫敢用也。

他则主张：

> 第一当养成贞淑之德、和易之风，并授以家政之智能，期可以为人妻。
> 第二当养成慈爱之性、高洁之情，并授以育儿教子之技能，期可以为人母。
> 第三当设女子师范学校女子裁缝、刺绣、蚕业、图画、音乐等学校，期可以习一业以生活。

五四而后，男女平权之说复盛，他于九年又为《女子教育的急务》一文重述其主张说：

> 我们现在讲女子教育其目的有四：
>
> 第一，健全女子的人格；第二，养成贤母良妻；第三，在男子能养家的时代从事无害生理无妨家庭的职业；第四，预备充足的实力于必要的时候代男子做国家社会一切的事。

第四项为原来所无，他解释加此项之理由说：

> 我所说这四个目的，前三个是通常的，第四个是预备处社会国家之变的。我国现在的情形，稳健的人，大概都只赞成前三个目的，激进的人，要专注重第四个目的，我以为都是错的。为什么呢？照现在的国情，前三个目的是不错的，但是兵可百年不用，不可一日不备，这第四个目的是预料将来的国情，一定要到的；与其临时抱佛脚，多吃多少苦，多受许多累，恐怕还要误事，何妨早点预备。况且目的悬在这里，几时做得到还不晓得呢？大家要知道万一数十年后，再有大战，我国卷进漩涡；或者经济竞争更烈，多数男子无养家的能力，女子不能不争生存，那时候方才知道我第四个目的要紧咧。

他虽然极力主张女子教育，但其立脚点都本于事实之观察而来，尚未找出科学上的证据。十年三月，姜琦在浙江省立女子师范讲演《女子教育问题之研究》，则更从女子生理及心理上的特质上主张男女有分教之必需，与贤母良妻应为女子教育重要目的之必要。他说：

> 女子生理的天分怎样？约举如下：
>
> 　　一、身体之发达，女子比男子早达成熟期。二、身体之构造孱弱，肢体之运用细致。三、营养装置之活力微弱。四、神经作用锐敏，且易于疲劳。五、因生殖作用，在生理上牺牲较大。六、生殖能力之始终期都较早，因之生殖能力之期间较短。七、生殖力之丧失期（即老年期）之生活较长。八、有哺乳能力。九、在生殖能力期间，每月生活，必有一次之生理的变化。
>
> 　　女子之心理的天分怎样？约举如下：
>
> 　　一、在智的活动上，发达之型式，较为早熟，而偏于狭小。二、记忆及想象锐敏，而短于推理和商量。三、感情作用较强，而意志作用不很发达。
>
> 　　女子之社会的天分怎样？说明如下：
>
> 　　女子之社会的天分，前已说过了，不外乎同着男子施行分业协力，所谓"两性协力"就是了。这种"两性协力"有三层功用：第一，是种族保存；第二，是幼儿养育；第三，是家庭经营。这三层功用之中，第一第二，并非是女子所专有，男子也是有的，不过女子因有以上所举之生理的天分，所以较男子是直接的，因之其功用也较男子为大。例如哺乳作用，男子是绝对不能的。……至于第

三层家庭经营，从上说之女子之心理的天分上看来：因为她们性情细密，对于琐碎的家事，也是她们的特长，男子远不如的。

因此他以为"女子教育是在人类社会上就着女子底特性，使他们自己发挥，或施以一种特殊的影响"。"女子教育的真目的，是在于养成完全的女子人格（包括良妻、贤母、公民而言）。详细的说明：是在于使女子成为真女子，开发所有的天赋的诸种本分。以遂其圆满的、调和的发达之一种作用。"故在他方面，他赞成男女同学，而反对男女同教。

他虽然从女子生理及心理的特质上主张女子教育应以养成包括良妻贤母及公民的完全的女子人格，但良妻贤母何以当养成，及女子教育究当注重些什么，还无具体的说明。陈衡哲底意见适足以补其缺，她说：

假使一个女子在结婚之后，能把她的心思才力，都放在家庭里去，把整理家务、教育子女，作为她的终身事业，那么，我以为即使她不直接的做生利的事业，她却不能算是社会上的一个分利之人。她对于社会的贡献虽比不上那少数超类拔革的男子及女子，但至少总抵得过那大多数平庸无奇的男子对于社会的贡献了。但劬劳家务是一件牺牲很大的事业，知道的人既少，名誉的报酬也是等于零度。换句话说，做贤母良妻的人，都是一种无名英雄。她们的努力常在暗中，而她们的成绩却又是许多男子努力的一个大凭借。她们是文化的重要基础，但正像一个塔或其他建筑的基础一样，她们承受的压力是很大的，她们的牺牲是埋藏于地下的，她们不像那塔尖的上矗云霄，为万目所瞻，为万口所赞，但她们却是那座巍巍与天相接者的重要根基。我们明白了这一层，便不致因为女子从事家务以外职业者的少，即否认她们在文化上的贡献了。

因此她以为："贤母良妻的责任，不比任何职业为卑贱……大多数女子以家庭为世界，不但是一件当然的事，并且也是值得保持的社会情形了。"

故在教育上她主张女子于人文教育外，应以母职的训练为最重要说：

……我深言女子不做母妻则已，既做了母妻，是必不可不尽力去做一个贤母、一个良妻的。世上岂有自己有子女不能教，反能去教育他人的子女的呢？又岂有不能整理自己的家庭，而能整理社会的人呢？易子而教，是可以的，请一位家庭教师或保姆来分工，也是可以的；但精微的母职，却是无人代替的。儿童的智识，你尽可以请人来代授，而儿童的人格，却是必须由你做模范的。这是我对于贤母一个名辞的解释。假使一个女子在结婚之后，连这一层也做不到，那么，我想她还不如把对于其他一切事业的野心都放弃了，干脆去做一个社会上的装饰品罢了。所以我说，母职是大多数女子的基本职业。

其次，在女子教育上应当注意的就是改良女子的体育；第三是改良幼稚教育及培植保姆人才。她底主要目的虽然在讨论女子职业问题，但将"神圣的母职"与社会及人生的关系为详备的说明，而主张女子教育特重母职的训练，则又由生理心理的科学差别观而进于社会观及伦理观。她虽也说贤母良妻，但是女子本位的，是以女子为主的，与从前以女子为男子附属品的贤母良妻主义完全不同。"女子教育的女子教育思想"的基础更稳固了。

女子教育思想进展的因果

三十余年来的女子教育思想虽然枝节很多，但大体上总可分为上面所述的四条主干。这四种思想之产生者不是偶然的，有共同的原因，也有特殊背景。前者为社会组织的变更，后者为家族思想、国家思想、人权思想、科学思想的激荡。兹分别述之。

中国从前不重视女子教育，如陈独秀所说儒家思想的流弊自然是一种原因，然而最大的原因还是社会组织问题。因为各种思想之产生，都离不了环境的影响。儒家思想能在中国当位数千年，固然帝王提倡之力居多，然而一经提倡即能永久站得住脚，却是由于这种思想最适合于中国小农社会组织的需要。在小农社会组织之下，生活的变化很少，人民可以终身不出乡里而过活自如，既不如工商社会的交通频繁；对于各种应付事物的新知识的需要，也不如工商社会之切。所以以农立国的国家，其教育普及的程度总要后于工商业国家。中国在历史上虽然尊师重道至以"君师"并称，然而教育从未普及过。以家庭为世界的女子，除了实际生活的训练外，不需要何种新知识。所以在西洋教育制度未入中国以前，社会上间有女子教育，亦只是富厚之家的装饰品，决不如现代社会之为普遍的要求。

前清自鸦片战争而后，世界工商业社会组织的潮流，渐渐传到中国小农制度的旧社会了，旧的组织渐渐动摇，新的要求渐渐随各国传教权与内地通商权而渐渐起来。甲午庚子而后，旧组织之不适于生存更增加了明显的实证，新的要求也更迫切。于是光绪二八年有新教育制度之制定，以增高男子的知识；以后国人与列强的交往渐多，列强在国内经济的势力渐大，国内交通渐便，社会组织亦逐渐工商业化，要想在都市谋生活的人无论是男是女，都有识字的需要；乡间的男子亦因中等以上之学校集中都市，初在都市就学，继在都市谋生，而对女子知识的要求上，发生重大的影响。因为无论如何女子因生理上的关系，总须有一个时期依赖男子为生，男子底要求变了，女子底需要，也自然要受其影响而改变；而况中国是数千年来遗传下来的男子中心的社会，男子底要求最足影响女子底需要。所以庚子而后中国男子底生活既趋于都市化（不论是实际在都市谋生，或受过都市教育之后而回乡间去生活），女子也非有相当的知识不能得到适当的生活，于是女子教育逐渐成为问题，逐渐被人重视而逐渐发展了。社会生活发生一次大变动，女子教育思想亦随着变动。

这是近代中国女子教育思想所产生的总原因。

社会组织的变动虽然可以说明中国女子教育思想发生的原因，但何以只有这四种重大的变迁？上面曾经举出四种副原因，兹分述之。

清末国内的小农制度的社会组织，虽然因与世界交通而逐渐动摇，但家族制度是中国数千年相传的遗物，它在一般人——尤其是所谓知识阶级——底心意中有了极深的根基。那时一方面既为现社会的要求，不能不给女子以教育，他方面又要保持家族制度的遗规，使女子受教育后而于家族仍保持其服从的性习，所以女子教育思想便自然而然趋于狭义的贤母良妻方面。民国成立，男女平等的人权思想，固然发了芽，但家族思想底权威犹未尽失，所以参议院众议院选举法规定，选举权被选举权均以有中华民国国籍之男子为限而不及于女子。但女子之先觉者，既为男女平权的思想所激荡，对于国家与匹夫有责之义更不轻视，所以有女国民的教育思想；五四而后，男女平权不独为一种思想，而且在事实上亦已实现许多，故五卅惨案发生后，国民党中央妇女部特重女子底国民责任方面，而提倡女子军事教育。这种女子思想都是以国家思想为背景的。

女子在五四以前，虽曾有被人认识其为妻母与为公民的资格，但"女子是人"的概念不过在民国初元男女平权思想中有一种模糊的印象而已。五四运动，号称文艺复兴，女子解放的思想无不从人权上着眼；她们一面对于旧日男尊女卑的思想与习惯极力攻击，一面主张男女教育平等：此时之所谓男女教育平等，不止在形式上女子要与男子同等而已，并且要与男子受同样的教育，从经济独立上力谋一切脱离男子底系绊，而成为独立的"人"。所以男女平等教育的女子教育思想是以人权主义为背景。

女子固然是人，但于人底通性之外还有女子底特性（男子亦然），此事在以上三种思想中，自然亦不是全无见及，但总不如

"女子教育的女子教育"思想之深切。这种思想虽发源于民国二年，但只是一种常识的考察，及五四而后，科学思想渐进，女子教育思想亦从科学上着眼而立了较稳固的基础了。

二十余年来女子教育思想，既如上述，女子教育的实际又如何？论数量自然远不及男子（据十二年中华教育改进社统计，女生只6.32%），但就女子教育本身讲，女子由全无受教育的机会，而到女子与男子有同等受教育的机会，女学生由306人（光绪三十二年）而到417,820人，进步不可谓不大。不过要与男子为同等的发展，仍不可不本科学的女子教育思想方针特别努力。

第二十一章　结论
——60年来中国教育思想总评及今后的途径

60年来中国教育无中心思想之原因

60年中国新教育思想大体已如上述，各种思想对于实际教育的影响，已于各章中分别说及，本章略为综合的批评。

著者深信宇宙间一切现象均须受因果律的支配，历史不能例外，思想史亦不能例外。就数十年过去的事实看来，我们对于近代教育思想之进展可以得两个基本概念：第一是各种思想之发展与其起伏，均有政治的社会的因果可寻，教育本身不是如一般教育者所想象之独立的东西。第二是因为数十年中国社会与政治变动甚剧，影响及于教育思想而不能有直线的发展，只有曲线的进步。这两个基本概念的实证，第三章以下曾分别说及，这里只综合略述之。

中国兴学不过60年，各种教育思想纷然杂呈，无中心思想贯彻一切，在某派的历史学者看来，以为这是偶然的现象，但我们则以有显然的因果。只要屏除意气，从事实上观察，便可知此数十年教育上之所以无中心思想，显然有下列的两种原因：第一是中国在此数十年间因外力之压迫，社会组织、政治思想发生急剧的变化，教育者事先无深切的研究，只是临时应付问题；第二是当此新旧交替的过渡的时代，外力逼迫我完全抛弃旧的社会制度，而我因历史与交通的种种关系，新的组织固不尽合需要，旧的俗尚亦不能一时革除，于是新旧冲突而成为徘徊歧路的现象。现在且简单说明之。

中国在历史上为小农制度的国家，家族观念极重，民性偏于保守，故儒家的中庸思想能支配数千年的社会，独裁的专制政体亦能绵延数千年。因为小农制度与家族观念的发展，社会经济不如资本主义的国家集富于个人，亦不如共产主义的国家集富于国家，而将全国富力分散于社会。所以社会上以家给人足为其生活的理想，对于国事则以"不在其位不谋其政"的态度出之，而视为少数君相官吏底事情；而少数号称治国平天下的士人反在社会上占了很高的地位，有"食人、治人"的特权。故中国旧日的教育制度每具家族制度的精神（师生如父子），教育事业由人民自理，国家只行使监督权（考试），教育方法重内心的修养，不重外力的发展，而以奇技淫巧为可耻，教育目的以尊崇古训，保持家族（扬名声显父母）为旨归；受教育者除最少数之贫困子弟系为谋日常生活的便利而外，余则均以做官为最后的目的，而不事生产的官吏在中国竟是一种最高贵最有利的职业，所谓读书人均以此为唯一的出路。这是中国旧社会与旧教育大概的情形。

再看西洋工商业社会的社会生活与教育情形怎样？自工业革命而后，资本主义逐渐发达，社会生活以个人为本位，自由竞争制更足以鼓励个人的上进；而因为国内工业发达，不得不向国外谋销场。国际的竞争则非国力为后盾不可。所以个人与国家发生密切的关系，遂使资本主义与国家主义同时进展。故19世纪以来，工厂式的领班制逐渐发展而为列强通行的教育制度，教育事业由国家经营，教育方法重外力的发展（注重物质科学），教育目的在偏重国势之扩充，受教育者以谋生与为国为主要目的。一切恰与中国的情形相反。

若听这两方面的教育制度自然发展，二者绝不会有趋于一点之日。可是中国自鸦片战争而后，在国际上累受巨创，社会组织因外国经济势力的侵入而发生动摇，为图国家的生存计，不能不变法，不能不改行新教育制度。当时主张改行新教育制最力的人如张之洞、张百熙等，纯然为旧式官僚，不独对于教育无确切的研究，即教育常识亦不敷用，故学制系统之中初不列入女子教育，而宣统间之法令竟将多级误为单级。民国改元，国民党执政，亦无确定的教育政策。蔡元培任教育总长时所发表之新教育意见，虽然在教育哲学上有相当的价值，但对于教育行政则全无办法。自此而后，凡总揽全国教育事务之教育首长，无一人对于教育有确切的研究，更无一人有何种特殊的贡献，乃至欲求合乎教育原理的教育政见亦不可得。在社会方面亦无真正的教育家，足以表率群伦，倡导一切。所以学校制度时而仿日，时而仿德，时而仿美，全凭外界的势力为转移；而教育思想则更混乱异常，惟凭少数人底直观或世俗用语为标准（如职业教育、党化教育）。此无他，就是由于数十年的教育者受了数千年传统思想的陶铸，其本来的意向，原是尊崇古训，黜抑西化的；不过为环境所迫不得不改行新路为应付之资。故在形式上力求惟妙惟肖地模仿西洋教育制度（如中小学教科用日、英文本之类），而潜意识（Subconsciousness）则切实回向旧路上走。因此数十年来的种种教育思想都只在表面上浮沉。其潜在的伏流自始至终不被截断而且不时抬起头来，冲断浮流。伏流的枝节很多，其大干有二：即（一）科举遗毒；（二）复古思想。

旧思想对于新教育之影响

前面曾经说过，无业的士人阶级，在中国社会上历来便有特殊的地位，士的出路以做官为唯一的途径。自唐代改用科举取士，明清改试八股而后，所谓读书人者其目的既在做官，其见闻更为狭隘：当其在寒窗攻苦之时，除四子经义而外，固不知世界还有何等事物，一旦登科出仕，亦本其四子经义的陈说以治天下，人民化之，自然更不知除读书人所称的四子经义还有何等事物。故读书与做官成为必然联属的名词。清末因国家的压迫，而不得不改行新教育制度，但在当时看来，所谓新教育者不过将书院改为学堂，将八股改为教科而已。教育的效用，仍与八股无异。所以光绪二十九年张之洞等奏定学堂章程，一面请废科举，一面对于学校毕业生仍以科名奖励。民国以来，科举奖励虽然废止，但此种思想却深入人心；乡间父兄之送子弟入学校固然以功名相期，子弟之入学校者，亦莫不以得一官半职扬名显亲自期。至于国家遣派国外留学生原以强国为目的，当今之时欲国家强盛，自非从学术上努力不可，所谓留学生者，消费国家的财力最多，对于振兴学术所负的责任最大；但因派遣政策之错误（即以受教育替代研究学术，详见舒新城著《近代中国留学史》第15章）与科举遗毒的影响，留学生虽然自光绪二十九年而后成千成百的出去，但在国外既以受外国之教育为目的，于学术上少努力，回国又以求得一官半职为要务，而不继续于学术上用功夫。流风所及遂致无业游民，与教育普及为正比例的增加。而各种教育思想均无所救正，这是旧思想支配新教育之一例。

又因为数十年来无表率群伦的教育专家，对于西洋教育固然无综合的彻底的研究，而不知其真正的优点之所在，对于中国固有的教育制度、教育方法亦无确切的了解，而不知何者当弃，何者当取，只凭环境的驱策，效梁启超之徒然唱"中国旧东西是不够的，外国许多好处是要学的"，遂致教育上一切常为囫囵吞枣地模仿，而不合中国社会的需要，社会旧俗尚无适当的替代而不能改革。教育者与一般社会的潜意识，则对于中国的旧文化仍为无抉择地骸骨迷恋。于是一而趋新，一而复古。复古的教育思想，绵延的时间最长：薛福成、李鸿章之提倡西学固以复古为言，张之洞辈之提倡西政亦以提倡古学为号召（他并在湖北设立存古学堂），乃至民国十四年章士钊长教育部，十六年刘哲长京师大学亦莫不以复古为唯一的要务。所谓名流如唐文治辈，其教育思想更无不如此（详见舒新城编《十五年中国教育指南附录》）。所以数十年来新教育不能获得其应有的结果。这是旧思想支配新教育之又一例。

60年来教育思想进展之现象

从第三章以下各章所述的思想看来，无处不足以证明教育思想是受政治思想与社会思想的影响而产生、而变化。就各种教育思想的内容考察之，亦未尝无进步。不过进步不是直线的而是曲线的。例如科学教育思想发轫于同治年间之西学时期，然而光绪戊戌而后西政思想产生，科学教育即无人过问，直至西政发生流弊，科学教育思想始借西艺的躯壳而复苏；乃到民国初元又隐而不现，五四而后又始大倡。以民国的科学教育思想与清代的西政西艺教育思想较，自然是有很大的进步，然而必得转几个弯子，而不一线前进（其他各种教育思想亦大体如此），其原因就是由于社会思想与政治思想变动的过剧，影响及于教育所致。中国社会的情形最复杂；60余年来，无时不为外患所逼迫，也无时不有内乱相乘（以民国来为最甚），一方面受世界潮流的激荡，非跟着世界的列强向前走不可，而国内交通不发达，内乱迭兴，又不能举全国而跟他人走。所以国内社会生活显然形成两橛：一橛尽量吸收西洋物质文明（如京、津、沪、汉等处之大都市）；一橛尽保持古代小农的生活。于是社会上政治上无时不发生冲突，社会思想方面有主张农村立国的（以章士钊为代表），有主张均富于社会的（见前溪著《中国新经济政策》），有主张普产主义的（胡汝霖所倡，见《新国家》杂志），有倡基尔特主义的（张东荪等），有倡共产主义的（共产党），有倡无政府共产主义的（无政府党），有倡民生主义的（中国国民党）；在政治方面，有主张君主立宪的（保皇党），有主张民主立宪的（同盟会），有主张议会政治的（共和党、国民党），有主张一党专政的（共产党、中国国民党），有主张复辟的，有帝制自为的。教育遂受其影响而发生各种思想：如清末的社会及政治方面均以外侮为中心，教育思潮虽有种种，但大体一脉相承，以富国强兵为目的，以模仿日本为手段。民国来，社会及政治均以内乱为中心，就教育思想的程度言，虽已不如清末之专事模仿而有自觉性，但因为社会秩序紊乱政治失去重心，所以起伏不定而且互相冲突无一定线索可寻。故各种思想之进展更为曲线的。

60年来教育思想之进展虽为曲线的，但却有共同的轨迹可寻；这轨迹的第一线是由模仿的进而为自觉心，即由趋步他人（日本）底后尘进为自己设计解决自己的问题。民国以来之各种教育思想，虽然都曾受着外界（国以外）的影响，然而倡导某种思想的目的与其出发点除最少数外，均以本国社会的需要为主（如教育独立、非宗教教育、科学教育等）。第二线是由特殊阶级的进而为平等的：清末女子不能与男子受同等教育，民国四年有预备学校的命令，五四而后民治主义教育思想大昌，男女的不平等与社会阶级完全打破，即其实例。第三线是由装饰的进而为实用的：清末以"制造乃工匠之事，儒者不屑为之"（见第五章）。现在则职业教育四字为通人所乐道，其明证也。

今后的途径

从上面所述的种种看来，我们知道中国六十年来教育思想发展的因果及其进步的趋向。今后的途径如何？著者敢略述个人的意见以供参考。

关于今后教育上的实际设施，将于《近代中国教育史》详为叙述，此处只略述思想上应有的倾向。要定今后中国教育思想的倾向，第一要知道教育是人类活动的一部分，绝不能离其他活动而独立；社会、政治、经济，各方面的理想与事实都足以支配教育，故教育的改造绝不只是一个教育的问题，而是社会、政治、经济各方面的问题。我们在此处虽然以研究教育问题为中心，但万不可以相信唯物史观者相信唯物史观的态度去相信教育万能，也不当如唯物史观者对于他事物的态度去相信教育无效。我们所当注意的，只是教育是人类活动中的一部分的事实，它虽然不能离他种活动而独立，但它的改造，却也影响及于他种活动。因此，我们要指示今后教育的途径，应当看清社会、政治、经济各方面的情形，建立一个可以达到目的的康庄。

其次，中国现在的社会情形很特别，世界潮流既然从各方面逼迫她向工商业制度的路上走，而她底旧组织又从各方面——交通阻滞、兵匪横行等——牵制着不许她向那面走。在这过渡时，既不能保留旧的，也不能全用新的，应得斟酌于二者之间另辟一条新路。

现在中国政治不上轨道，社会兵匪横行，无秩序、无组织，经济濒于破产，而两橛的社会生活现象，仍然如故。中国所以弄到这样地步，有两个总因：第一是列强的压迫；第二是国民对于国事中了"不在其位，不谋其政"的儒家政治思想的毒。要脱离列强底压迫，非在经济上能独立，军事上能自卫不可；要民众对于国事有天下兴亡匹夫匹妇有责的态度，则非加以民治的政治训练不可；而要使教育普及于现在交通不便的乡村，须首将集中都市的现行教育制度打破，除特殊学术教育机关择地设立外，应在乡村设立有指导员的图书馆、科学馆、体育馆，使乡民有自由受教育的机会；次则励行考试制度，使在校读书与受三馆指导在家自修者均受同等考试，以为国家各方用人的标准。这种教育，我暂名之为导师考试的教育。

因此我们对于今后的教育的途径，我们可以得下列的结论：

第一，要经济独立，应提倡生产教育（不是职业教育，职业教育重个人生计，生产教育重国家富力）。

第二，要求在国际自卫，应提倡军事教育。

第三，要民众对于国事负责，应提倡民治教育。

第四，要使现在中国的教育普及，应提倡导师考试制的教育。

十七年三月　南京